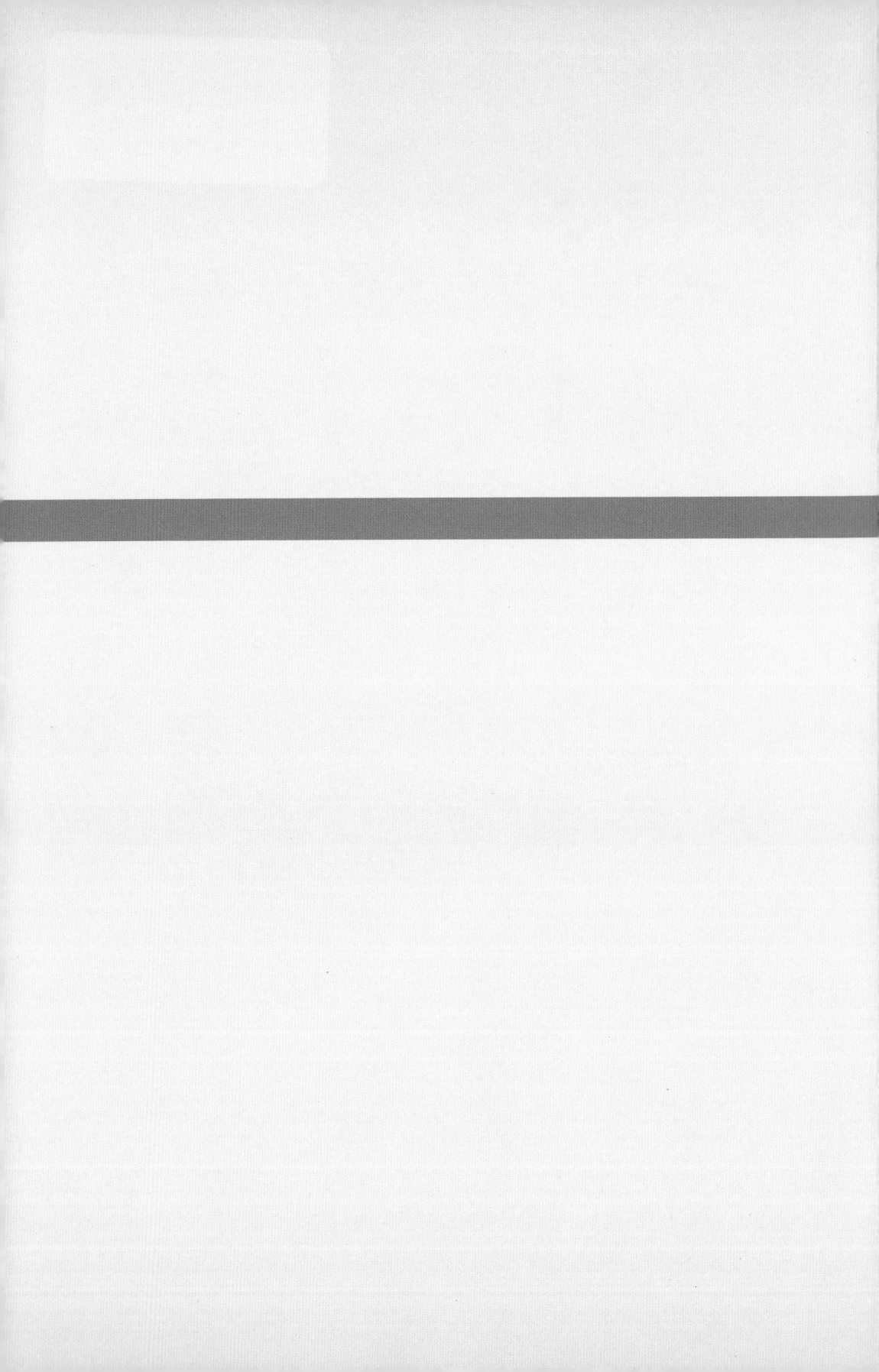

宏观经济的
逻辑

经济史视角的观察

THE LOGIC OF
MACRO-ECONOMY

OBSERVATION FROM
THE PERSPECTIVE OF ECONOMIC HISTORY

刘巍 著

社会科学文献出版社
SOCIAL SCIENCES ACADEMIC PRESS (CHINA)

致读者

这本书是写给非经济学专业出身的经济史研究者的宏观经济学入门读物（这句话有点绕），对拥有经济学学术背景的同行用处不大。考虑到经济史研究者大多是文科生出身，数学基础比较薄弱，书中涉及高等数学的推理过程几乎都被我"屏蔽"了——或者合理绕过，或者用"可以证明"搪塞过去。现在书中用到的数学知识都是高中水平的，真的不难，有点耐心即可读懂。

说到这里问题就来了，经济史研究者为什么要掌握经济学呢？在此谈谈我自己的体会，仅供参考。我是历史专业出身的，念了7年历史学专业。1995年考入南开大学经济研究所读经济史专业，从此开始学经济学，如今已从南开大学经济研究所毕业20多年了。南开大学的经济史研究是在经济学框架下做的，永远不能忘记的是，当年我的导师刘佛丁先生总是叮嘱我，每当确定一个研究题目，就必须寻找一个基本合适的经济学理论框架，把这个合适的理论框架作为分析工具，而不是仅凭聪明才智对经济史上某一问题中的逻辑关系做朴素的解释。显然，导师是在对我提出要求：首先把经济学弄懂，然后才能在南开大学经济研究所学经济史。当时虽然不能完全领会导师的意图，但出于对导师的尊重，还是拿出百分之百的劲头去学经济学。诚然，对于历史学专业出身的人来说，经济学确实不好学，花大力气也未必能真正学懂，且不说还有高等数学这一门槛的问题……

学习经济学的艰苦先按下不表，且说入门之后的受益。具体来说，有两个方面。第一，对某一问题的研究有了逻辑框架式的分析工具，分析思路清晰明了，避免了从前漏洞百出的尴尬。例如，研究某国经济史中的出口问题，首先找到一个合适的出口理论框架。理论告诉我们，出口的影响因素有三：外国收入（别人的购买力大小）、汇率（换算成外币表示的价格高低）和外国的进口关税（会在商品上加价多少）。这个逻辑关系的前提假设为：该出口国产能很大，供给没有问题，能成交多少取决于需求。前提不存在，逻辑关系就不存在。于是，只要能证明该国产能没有问题，就可以从外国收入、汇率和关税三个方面研究出口变化，经济中其他方面的问题只要不影响这三个变量，就可以不予考虑。第二，做数据估计不会再犯统计口径不规范的错误。例如近代中国的货币量数据，先前国内有很多学者做过估算，但算来算去基本上都算的是白银。从宏观经济学的统计口径来看，银币属于 M_0 的主体部分（还应包括铜币），与宏观经济学统计口径下的 M_1（M_0 + 活期存款）或 M_2（M_1 + 定期存款）差了很多。近代中国经济学意义上的货币量数据长期缺失，直到 20 世纪 80 年代，美国学者罗斯基估计了中国 1910～1936 年经济学口径的货币量，才有了这个时段的 M_0、M_1 和 M_2 数据。虽然学界对这个数据有些异议，但毕竟比没有数据好了很多。

再深入一点说，掌握了经济学分析工具，经济史研究会更上一层楼。著名经济史学家吴承明曾说过，经济史是经济学的源，而不是流。长期以来，经济史学界普遍赞同且经常有同行撰文时引用这一名言。但是，如果"源"和"流"无法对话，"源"对"流"一窍不通，这个源流关系还会存在吗？经济史研究的最高境界是修正、补充和发现经济学逻辑，如果经济史学人不懂经济学，肯定是达不到这个最高境界的。我在本书中对凯恩斯投资函数的质疑、对宏观调控政策有效空间和 C-D 生产函数有效性等的分析都是在做这方面的尝试，虽然技艺不精，但有这方面的意向。

当年，我在学习经济学的同时补习数学。众所周知，"文革"使我们这代人在文化知识方面损失惨重，1977 年恢复高考，数学试卷第一道题竟然是分数运算，从中可窥一斑。好在南开大学经济学院 1995 级的博士研究生中有好几个是理科专业出身，我就有了老师。我同寝室的原新（现在是南开大学人口与发展研究所教授）是物理学专业出身，帮了我不少忙。李军林（现在是中国人民大学经济学院教授）是数学专业出身，我问了他许多"愚蠢问题"，他甚至见到我就想跑，至今想起来可笑。那时候我 35 岁，还算年轻，有时间和精力方面的资本，可以自己下功夫恶补。现在经济史学界非经济学专业出身的年轻同行不少，他们也有"资本"，但是，这个资本一定要用于"生产"，不然这个资本很快就会"折旧"，正所谓"莫等闲、白了少年头"。说这些的意思是，只要下功夫，经济学是可以入门的。

为了让完全不懂经济学的文化人能看懂，我在写作时尽量通俗。我每写一章都请历史学专业出身的"经济学门外汉"来读一读，他们说哪里不懂我就修改哪里，改到他们能读懂的份儿上，这本书就算及格了。我请大连交通大学马克思主义学院的关颖教授、黑龙江省文物考古研究所渤海上京城工作站的赵哲夫教授和江苏省作家协会会员、诗人周志强先生读过书稿，他们都是哈尔滨师范大学历史系 1985 届（81 级）毕业生，我的老同学。据他们说，偶尔查查百度就可以看懂最后一稿，我很欣慰。写书期间耽误了他们不少时间，在此，我向老同学表示感谢。

闲话就说到这里，请读者进入宏观经济学的大门。

刘　巍

2019 年 8 月

于广州南沙区名苑别墅

目　　录

第一章 基本范式：从前提假设到逻辑结论

　　经济学逻辑的起点是前提假设，这对经济学圈子之外的很多人来说，比较陌生，同时又容易引起误解。曾有历史学界的朋友比较气愤地质问我："你们经济学总是假设，能不能来点真的？"毋庸讳言，这是典型的望文生义。假设不是虚假，也不是真实的反义词。前提假设，说的是某一经济学逻辑赖以运行的基本条件。那为什么叫假设呢？因为经济学纯理论不特指任何一个具体时空，是从众多经济史过程中抽象出的"纯逻辑"，前提假设与这个"纯逻辑"的关系相当于"如果……那么……"之类的条件复句，是假如有某某条件的意思。这好比药厂制的药，如果医生诊断你得的是这种病，就吃这个药，不是就别吃。药厂并不知道谁会得这种病，只能假定有人得这种病。简单说，如果经济中有某种条件（前提假设），那么就一定有某种逻辑结论（经济学的结论大多以因果关系形式出现），不管是在哪个时期和哪个国家与地区。反过来说，前提消失了，结论就不存在。

　　不难理解，同其他学科相似，在经济学中，可以在任何条件下运行（即没有前提假设）的逻辑框架是不存在的，凡经济学理论必有明示或暗含的前提假设。比较遗憾的是，目前在书市上见到的经济学教科书大多只讲"那么"而不讨论"如果"，仿佛书中的经济学理论是放之四海而皆准的。这样下去，就会使许多经济学人习惯性地忽视理论框架的前提假设，错误地使用经济学逻辑，从而得出不正确的分析结论。本章将对有关前提假设的基本概念做出初步界定，并对几种重要的前提假设做初步讨论。

第一节　前提假设、前提与理论的适用性

一　前提假设

前面说过，前提假设是某一经济学逻辑赖以运行的基本条件，是经济学的因果关系发生的条件。但是，不知何故在大多数经济学教科书中前提假设不被讨论，用经济学术语来说就成了"暗含"的前提假设。由于本章尚未开始讨论经济学逻辑，我们暂以熟悉的自然现象为例。比如，把一粒种子埋到土壤里，就会生根发芽，这应该是自然界的逻辑，成年人都知道。但是，这个逻辑暗含的前提假设很少被提及——常温常压下，有足够的阳光和水分。如果这个前提假设不存在，这粒种子是不会发芽的。这就是经济学上"前提消失了，结论就不存在"的思路。

另外，从种子的故事可以看出，前提假设可能是 1 个以上的条件，即前提假设可能是个"条件包"。我们把条件包中的每一个条件都称为"必要条件"，把整个包称为"充要条件"（充分必要条件）。简洁地说，必要条件就是"没它不行，有它也不一定行"，例如本例中的阳光条件，没它种子不会发芽，有它也不一定发芽，还得看有没有其他必要条件；充要条件就是"没它不行，有它一定行"，例如上例中的常温、常压、阳光、水分都齐了，种子一定会发芽，不论是在古代还是在现代，不论是在东半球还是在西半球。

从经验角度说，经济学理论的前提假设包大多不只包含一个条件，通常是若干个条件。谈到这里，我们向经济学靠近一点。例如，近年来经常有人拿 20 世纪 90 年代日本房地产泡沫破灭说事，断言中国必将步其后尘。但在这些人里面基本没有谁抽象出来过日本房地产泡沫产生的

诸多前提条件，更没有谁令人信服地指出中国完全具备日本房地产泡沫产生的全部条件。于是，这种预测性的言论不足为信。

二 前提

"前提"一词看似与"前提假设"极其相似，但在经济学分析中的含义有较大不同。前提假设是经济学逻辑起步的条件，是"如果有……"，所以用"假设"一词。例如，弗里德曼货币需求理论的前提假设。而前提则是某一具体时空（如 1929 ~ 1933 年的美国或 1998 ~ 2002 年的东南亚）存在的实实在在的市场条件，是"就是有……"，不允许用"假设"一词。例如，二战后美国货币供给机制的前提。

经济学理论的前提假设虽然在教科书中没有明示，但可以通过逻辑结论的因果关系反推出来。例如，在凯恩斯学派的货币需求理论中，一个结论是，有价证券收益率（市场利率）负向影响货币需求量，即有价证券收益率越高，人们越不愿意持有更多的货币（把手中持有的多余货币用于购买证券以获得收益），反之则反是。从这个因果关系反推，可以知道该理论运行的前提假设之一必定是经济中存在一个有效的资本市场，否则，何来有价证券收益率。当然，有些经济学理论暗含的前提假设不是这么容易反推出来的，需要有较好的经济学修养。

某一具体时空的前提则需要研究者花费气力查阅资料、认真深入研究方能得到，越是距今天久远，越是需要花费更多的精力。例如，近代中国也有证券市场，但这个市场是有效的吗？是储蓄向投资转化的枢纽吗？这是需要认真研究的。

三 理论正确与理论有效

如果一个经济学理论能够顺畅地从前提假设推到结论，那么，这个理论就是正确的，推不到结论它才是错。我们今天能看到的经济学理论大多属理论正确的，经济学发展到今天 300 多年了，即使某一理论一开始有逻辑错误，这么多年下来也早已被一代又一代的经济学家修正了。因此，不要轻言哪个理论错了，这种说法很不专业。

一个正确的经济学理论，被用于对同类问题的分析却未必有效。这是为什么？原因在于，该理论的前提假设与你所研究的具体时空之前提未必一致。如果二者相距甚远，研究者却硬是用该理论做分析工具，无疑是胡乱套用理论，理论当然无效。如果二者相差不大，拟研究的问题所在时空之前提只是与理论的前提假设略有差异，则可按照具体时空的前提修正理论的前提假设，然后合理增减理论的影响因素，从而使修正后的理论有效。诚然，这需要有一定的"修炼"，不是初学者能做好的工作，但这无疑是今后的发展方向。总之，一个正确的经济学理论，只有在其前提假设与所要研究的具体时空之前提一致或基本贴近时，才是有效的分析工具。

第二节　上位前提假设：总供求态势分类

总供求态势，即总供给和总需求的力量对比。我们把市场经济出现以来的总供求态势分为供给约束型经济和需求约束型经济，前者又可称为短缺经济，后者又可称为订单经济。因为这是经济问题研究过程中首先需要确定的问题，所以我们暂定名为"上位前提假设"，和它对应的是"下位前提假设"，我们将在下一节讨论。

一　供给约束型经济

由于生产能力不足，总供给不能满足总需求，市场上产品总是短缺的，总需求被迫适应总供给，能不能买到产品是个大问题。短缺经济中的生产能力短期内在极限水平上运行，产量不会增长或很少增长，一旦总需求在某种因素推动下突然提升，只能导致价格上涨，甚至发生恶性通货膨胀，最有代表性的案例是 16 ~ 17 世纪欧洲的价格革命。16 世纪以前的数百年内，西欧的物价除了由于战争或歉收等原因发生短时的波动外，一直是稳定的。随着美洲的发现和新航路的开辟，西班牙等国从殖民地掠回大量金银。仅 16 世纪内，欧洲的黄金数量大约从 55 万公斤增加到 119.2 万公斤；白银从 700 万公斤增加到 2140 万公斤。货币量放大导致总需求不断增长，总供给无法满足，物价不断上涨。16 世纪 30 年代始于西班牙，后来延及英、法、德等国。1450～1750 年，英格兰的总价格指数从 100 上涨到 600。法国更甚，1500～1592 年，价格增长了 10 倍。[①]

从总量上看，人类社会曾长期处于短缺经济中，直到 19 世纪中期英国工业革命完成，世界经济才开始向需求约束型经济过渡。到今天为止，仍有一些国家或地区处于供给约束型经济中。从市场现象上观察，供给约束型经济中销售不是问题，采购员满天飞，总供给的缺口是资本品。由于产能满负荷也不能满足总需求，所以蓝领工人加班加点、三班倒现象常见。

当然，这里只是从一般市场现象上讨论供给约束型经济。如果需要对某一国家或地区做准确判断，则需动用经济学数量分析工具才行，具体方法可参考拙作《计量经济史研究方法》（社会科学文献出版社，2016）。我曾对一些主要国家做过考察，工业革命完成之前的英国、第一次世界大战结束前的美国、1950 年之前的日本、1995 年之前的中国，都处于供给约束型经济中。

对供给约束型经济中经济问题的分析，应该使用古典和新古典经济学家的理论作为分析工具，因为他们的理论暗含的前提都是短缺经济，这和他们生活工作的时代有关。

二 需求约束型经济

工业革命解决了经济中的能源问题，从此，人力、畜力、风

---

① E. E. 里奇和 C. H. 威尔逊主编《剑桥欧洲经济史》（第四卷），张锦冬、钟和、晏波译，经济科学出版社，2003，第 391 页。

力、水力退居次要地位，生产不再受地理条件制约，工业城市开始形成。同时，工业革命开创了用机器生产机器的时代，工业设备可以大批量生产，从此，产业投资只关注资本金，不再受资本品的瓶颈制约。工业革命成果在欧美的扩散使得主要国家先后进入需求约束型经济时代，总供给能力大大超过总需求，经济中的问题主要是需求问题。

从市场现象上看，销售是企业的核心问题之一，推销员到处跑，销售广告满天飞。巨大的供给能力在一年内究竟生产多少产品，取决于总需求，即取决于订单数量，产品能不能卖出去是企业面对的大问题。可见，在需求约束型经济中，总供给被迫适应总需求，总需求必然成为经济研究的重中之重。如前所述，英国在工业革命完成之后、美国在第一次世界大战结束之后、日本在 20 世纪 50 年代之后、中国在 1995 年之后都进入了需求约束型经济时代，经济增长的发动机转到了总需求一端。

自凯恩斯经济学问世起，经济学界对总需求问题极其关注，现代经济学暗含的上位前提假设都是需求约束。英国较早地进入了需求约束型经济，1890 年马歇尔出版《经济学原理》时，英国已经在需求约束型经济中度过了几十年。但是，由于有效需求不足的问题尚未完全显现，英国的新古典经济学家们没有关注到总供求态势的问题，主要精力还是放在总供给一端。直至 1929 年大萧条来临，新古典经济学家们对此不知所措，无人能够解释突如其来的大灾难。凯恩斯经济学开创了一个新时代，宏观经济学的主要内容是以凯恩斯经济学为基础的，该理论体系暗含的前提假设是需求约束型经济，对宏观经济各层面的分析都是以需求为起点，宏观调控政策目标大多是从有效需求不足到有效需求充足。

综上所述，若已经将某一时空的总供求态势判断为需求约束型经济，那么，就应该在凯恩斯及以后学者的现代经济学中寻找分析工具，对这一时空中问题进行研究，而新古典经济学的理论无效。

第三节　下位前提假设与技术性前提假设

一　下位前提假设

上位前提假设的意义在于，在哪个学派的学说中选择分析工具——某一具体的理论，是古典、新古典经济学的，还是现代经济学的。本节讨论的下位前提假设是指，在古典、新古典经济学或现代经济学中选定的具体理论模型赖以运行的充分必要条件。前面说过，现在经济学教科书一般不讨论前提假设，需要我们从理论模型中把前提假设反推出来。这就需要我们对经济学理论模型的一般程式有所了解，从现在起，我们不得不涉及经济学表达因果关系的工具——函数，这大概是令历史学背景的同行最为头疼的事。其实，这并不是很难，习惯就好了。

我们看下面的函数：

$$y = f(x_1, x_2, x_3) \tag{1-1}$$

式（1-1）中的 y 叫作因变量，x_1、x_2 和 x_3 都叫作自变量。f 是英文 function（函数）的缩略词，式（1-1）读作" y 是 x_1、x_2 和 x_3 的函数"。由于函数中有三个自变量，所以叫三元函数，有这些数学知识就差不多够了。在经济学上，y 是结果，3 个 x 都是原因，也可以说 3 个 x 都是 y 的影响因素。至于 y 和 3 个 x 都代表哪些变量，由研究者自己来规定。比如，y 可以表示 GDP、出口量、物价等，而 3 个 x 则是因变量的影响因素。这里的 y 和 x 是一般的数学习惯，用在经济学研究上，各个变量的符号通常为学界公知公用的符号。例如，GDP 一般用 Y 来表示，物价一般用 P 来表示，出口一般用 Ex 或 X 来表示，汇率用 e 来表示，关税税率用 T 来表示，等等。本书中所用符号大多是学界公知公用的，非公知公用的符号一定会给予说明。

我们回到下位前提假设的反推问题上来。假定式（1-1）是一个经济学理论模型，于是，该模型暗含的前提假设（下位前提假设）就一定是保证 x_1、x_2 和 x_3 能够顺畅运行、发挥各自对 y 影响力的有关条件。一般的，3 个自变量（影响因素）可能会要求有 3 个必要条件，但也不是绝对和自变量的个数对等。几个条件同时满足时，下位前提假设就充分了。接下来，研究者就要分析所研究的时空是否具备这一"包"必要条件，进而决定这个理论作为分析工具是否有效。举一例说明，看下面的函数：

$$Im = f(Y_d, e, T) \qquad\qquad (1-2)$$

式（1-2）中，Im 表示本国进口额，Y_d 表示本国收入，e 表示汇率，T 表示进口关税税率。按一般规律，本国收入正向影响进口，收入越高买得越多；汇率负向影响进口，汇率越高进口越少；进口关税税率负向影响进口，关税税率越高进口品越贵，需求会下降。

从本国收入变量反推，本国的进口不受其他非经济因素制约（例如进口品生产国是不是友好国家、意识形态、宗教等因素），也就是说，只要有钱，想买就买。从汇率变量反推，本国实行浮动汇率制度，或者政府可以在一定程度上操控汇率，总之，汇率是浮动的（无论是自由浮动还是"管理"浮动）。如果是实行金本位制，汇率就是两国货币含金量之比，即固定汇率制度，那么，汇率对进口几乎是没有什么影响的。从关税角度反推，如果进口产品是与本国产品互补的，关税税率的变动对进口的影响不大；如果进口产品是与本国产品竞争的，关税税率变动会显著影响进口。

总结一下，该理论模型的前提假设为：①进口基本上不受非经济因素影响；②汇率是浮动的；③进口品主要是竞争性商品。

接下来，研究者应该考察所研究的时空是否具备这样的政治经济条件，如果完全具备，必要条件就充分了，这个理论模型作为该时空进口问题的分析工具是有效的，反之则无效。如果该时空缺乏某一个必要条件，假定绝大部分进口品与本国产品是互补的，则应该删去模型中的关税税率自变量。因为一般的关税税率变动不能影响这个"本国"的进口，如果将关税税率提高到影响进口的高度，"本国"经济将受较大负面影响，除非这个"本国"的政府丧失了理智。同时，若该时空有其他政治经济条件或制度安排会对进口有影响，则应将该条件或制度安排列入前提，然后将受这一条件或制度安排左右的某种经济变量纳入函数作为新的自变量。也就是说，修正后的理论框架有效。

这里我多说几句，经济学的结论仅仅是经济学的一部分，完整意义上的经济学是前面谈及的整个分析范式。换言之，仅仅记住了几个或很多经济学结论，但没有掌握经济学分析范式，不是真学会了经济学。

二　技术性前提假设

一般来说，经济学理论模型大多是多元函数（两个或两个以上自变量），即多个原因导致一个结果。为了分析方便，必须先暂时假定其他自变量不变，先来分析其中一个自变量与因变量的关系，这就是技术性前提假设。然后，逐个放开其他暂时假定不变的自变量，当推断最终结论时，不再含有技术性前提假设。

在进一步解释之前，我们先来复习一下高中学过的平面解析几何，这是经济学教科书中常见的数理分析工具，在本书后面章节中也会频繁使用。解析几何据说是哲学家笛卡尔的贡献。一天黄昏，笛卡尔看到一只苍蝇在窗棂上飞出了一条美丽的曲线。于是，笛卡尔就想到了将两条数轴垂直相交，自变量在横轴（X轴），因变量在纵轴（Y轴），数学方程就转化为几何图形了，自变量有多少个数值，因变量就有多少个数值对应着，形成一条有动感的曲线，非常直观。这种数学方法被经济学家拿到分析过程中来了，但是，不知为什么经济学家喜欢把自变量放在纵轴上，而把因变量放在横轴上。现在经济学界都习惯这样使用了，如果改回到解析几何的原本设置，我们反倒会很不习惯。

知道这些解析几何知识就差不多了，现在我们讨论一下技术性前提假设，以微观经济学一入门的"需求曲线"为例。微观经济学教科书先给出了一个虚拟的"需求表",大致意思是,某商品价格为 100 块钱时,需求量是 10 个;50 块钱时,需求量是 20 个;20 块钱时,需求量是 50 个;10 块钱时,需求量是 100 个。于是,就有了如图1 – 1所示的需求曲线。

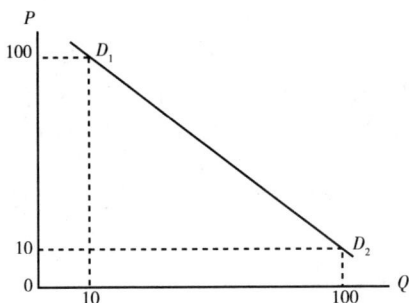

图 1 – 1 微观经济学的需求曲线

如图 1 – 1 所示,纵轴表示价格 P,横轴表示需求量 Q,平面上的直线 D_1D_2(直线也叫曲线,是一种特殊的曲线)就是需求曲线,虚线则表示曲线上任何一点到横纵两个轴的距离(对应的数量关系)。为了画图方便,我们在横纵两个轴上只给出了两个值:10 和 100。

价格在纵轴上,表示原因;需求量在横轴上,表示结果。这意味着需求量 Q 的变化是价格 P 的变化导致的,完全可以写成函数:$Q = f(P)$。从图 1 – 1 上看,需求曲线 D_1D_2 是向右下方倾斜的,即负斜率,表示价格越高需求量越小,价格越低需求量越大。乍看上去,价格负向影响需求量似乎符合经验。但是,和经验相悖的案例也不少见。例如,中国的商品房价格越涨,人们越买,如果用真实数据做出需求曲线,无疑是向右上方倾斜的,即斜率为正。经济学家错了吗?其实这只是对需求量的初步分析,假定其他变量不变,分析价格与需求量的关系,即附加了多个技术性前提假设。

影响需求量的变量很多,这里讨论两个被技术性前提假设封闭了的主要变量。第一个是收入(Y),即收入不变,钱就这么多,只能是贵了少买便宜了多买。一旦收入发生变化，且增幅远大于物价涨幅，情况就是另外一个景象了。第二个是预期价格（P^{exp}），即预期价格不变，如果预料该商品价格在下一期（根据研究需要，一期可以定义为任意期限，如一年、一个月、一天，等等）上涨或预料它在今后若干期内会持续上涨，那必定是抢先购买，越涨越买，即中国民间常说的"买涨不买落"。为分析方便，先不考虑其他影响因素，假定只有三个影响因素，需求函数可以写成：

$$Q = f(P, Y, P^{exp}) \tag{1-3}$$

由于有技术性前提假设收入（Y）不变和预期价格（P^{exp}）不变，所以，需求函数变成了一元函数 $Q = f(P)$。由于教科书上对此没有任何说明，经济学课堂上教师也很少做解释，所以，经济系有思考能力的学生和一些优秀的自学者不能不产生一定的困惑。

因为技术性前提假设是临时使用的，到分析终点时必须放开，所以，暗含技术性前提假设的函数是经济学的半成品，与真实市场相距较远，所以不能直接用作分析工具。必须将技术性前提假设逐个放开之后才是成品，才有可能作为分析工具，如式（1-3）。切记，不能把经济学教科书前几章或几节上的逻辑结论作为分析工具，因为教科书是循序渐进的，前面的章节暗含的技术性前提假设太多。一不小心就着了半成品的道。

第二章　一本大账：国民收入核算

在宏观经济学中，国民收入是最重要的概念，是衡量一定时期内一国产出水平的统计量。在生活中，衡量重物需要制造标准的磅秤，丈量长度和面积需要制造精准的尺子，如果没有一套度量衡器具，我们只能大致估量今年开采的煤炭比去年的堆得高一点儿、眼前的别墅比邻家的房子大一些……，无法准确表达。同样，如果没有国民收入概念及其核算体系，我们就只能凭着感觉认为今年比以往可能是富足了些或日子过得紧了点儿。现代经济学意义上的国民收入核算体系产生于凯恩斯经济学出现之后，首创者是美国经济学家西蒙·史密斯·库兹涅茨（Simon Smith Kuznets）。

库兹涅茨是 1971 年诺贝尔经济学奖获得者，于 1901 年出生在沙皇俄国平斯克城（现属白俄罗斯共和国）的一个犹太人家庭，小时候在乌克兰的哈尔科夫接受教育。他的大学生涯始于苏维埃政权时期，1922 年转学到美国哥伦比亚大学，于 1923 年、1924 年和 1926 年先后取得学士、硕士和博士学位。1931 年起，库兹涅茨在宾夕法尼亚大学任经济学与统计学的兼职教授，1936 年成为全职教授。1954 年，任约翰·霍普金斯大学政治经济学教授。1960 年起，加盟哈佛大学，直到 1971 年退休。他在 20 世纪 60 年代末协助台湾大学筹办经济学博士班，成立了台湾地区第一个培养经济学博士的研究所，他还是台湾"中央研究院"的名誉院士。1985 年 7 月 8 日，库兹涅茨在哈佛大学所在地马萨诸塞州的剑桥城去世。

库兹涅茨在 1941 年出版了一部重要著作《1919～1938 年的国民收入及其构成》，书中提出了具有历史意义的关于国民生产总值的研究。在库兹涅茨所处的时代，经济学有两大发展：一个是凯恩斯学派兴起，另一个是计量经济学问世。据说，这两个大事都涉及使用库兹涅茨的研究数据。但库兹涅茨本人既不是计量经济学家，也不是凯恩斯主义者。他在早期受其博士导师韦斯利·克莱尔·米切尔的影响，研究了商业周期。米切尔后来终身投入对商业周期的研究，而库兹涅茨却先后致力于季节性波动、长经济周期、国民收入核算、经济增长等方面的研究。他提出的为期 15～20 年的经济周期后来被称为"库兹涅茨周期"。在国民收入核算方面，他将美国的国民收入回推到了 1869 年，并把国民收入按不同的行业、不同的最终产品以及不同的使用来划分。他还度量了贫富人群的分布状况，尽管并非首创者，但他的工作全面而细致，成为这一领域的标准。美国商务部的国民生产总值计算标准化工作是在库兹涅茨的帮助下完成的。[①]

在国民收入核算体系下，国民收入是一组概念，即经济学家通常所说的"广义国民收入"。在广义国民收入中，既包括狭义国民收入（National Income，NI），也包括国内生产总值（Gross Domestic Product，GDP）、国民生产总值（Gross National Product，GNP）、国内生产净值（Net Domestic Product，NDP）、个人收入（Personal Income，PI）和个人可支配收入（Personal Disposable Income，PDI）等。上述概念都可视为国民收入，在不同的研究层面，这些统计量各有各的经济学意义。这就像丈量一幢别墅的面积一样，既可以按建筑面积计量、按使用面积计量、按房间面积计量，也可以按总面积（建筑面积加花园面积）计量，这些"面积"各有不同的意义。由于一国（经济学意义上的国家，即独立经济体，并非国际法意义上的国家，下同）的就业、价格、外汇储备、财政政策、货币政策等重要经济问题都与 GDP 直接相关，所以，

---

① 以上资料来自《维基百科》，见 http：//zh．wikipedia．org/wiki/库兹涅茨。

20 世纪 90 年代之后，各国考量国民收入的统计量基本上都是 GDP（以前多用 GNP）。因此，本章主要讨论广义国民收入中的 GDP。

第一节　国民收入的核算指标

一　国内生产总值

国内生产总值是一定时期内（如月、季度、年等）在一国领土上生产的各种最终产品（有形产品）和服务（无形产品）市场价值的总和。

我们先来讨论一下有形产品和无形产品。有形产品就是通常所指的看得见摸得着的物品，如一把椅子、一瓶啤酒、一台电脑等。无形商品则是看不见摸不着的，然而却能给人们带来享受和愉悦，如一场音乐会、旅行社导游的全程服务、移动运营商提供的无线数据信号等。有形产品的生产和消费可以在时间和空间上分离，如去年生产的椅子可以今年买来用，德国生产的啤酒可以在中国商店里买来喝。无形商品的生产和消费在同一时间和空间进行，不可分离。如在艺术家们于音乐厅或剧场里"生产"古典音乐的同时，观众们在台下"消费"着美妙的音乐。艺术家们"生产"完毕，观众们也"消费"完毕。你可以想象，买一张光盘是不是就可以使音乐会的生产与消费在时间和空间上分离？不是，因为光盘已经是有形商品了。

GDP 定义言简意赅，但含义深刻。GDP 究竟是什么？通俗地说，GDP 就是一大堆产品。想象一下，如果在一定时期里（比如一年），在一国领土上生产的产品都不吃、不喝、不用，且无论是有形的最终产品还是无形产品都能往一起堆放的话。那么，GDP 说的就是这个大堆。现在的问题在于，这一大堆产品形形色色，品名和单位千差万别，无法直接加总。比如，一辆轿车加一双鞋，绝不能 1 + 1 = 2，就是两辆轿车或两双鞋，如果品牌不同、型号不同，都不能直接相加。这样，就无法用简单的方法表达这一大堆产品的数量，必须找到一个对各种产品都合适的量纲方可加总。显然，这个量纲是货币。于是，按各种产品的市场价加总，就变得简单多了。货币单位取代吨、米、辆、座、架、台等产品单位，GDP 可以简单地表达为多少亿元、多少亿镑。如果说某年某国的 GDP 是 50 万亿元，意思是说，某国某年生产了值 50 万亿元的一堆产品。简言之，GDP 说的是产品，不是钱，虽然 GDP 用钱的单位来表达。

在使用 GDP 这一统计量时，要注意以下几个问题。

（一）GDP 是国土概念，不是国民概念

计入一国 GDP 的产品是在本国领土上生产的，包括外国人在本国生产的产品，而不包括本国人在外国生产的产品。比如，中国境内的外资企业生产的产品算入中国的 GDP，而不算入外资母国的 GDP；中国"走出去"的企业在外国生产的产品算入所在国 GDP，而不算入中国的 GDP。

（二）GDP 是一定时期的生产概念，而不是交易概念

一国在一定时期内（比如一年）生产出来的产品，无论是已卖出去还是未卖出去，都计入当年的 GDP，没卖出去的算厂商"自我购买"。比如，t 年某国生产了 20 万亿元产品，积压在厂商的库房里 2 万亿元，没卖出去，t 年该国的 GDP 是 20 万亿元而不是 18 万亿元。$t+1$ 年生产了 18 万亿元产品，在市场上不仅全部卖出，而且把上年积压的 2 万亿元产品也卖出去了。$t+1$ 年的 GDP 仍是 18 万亿元，而不是 $18+2=20$ 万亿元（但是，出售上年产品产生的相关劳务价值计入 $t+1$ 年的 GDP，如包装、运输、批零售卖等劳务）。

近代以来，世界各国经济的商品化（货币化）程度都是逐步提高的，在总产量中考察，不卖——自产自用部分的占比经历了逐渐从大到小的过程，即货币化水平不断提高的过程。在估算历史 GDP 的工作中，自产自用的产品该怎么算？经济史界曾有学者撰文认为，GDP 指的是一国在一年内所生产的所有最终产品和劳务的市场价值之和，所以，计

入 GDP 的有形产品和无形产品都应该是进入市场的。而巫宝三先生在
《中国国民所得（一九三三年）》一书中，却把没有进入市场的有形产
品也计入 GDP 了，可以说巫宝三先生开了对 GDP 定义错误认识的先
河。该文还认为，美国学者刘大中和叶孔嘉以及罗斯基在他们的著作中
也都没有注意到这个重要的问题，他们在研究战前农业和手工业时，只
采用了总产出增长的估计数字。[①]

对于这一问题，我和该文作者有不同看法。道理如前所述，GDP
是生产概念，不是交易概念，产品只要生产出来了，卖不卖都应该是
GDP 的一部分。近代中国小生产者众多，小生产者的产品经常是卖一
部分、自家留用一部分，后者可视为"自我购买"，也应按当年市场价
值计入 GDP。譬如，假定某农户一年收获了 3 万斤谷物，卖了 1.5 万
斤，5000 斤自己用，另有 1 万斤待明年开春青黄不接时卖个好价钱。
这 3 万斤谷物（当然包括自己用的 5000 斤谷物）均按当年卖出的 1.5
万斤之价格计入当年 GDP，最后的 1 万斤虽然是在明年"进入市场"
卖掉的，但也不算入明年的 GDP，因为今年算过了。因此，按 GDP 核
算的学理来说，巫宝三先生估算的近代中国 GDP 涵盖以市场价值计算
但未进入市场的产品，是完全合乎 GDP 核算逻辑的，不存在认识误区。
同理，刘大中、叶孔嘉及罗斯基对同类问题的研究在数据处理方法上也
无谬误。近代中国的经济货币化程度虽低，但不影响对其产值的计量。
另外，美国经济学界对 GNP 的估算回溯到了 1789 年[②]，日本学者估算
的 GNP 也回溯到了 1885 年[③]，他们的数据绝不可能仅仅包含"进入市
场"的产品。同时，当时的货币化程度谅也不会像当今这样高，美日
当时也并非"现代化国家"。[④] 从现代经济角度观察，当今各国 GDP 中

---

① 杜恂诚、李晋：《中国经济史"GDP"研究之误区》，《学术月刊》2011 年第 10 期。

② B. R. 米切尔编《帕尔格雷夫世界历史统计》（美洲卷：1750～1930），贺力平译，
经济科学出版社，2002，第 777 页。

③ B. R. 米切尔编《帕尔格雷夫世界历史统计》（亚洲、非洲和大洋洲卷：1750～
1930），贺力平译，经济科学出版社，2002，第 1052 页。

④ 杜恂诚、李晋：《中国经济史"GDP"研究之误区》，《学术月刊》2011 年第 10 期。

未进入市场的产量比例的确远小于近代中国未进入市场的产量比例，但从 GDP 核算角度来看，当代与近代的区别在于量而不在于质。

但是，我们认为，历史 GDP 估算工作中确实存在问题。第一，自产自用部分农产品的定价问题。在货币化水平较低的时代，农户生产的农产品中有较大部分是自己用的，若按现代 GDP 的核算方法，自我购买的产品按出售的同类产品价格计入 GDP。但是，当年大多数农户（现在中国的农户也有很多是这样）一般是把能卖好价钱的上等谷物出售，不好的谷物自己用。如果把自用的谷物按出售的谷物价格计价，显然就夸大了 GDP。所以，在做这类核算的时候，应根据历史资料适当压低自产自用农产品的价格。第二，无形产品的估算问题。无形产品，也称服务类产品，这类产品是必须进入市场实现了买卖才能计入 GDP 的，而无"自我购买"一说。例如，某人雇用保姆或小时工做家务，发生了货币与服务的市场交易，就作为无形产品计入 GDP；但他若自己亲自做同样强度的家务劳动，因没有市场交易发生就不计入 GDP，哪怕他把同样的工钱从左衣兜放进右衣兜。同样，自己洗衣服的劳动不计入 GDP，送到洗衣店洗就计入 GDP。这样的问题在当代 GDP 核算工作中也是存在的，至今也没有什么好办法可以解决掉。因此，社会分工越细密，第三产业越发达，无形产品被漏算的就越少，越往近代和古代回溯，被漏掉的越多，GDP 可能就越接近物质平衡体系中的"社会总产品"概念。

（三）GDP 只统计最终产品，不包括中间产品

在现代经济中，厂商生产任何产品都需要中间投入，社会分工越细密，中间投入品越多，几乎没有哪个有形产品的厂商不外购中间投入品。我们以大多数经济学教科书中的成衣制造为例，讨论这一问题。

假定一件上衣从生产到消费者付款购买需要 5 个阶段：农场种棉花、纺纱厂用棉花纺纱、织布厂用纱织布、服装厂用布做衣服和销售人员把衣服卖出去。我们假定棉花的价值中已扣除种子、化肥等中间产品的投入（如果逐级向上游产品回溯，一定是没完没了的），增加值为 20

元。纺纱厂买进棉花，纺成的纱卖 25 元（假定没有别的中间投入，下同），增加值为 5 元。织布厂买进棉纱，织成的布卖 35 元，增加值为 10 元。制衣厂买进布料，做成衣服，出厂价 50 元，增加值为 15 元。门市店将衣服卖给消费者 55 元，增加值为 5 元。在表 2－1 所示的产品价值形成过程中，到消费者手里的最终产品只有一件价值 55 元的成衣，而其他市场交易环节都属中间投入。如果把全部环节的价值都加起来就成了 185 元，这是最终产品加上中间产品的全部市场交易量，显然夸大了最终产品的价值。如果按照各环节的增加值计算，则正是最终产品价值 55 元。

表 2－1　产品价值形成过程

单位：元

生产阶段	产品价值	中间产品价值	增加值
棉花	20	—	20
纺纱	25	20	5
织布	35	25	10
制衣	50	35	15
售衣	55	50	5
合计	185	130	55

从表 2－1 的数据来看，市场交易量和只计最终产品的 GDP 完全不是一回事，在社会生产中，分工协作越是发达，中间产品量越大，市场交易量就越是大于 GDP。进一步分析，在商品化程度较低的近代经济中，市场交易量可能会小于 GDP（自产自用部分较大），也可能大于 GDP；在古代经济中，市场交易量恐怕会小于或远小于 GDP；在现代经济中，市场交易量一般都大于 GDP，甚至远大于 GDP。

（四）GDP 是流量概念，不是存量概念

在本节的一开始，我们曾做过一个想象：如果在一定时期里（比如一年），在一国领土上生产的产品都不吃、不喝、不用，都堆在一起，那么 GDP 说的就是这一大堆产品。这绝对是个异想天开的假设。

一国的 GDP 是在一定时期内（比如一年）逐日生产出来的，最终产品随着生产销售就被逐步消费和使用，到 12 月 31 日这一天，没有剩下 GDP 统计数据显示的那么多产品。比如一个国家一年内生产的面包量，逐日生产就被逐日吃掉，如果从年初第一天留到年终最后一天，就不能吃了。显然，GDP 是一定时期内"曾经"生产出来的量，是个流量，而期末剩下来的是个存量，是 GDP 中的一部分。一般来说，存量大多是资本品和耐用消费品，期内消费掉的大多是消费品和无形产品。

请记住"逐日生产"这一概念，并发挥想象力去琢磨一下在生产者和消费者之间发生的产销过程，这对后面理解和掌握"国民收入核算中的恒等关系"很有用。

二 国民生产总值

国民生产总值与国内生产总值仅一字之差，但统计学意义有较大不同。前面我们曾说过 GDP 是"国土概念"而非"国民概念"，在这里恰好相反，GNP 是国民概念而非国土概念。GNP 以一国"常住居民"为统计对象，凡是本国居民生产的产品都计入 GNP，而不论是在本国领土上还是在外国领土上生产制造的产品；而外国居民在本国生产的产品不计入本国 GNP。比如，外资企业在中国生产的产品算入外资母国的 GNP，而不算入中国的 GNP；中国"走出去"的企业无论走到了哪一国，生产的产品都算入中国的 GNP，而不算入所在国的 GNP。当不存在产业资本国际流动时（和没有 FDI 的意思大致相同），GDP 与 GNP 的意义相同。GNP 这一统计口径比较适合考察一国居民的富裕程度和福利水平，而与一国财政政策、货币政策、就业政策等宏观经济政策相联系的紧密程度弱于 GDP。

按照国际惯例，"常住居民"和"公民"的概念不同，前者包括常住本国的本国公民、暂住外国的本国公民和常住本国的外国公民（未入本国国籍，即侨民）。在宏观经济学中为简单起见，一般用"居民"一词表述"常住居民"之意，并有"本国居民"和"外国居民"的分类。

GNP 与 GDP 有如下数量关系：

$$GNP = GDP + 本国居民在外国生产的产品 - 外国居民在本国生产的产品$$

$$(2-1)$$

三　国内生产净值

国内生产净值（NDP）是指一国新创造的产品，从价值角度来说就是净增加值，这一统计量也是"国土概念"的。我们知道，任何产品中不仅包含中间产品，而且应该包含固定资本的折旧，即生产设备损耗的价值。从最终产品加总的 GDP 中减掉折旧值，就是 NDP：

$$NDP = GDP - 折旧 \qquad (2-2)$$

顺便再说说这个"折旧"。众所周知，任何一部机器都不可能永久使用，一段时间之后就会报废或弃之不用。假定一部机器值 50 万元，能正常工作 10 年，那么，厂商就要在 10 年中每年从产品销售的利润中扣留 5 万元，待 10 年后机器报废时重置设备。这样做的话，折旧率就是 10%。厂商提取的折旧资金不算利润，政府是不对这部分资金收税的。有时，政府为激励某一行业发展，往往允许厂商提高折旧率（如20%），这事实上是一种税收减免政策。

四　国民收入（狭义）

狭义的国民收入是指，一国在一定时期为有形产品和无形产品生产提供的各种生产要素（劳动、企业家才能、资本、土地）所获报酬的总和，也是"国土概念"的。即：

$$NI = 工资 + 利润 + 利息 + 租金 + 政府津贴 \qquad (2-3)$$

国民收入与国内生产净值的数量关系为：

$$NI = NDP - 企业间接税 + 政府津贴 \qquad (2-4)$$

国内生产净值是一国在一定时期内新创造的价值，是从生产角度观察的。从分配角度观察，即各生产要素获得报酬，减去间接税，是因为包含在 NDP 中的间接税不是生产要素所获的报酬。从形式上看，间接税是厂商付出的，似乎是从厂商所获利润中征收的，其实，厂商会将这部分税款计入成本，在销售产品时转嫁出去，从而对利润没有影响，即与厂商的收入无关。加上政府津贴，是因为接受津贴的生产要素得到了这部分收入。

五　个人收入

个人收入是指一国一定时期内所有的个人收入总和，也是"国土概念"。前面的狭义国民收入是指自然人和法人（企业）的收入，而这里的个人收入则为自然人的收入，既包括国民收入中的自然人收入（如工资等），也包括法人收入（如企业利润等）中最终分配给自然人的部分。

PI = NI −（公司未分配利润 + 公司所得税 + 社会保险费）+ 政府付给个人的利息 +
　　政府对个人的转移支付 + 企业对个人的转移支付 + 股息和红利
　　= 工资和薪金 + 企业主收入 + 个人租金收入 + 个人利息收入 +
　　对个人的转移支付 + 红利 − 社会保险费

$$(2-5)$$

我们讨论一下式（2−5）等式右端各项的意义。企业的收入首先要上缴所得税，这是直接税，直接对企业的所得额征税，无法转嫁。这部分不能分给个人，要从 NI 中减掉。企业要发展，就必须留一部分利润，这也不能分给个人，要从 NI 中减掉。企业和个人都要缴纳社会保险费，这部分也不进入当期个人收入，也要减掉。税收到了政府手中之后，要拿出一部分来无偿拨付给法定由国家赡养的人，如伤残军人、烈士遗属、孤寡老人等，这部分资金称为转移支付，成为个人收入。企业也有这种性质的支出，也成为个人收入。最后，再加上个人作为企业股东，当期获得的股息和红利收入。第二等号右端是另一种算法，只是角度不同而已。

六 个人可支配收入

PI 并非个人实际可以支配的收入，必须在依法缴纳个人税费之后方可成为个人可支配收入，即：

$$PDI = PI - 个人应缴税费 \qquad (2-6)$$

以上 6 个概念都属广义的国民收入，经济学家在分析不同层面问题的时候，酌情使用这些概念。一般而言，如果不加特别说明，近年来经济学家所说的国民收入多指 GDP 这一统计口径的数据。

第二节 国民收入的核算方法

一 总产出、总收入和总支出

国民收入核算方法有两类。一类是"直接法"，即直接将一定时空内各种有形和无形的最终产品产量与价格相乘，然后加总，即总产出。显然，这是从生产角度进行的核算，所以，这种方法被称为"生产法"。另一类是"间接法"，分为两种：一种是"收入法"，把人们从各种渠道获得的收入加总，即总收入；另一种是"支出法"，把人们用于购买有形产品和无形产品的支出加总，即总支出。

如果总产出、总收入和总支出三个统计量是等值的，那么，使用上述两类三种核算方法中的任何一种都是没有问题的。接下来，本节将从逻辑角度证明总产出、总收入和总支出是等值的。

为简单起见，我们假定某国只有两个企业，一个是生产棉花的农场，另一个是服装厂（设：该厂连纺带织，最终做成服装自售）。一年终了时，数据如表 2-2 所示。

表 2-2 中，最终产品是服装，从生产角度核算，GDP = 980 + 20 = 1000 亿元。服装厂卖出了 980 亿元服装，就必然有消费者支付了 980 亿

表 2－2　简化的国民收入虚拟数据

单位：亿元

农场（棉花生产商）		服装厂（服装生产商）	
销售收入	500	销售收入	980
工资支出	150	工资支出	250
利息	50	利息	50
租金	100	租金	100
中间产品投入	0	中间产品投入	500（棉花）
利润	200	利润	100
库存变动	0	库存变动	+20

元，同时，另有 20 亿元增加的库存算作厂商自我购买。于是，从支出的角度核算，GDP = 980 + 20 = 1000 亿元。从收入的角度核算，我们把两个企业的销售收入分解项（员工的工资收入、资金提供者的利息收入、土地房屋提供者的租金收入和企业的利润收入）加总，GDP = （150 + 50 + 100 + 200）＋（250 + 50 + 100 + 100）= 1000 亿元。

综上所述，总产出 = 总收入 = 总支出。于是，无论用哪种方法核算，数据应该都是相等的（允许有一定误差）。

二　国民收入核算方法

用生产法（又称部门法或增加值法）核算，需要将全社会各有形产品生产单位扣除中间投入的增加值加总，商业和服务业的国民收入部分也按增加值核算，文教、行政、卫生、家政服务等部门的国民收入部分按工资核算。显然，生产法是一种比较麻烦的核算方法。用收入法（又称生产要素法或要素支出法）核算，就是将所有的收入加总，包括要素收入和非要素收入，即 GDP = 工资 + 利息 + 利润 + 租金 + 间接税 + 转移支付 + 折旧 + 非公司企业主收入。诚然，收入的统计是很不容易的，由于税收的存在，人们有天然的隐瞒收入倾向。

因此，比较容易操作的核算方法就属支出法（又称最终产品法或产品流动法）了。在实际统计工作中，通常是以支出法为主，再用收入法和生产法进行修正。本节主要讨论一下支出法。

在对最终产品的购买支出总额中，若按出资购买者分类，有消费者的消费支出（C）、厂商的投资支出（I）、政府的购买支出（G）、外国居民对本国产品的购买支出——出口（X），即 $C + I + G + X$。但是，既然外国居民购买了本国产品，本国居民也是会买外国产品的，也就是进口支出（M），就包含在 C、I、G 之中。M 是外国制造的产品，不是本国制造的，若按 $C + I + G + X$ 计算，就夸大了本国 GDP，应该减掉。即：

$$GDP = C + I + G + X - M \qquad (2-7)$$

通常把 $X - M$ 称为净出口，用符号 NX 表示，于是有：

$$GDP = C + I + G + NX \qquad (2-8)$$

我们分别讨论一下这 4 类对最终产品的购买支出。

（一）消费支出

消费支出指个人购买消费品和服务的支出，主要包括对耐用消费品的购买支出、对非耐用消费品的购买支出和对服务的购买支出，不包括建造住宅的支出，但包括租房的支出。按照宏观经济学的分类，住宅是可以产生利润的资本品，属于投资支出。如果住宅未用于出租而是自住，那么，可以按省下的租房支出计算利润。

（二）投资支出

投资支出主要是指增加或更换固定资本的支出，也就是对资本品的购买支出和厂商压在库存商品上的支出，如机器设备、厂房、住宅、存货等支出。对资本品的投资之所以被视为对最终产品的购买，而中间产品不算入 GDP，是因为中间产品是在生产过程中被一次性消耗掉的，而资本品则是被逐年折算到新产品中去的（见前面所说的折旧）。

就产品的物质属性而言，有些产品可以直接判断是不是资本品，如汽车生产线、房屋；而有些产品却难以判断，如小轿车、洗衣机。所以，这只能从购买者的身份来判断，个人买了小轿车，算是耐用消费品，出租车公司买了，就是资本品；个人买了洗衣机，算是耐用消费品，洗衣店买了，就是资本品。像这种按物质形态难以区分的产品还有很多，只能按购买者身份区分。

总投资分为两个部分，即资本品投资和存货投资。资本品投资又可分成两部分：重置投资和净投资。重置投资是指抵补本期之前的资本品折旧，资本品物量不变，而净投资是纯粹新增资本品。把存货视为厂商的投资支出——自我购买，正是经济学家（或统计学家）的聪明之处。否则，这部分产品在统计工作中是难以处理的。存货对于生产者来说，虽不像资本品那样被逐年转移到新产品中去，但在正常情况下也是可以带来利润的，算作投资支出理论上也无大谬。存货投资又分为意愿存货投资和非意愿存货投资，前者是厂商正常的待销售库存（各厂商都有一个经验值区间）。厂商的实际库存量小于或大于意愿库存量的情况也时有发生，实际库存量与意愿库存量的差额被称为非意愿库存。当市场需求旺盛时，生产跟不上销售，库存会减少，这时的非意愿库存为负值；当市场需求疲软时，库存量增加，形成产品积压，这时的非意愿库存为正值。当生产和销售都正常时，非意愿库存为 0。从非意愿库存变动的情况也可以反推市场需求情况，当非意愿库存持续为负值时，厂商会加班生产、扩大投资或有新厂商加入；当非意愿库存持续为正值时，厂商会缩减生产、不再投资或有厂商退出。因此，非意愿库存变动是经济学分析中值得重视的一个变量。

（三）政府购买支出

政府购买支出统计的一定是政府对商品（有形的或无形的）购买，有形的如建设公园、学校、城市基础设施等，无形的如雇请学校教师、城市保洁人员等。从大类来说，各级政府的购买支出包括国防军事、行政管理、法制治安、国有企业、国有事业等方面的费用。政府的转移支付不能计入政府购买支出，也就不计入 GDP。因为转移支付是一种补助性质的费用，没有发生购买，即没有对应的有形或无形产品。

综上，政府购买支出是政府支出的一部分，不是全部，但只有这部分计入 GDP。政府的其他支出由于没有得到商品和服务，所以不计入 GDP。在政府购买支出中，对应的有形商品可以是消费品也可以是资本品，因为各国几乎都有数量不等的国有企业。于是，为了区别政府投资支出和私人投资支出，习惯上把前面谈及的第二类支出（投资支出）称为"私人投资"。

（四）净出口

在开放经济中，一定时期内外国人会购买一部分本国的产品，这就是本国的出口，这是本国产出的一部分，要计入本国 GDP。同理，本国人也会购买外国产品，这部分支出（无论是消费支出、投资支出还是政府购买支出）对应的产品不是本国生产的，所以要从总支出中减去。出口减进口，差额即净出口。

净出口可以为正值，也可以为负值。前者意味着出口大于进口，对外贸易有外汇流入，称为顺差；后者意味着出口小于进口，对外贸易有外汇流出，称为逆差，有时贸易逆差又被称为贸易赤字。赤字一说源自古汉语，因为中国古代各种官方款项支大于收时，用红笔写（可能用的是朱砂）；而收大于支时，用正常黑色墨汁来写，称为黑字。在当代经济分析中，赤字常用，如财政赤字、贸易赤字等，但没见过使用"黑字"一词。

三　名义 GDP 和实际 GDP

前面说过，GDP 是一定时期内一国（地区）实际管辖领土上生产出来的最终产品和服务的市场价值总和。由于 GDP 的量纲是货币单位，所以是产量和价格的乘积。于是，无论是产量发生变化还是价格发生变化，都会引起 GDP 的变化。例如，2017 年某国生产了 10 亿个物品，每个物品平均价格为 10 元，GDP 为 100 亿元。2018 年的产量是 10 亿零 1 个，由于种种原因单价上涨为 12 元，GDP 就是 120 亿零 12 元。两年中产量基本上没变（只增长 1 个单位），由于涨价，GDP 大约增长 20%。为了甄别 GDP 的变动究竟是产量变动还是价格变动引起的，以更好地做宏观经济绩效评价和政策调控，需要区分名义GDP 和实际 GDP。

（一）名义 GDP

名义 GDP 就是按当年价格核算的全部最终产品，其中既有产量变动的影响，也有价格变动的影响，如上例中的 2018 年 GDP。在《中国统计年鉴》上，名义 GDP 一般用绝对数额表示（见表 2 - 3）。

表 2 - 3　1978～2017 年中国 GDP（按当年价格计算）

单位：亿元

年份	GDP	年份	GDP
1978	3678.7	1998	85195.5
1979	4100.5	1999	90564.4
1980	4587.6	2000	100280.1
1981	4935.8	2001	110863.1
1982	5373.4	2002	121717.4
1983	6020.9	2003	137422.0
1984	7278.5	2004	161840.2
1985	9098.9	2005	187318.9
1986	10376.2	2006	219438.5
1987	12174.6	2007	270092.3
1988	15180.4	2008	319244.6
1989	17179.7	2009	348517.7
1990	18872.9	2010	412119.3
1991	22005.6	2011	487940.2
1992	27194.5	2012	538580.0
1993	35673.2	2013	592963.2
1994	48637.5	2014	641280.6
1995	61339.9	2015	685992.9
1996	71813.6	2016	740060.8
1997	79715.0	2017	820754.3

资料来源：国家统计局官网（http：//data. stats. gov. cn/easyquery. htm？cn = C01）。

（二）实际 GDP

实际 GDP 是消除了物价变动影响之后的 GDP，表达的是纯粹产量的变动情况。在核算实际 GDP 时，必须首先确定一个基期，实际 GDP 按这个基期的不变价格计算。这种 GDP 指数称为定基指数，也就是把各个时期（年）的产量都乘以这个基期（年）的价格水平，得出各年的实际 GDP 绝对数额。这个基期（年）一般是某一经济过程的开始年份，如 1978 年是中国改革开放的元年，开始告别计划经济，向市场经济过渡。因此，中国大多数统计数据的基期是 1978 年。

在《中国统计年鉴》上，实际 GDP 一般用指数形式表示，即以基期为 100，以后逐年增减（见表 2 - 4）。

表 2 - 4　1978 ~ 2017 年中国 GDP 指数（1978 年 = 100）

年份	GDP 指数	年份	GDP 指数
1978	100.0	1998	650.8
1979	107.6	1999	700.7
1980	116.0	2000	760.2
1981	122.0	2001	823.6
1982	132.9	2002	898.8
1983	147.3	2003	989.0
1984	169.6	2004	1089.0
1985	192.4	2005	1213.1
1986	209.6	2006	1367.4
1987	234.1	2007	1562.0
1988	260.4	2008	1712.8
1989	271.3	2009	1873.8
1990	281.9	2010	2073.1
1991	308.1	2011	2271.1
1992	351.9	2012	2449.6
1993	400.7	2013	2639.9
1994	453.0	2014	2832.6
1995	502.6	2015	3028.2
1996	552.5	2016	3232.2
1997	603.5	2017	3450.6

资料来源：国家统计局官网（http://data.stats.gov.cn/easyquery.htm? cn = C01）。

表 2-4 中的指数表明，按照实际产量核算，1978 年的 GDP 是100，1979 年不变价格的 GDP 就是 1978 年的 1.076 倍，2017 年不变价格的 GDP 就是 1978 年的 34.506 倍。在表 2-3 可以查到，1978 年的GDP 是 3678.7 亿元。于是，我们可以算得，1979 年的实际 GDP 是3958.28 亿元，2017 年的实际 GDP 是 126937.22 亿元。当然，统计年鉴上也可以看到以绝对数字表示的实际 GDP，但由于基年不断变化，不如按本节这样算以便于使用。

从表 2-4 的实际 GDP 指数还可以观察到，中国实际 GDP 在 1986年实现了翻一番，1993 年实现了翻两番，2001 年翻三番有余，2008 年翻四番有余，2016 年实现了翻五番。当然，这都是相对 1978 年而言的。

还有一种实际 GDP 指数，它以上年为 100，即每一个数据都是以上年为基期算得的，这样更便于比较，这种 GDP 指数称为环比指数。例如，常用的经济增长率，如果说某年的增长率是 8%，那么，按上年价格计算，当年的实际 GDP 是上年的 1.08 倍。

请记住，GDP 指数说的都是实际值，没有名义 GDP 指数一说，经济增长率也都是说的实际增长率，从来不用名义增长率。

除了前面讨论的定基指数和环比指数外，还有一种同比指数，是和上一时段中的相同时点比较而言。例如，2016 年第二季度经济同比增长 6%，是指该季度 GDP 比 2015 年第二季度增加 6%。季度数据、月度数据、周数据可用同比，而年度数据则应是环比，不能用同比。例如，2018 年经济环比增长 6.7%，意即比上年增长 6.7%；如果说 2018年经济同比增长 6.7% 怎么理解呢？是和 20 世纪的第 18 年（1918 年）相比吗？有什么意义呢？这不是开玩笑，经常有人用错这个概念，包括一些政府官员和官方媒体。

四 GDP 平减指数——价格总水平

在计算名义 GDP 和实际 GDP 的过程中，可以得到一个重要的价格指数——GDP 平减指数。这是一个覆盖最为全面的价格指数，既包括消费品又包括资本品，既包括有形商品也包括无形商品，还包括进出口商品。总之，覆盖 GDP 的全部内容。这个价格指数比 CPI（消费者价格指数——只反映消费品价格涨跌，不反映资本品价格涨跌情况）、零售商品价格指数（虽然包括资本品，但不包括无形产品）等价格指数要全面得多，堪称一国价格总水平，受到宏观经济研究者的高度重视。这个词是外来语，由于译法不同，GDP 平减指数又称为 GDP 缩减指数、GDP 紧缩指数和 GDP 折算指数等。

GDP 平减指数的计算公式为：

$$GDP\ 平减指数 = \frac{名义\ GDP}{实际\ GDP} \times 100 \qquad (2-9)$$

利用表 2 - 3 和表 2 - 4 中的数据，用式（2 - 9）计算的 1978 ~ 2017 年中国 GDP 平减指数见表 2 - 5。

表 2 - 5　1978 ~ 2017 年中国 GDP 平减指数、实际 GDP、GDP 指数和名义 GDP

年份	GDP 平减指数	实际 GDP（亿元,1978 年不变价格）	GDP 指数（1978 年 =100）	名义 GDP（亿元）
1978	100.0000	3678.700	100.0000	3678.700
1979	103.5929	3958.281	107.6000	4100.500
1980	107.5061	4267.292	116.0000	4587.600
1981	109.9774	4488.014	122.0000	4935.800
1982	109.9081	4888.992	132.9000	5373.400
1983	111.1129	5418.725	147.3000	6020.900
1984	116.6599	6239.075	169.6000	7278.500
1985	128.5551	7077.819	192.4000	9098.900
1986	134.5714	7710.555	209.6000	10376.20
1987	141.3705	8611.837	234.1000	12174.60
1988	158.4703	9579.335	260.4000	15180.40
1989	172.1359	9980.313	271.3000	17179.70
1990	181.9907	10370.26	281.9000	18872.90
1991	194.1544	11334.07	308.1000	22005.60
1992	210.0716	12945.35	351.9000	27194.50

续表

年份	GDP 平减指数	实际 GDP（亿元，1978 年不变价格）	GDP 指数（1978 年 = 100）	名义 GDP（亿元）
1993	242.0072	14740.55	400.7000	35673.20
1994	291.8627	16664.51	453.0000	48637.50
1995	331.7617	18489.15	502.6000	61339.90
1996	353.3296	20324.82	552.5000	71813.60
1997	359.0611	22200.95	603.5000	79715.00
1998	355.8564	23940.98	650.8000	85195.50
1999	351.3428	25776.65	700.7000	90564.40
2000	358.5853	27965.48	760.2000	100280.1
2001	365.9117	30297.77	823.6000	110863.1
2002	368.1249	33064.16	898.8000	121717.4
2003	377.7162	36382.34	989.0000	137422.0
2004	403.9840	40061.04	1089.000	161840.2
2005	419.7499	44626.31	1213.100	187318.9
2006	436.2374	50302.54	1367.400	219438.5
2007	470.0421	57461.29	1562.000	270092.3
2008	506.6669	63008.77	1712.800	319244.6
2009	505.6002	68931.48	1873.800	348517.7
2010	540.3913	76263.13	2073.100	412119.3
2011	584.0311	83546.96	2271.100	487940.2
2012	597.6689	90113.44	2449.600	538580.0
2013	610.5847	97114.00	2639.900	592963.2
2014	615.4156	104202.9	2832.600	641280.6
2015	615.8014	111398.4	3028.200	685992.9
2016	622.4075	118902.9	3232.200	740060.8
2017	646.5828	126937.2	3450.600	820754.3

计算过程是这样的：先将 GDP 指数除以 100（1978 年变成 1，以此类推）；再用 1978 年的名义 GDP 去乘以 1978～2017 年 GDP 指数的各年数据，得到了以 1978 年不变价格计算的实际 GDP；最后用名义 GDP 除以以 1978 年不变价格计算的实际 GDP，得到 GDP 平减指数。

从表 2-5 可以看到，在改革开放的 40 年中，中国价格总水平上涨了近 5 倍半，2017 年是 1978 年的近 6 倍半。在此期间，实际 GDP 则增长了 33 倍半，2017 年是 1978 年的 34 倍半。

第三节　国民收入核算中的恒等关系

在一个国家的宏观经济运行过程中，各领域各层面都在持续不断地发生着买卖交易，犹如一条水量充足的大江。如果可以的话，随便在哪个时点上按一下"暂停键"，都可以回头算出注入大海的江水水量。我们可以把这个注入大海的水量想象成一国经济的最终产品交易量，也就是这个"暂停"时点之前的总产量。如果我们把这个时点之前的时间想象成一年，这个总产量就是一年的GDP。既然交易完成了，那么，所有买家买到的产品价值必定等于所有卖家卖出的产品价值。也就是说，交易完成后，既不存在无卖的买，也不存在无买的卖。这个买就是总需求，这个卖就是总供给。于是，我们可以说，在宏观经济运行过程中，任何时点上的总需求都等于总供给。这就是本节要交代的第一个恒等式：

$$AD = AS \qquad\qquad (2-10)$$

式（2-10）中，AD表示总需求，是两个与汉语同义的英文单词的字头；AS表示总供给，也是两个与汉语同义的英文单词的字头。这个恒等概念很重要，在后面的章节中，明里暗里都会反复使用，一定要记住。

这里提出一个问题，先不做解释，后面再说：为什么总是能听到类似这样的说法——求大于供或供大于求？读者结合第一章也许可以想通这个问题，想不通就先放下这个问题，读到后面再说。其实，仅仅看了这么几页书，想不通这个道理也很正常。

在经济学中，恒等式表现一种事实或一种结果，不具有任何学理价值，即恒等式本身不表明任何因果关系，没有哪个变量决定哪个变量的意思。经济学往往把这种恒等式称为均衡条件，它是宏观经济分析最基础的数量关系条件。

一　技术性假设1——两部门经济

首先，我们来做两个技术性假设：第一，没有政府；第二，没有进出口（封闭经济假设）。这两个假设虽然近乎荒唐，但给循序渐进做经济分析带来了莫大便利。两部门经济，说的是经济中只有厂商和居民两个部门。在宏观经济学中，一般把众多厂商视为一个厂商，把它们的投入与产出量加总进行研究；一般把众多居民合并为一个居民，把它们的收入和支出额加总进行研究。我们现在来讨论这个"简洁"的经济中存在的恒等关系。

在两部门经济中，居民部门向厂商部门提供生产要素：出卖劳动、出卖才能、出借资金、出租土地，从厂商部门得到相应的报酬。厂商部门向居民部门出售商品（有形的和无形的），居民部门向厂商部门支付商品价款。

在两部门经济中，居民不是把要素收入全都用来消费，而是将一部分收入储蓄起来。经济学的储蓄概念不同于生活中常用的口语（口语意思是把钱存入银行），宏观经济学规定，收入中消费部分之外的都叫储蓄，不论怎样摆布。存款是储蓄，买股票、债券是储蓄，甚至挖坑埋起来也是储蓄，当然，现代经济中几乎没人这样做了，这在经济学上叫作"货币窖藏"。近代中国使用银币时，就有人以这种形式储蓄，新中国初期，时不时就有人无意中在一棵大树下或富家老宅墙根儿挖出一坛子银圆，这就是当年货币窖藏的形式。

厂商也不是把全部收入都分配给居民部门，总是要留一部分利润再投资。这部分利润在投资没有发生前，列入厂商的储蓄。金融中介①吸收居民和厂商的储蓄，形式上可以是吸收存款，也可以是组织发售股票、公司债券。然后向厂商提供投资资金，提供形式可以是贷款，也可以是代厂商销售股票债券。厂商的投资就是掏钱买资本品，投资在厂商部门内部进行，譬如，制衣厂买某类机械厂生产的缝纫机、矿山买汽车厂生产的重卡等。

综上所述，将两部门经济循环过程形象化，就可得到图2－1。从

① 本节所说的金融中介涵盖范围比较广泛，包括各类银行、证券、保险等金融机构。

总供给一端观察，居民的要素收入加上厂商留存的部分利润等于总收入，在现代经济中，货币表象对应着产品价值，于是，总收入就等于总供给。但是，由于货币介入其中，刚入门的读者可能会对总收入等于总供给感到费解。退回到远古以物易物的时代，由于没有货币作为交易媒介，总收入等于总供给是非常好理解的。譬如，1个农户的平均年收入（产量）是10吨小麦，1000个农户组成的部落总供给就是10000吨小麦。

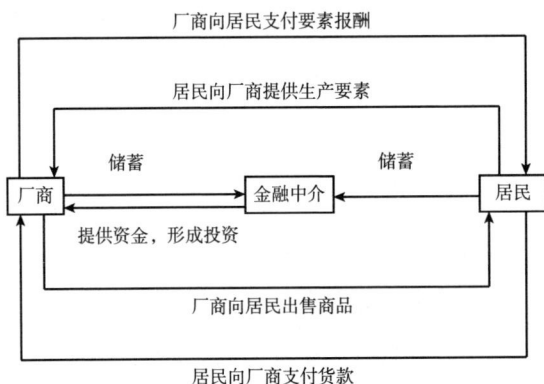

图2-1 两部门经济循环简要示意

前面讨论过，居民的收入一部分用于消费，一部分用于储蓄，厂商的收入未发生投资前列入储蓄。于是有：

$$AS = Y = C + S \tag{2-11}$$

式（2-11）中，Y表示总收入，C表示消费，S表示储蓄。这个储蓄包括居民部门和厂商部门储蓄。显然，S暂时没有用于购买，是从经济循环中"漏出"的一部分收入，如果持续漏出，会影响下一个周期的经济循环，一定要有某种机制使它重新"注入"经济中。

从总需求一侧观察，两个部门的购买即为总需求。居民部门买了消费品，实现了消费需求，厂商部门在金融中介的协助下买了资本品，实现了投资需求。于是有：

$$AD = C + I \tag{2-12}$$

式（2-12）中，I 表示投资，其他符号意义同前。

显然，投资就是前面说过的"注入"，金融中介就是实现把"漏出"转化为"注入"的经济机制。一国金融中介体系越是发达、越是高效，从"漏出"到"注入"的"转化"越是顺畅，宏观经济运行越是少有"卡顿"。在现代经济中，金融体系是将储蓄向投资转化的枢纽，担当着重要的经济责任。反过来看，现代经济危机无不首先表现为金融危机。

由于经济中存在 $AD = AS$ 恒等关系，所以，可以把式（2-11）和式（2-12）联立，写成：

$$C + I = C + S \tag{2-13}$$

消去式（2-13）两端的 C，得：

$$I = S \tag{2-14}$$

式（2-14）即为宏观经济顺畅运行的基本条件，投资等于储蓄是两部门经济的重要恒等式，也称为均衡条件。

二 技术性假设2——三部门经济

上节为了分析方便，假定没有政府，这是远离经济现实的。本节放开这一技术性假设，加入政府部门。政府在现代经济中的作用是独特的，其他部门无法替代。政府不仅是消费品和资本品的购买者，同时又有"逆风向"调节经济的功能：经济萧条时多买，经济复苏时少买，经济高涨时更少买。居民、厂商、政府构成了本节的三部门经济，切记，本节还有一个技术性假设没有放开——没有进出口。由于假设没有进出口，因此三部门经济假设又称为"封闭经济假设"（封闭经济和开放经济对应）。众所周知，政府的功能是以征收各项税费（提示：这里暂不涉及政府债务收入，短期的如国库券，长期的如各种期限的公债，也不涉及政府在国有企业中的收支；为表述方便，将税和费合称税收）

和做出各项支出（既然不涉及债务收入，也就不涉及利息支出和对外援助支出）方式实现的。加入政府部门之后，宏观经济运行稍显复杂一些，如图2-2所示。

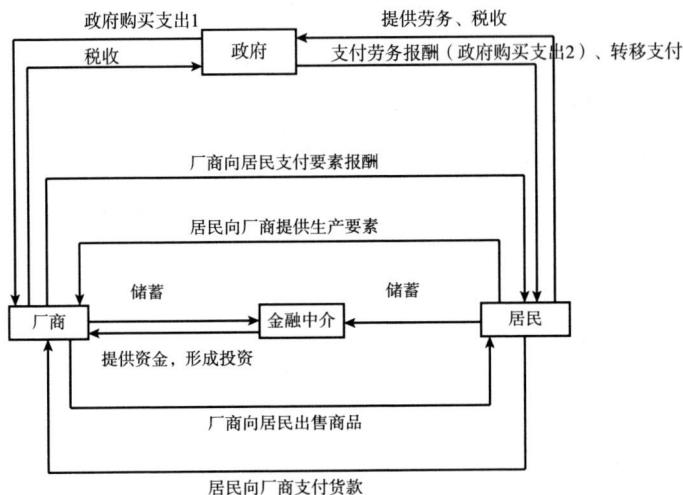

图2-2　三部门经济循环简要示意

如图2-2所示，政府的收入来自厂商和居民按一定税率缴纳的各种税款，政府从居民部门雇用一定数量的公务人员保证政府机构正常运作并向公务人员支付劳务报酬，这部分支出本书称为政府购买支出2；还要对部分居民群体提供转移支付，如伤残军人抚恤金等。政府要从厂商部门购买大量的商品，并支付货款，这一项称为政府购买支出1。为方便分析，两项政府购买支出合称"政府购买支出"。如前所述，从金额角度看，政府支出概念大于政府购买支出概念。

加入政府部门之后，总收入分解为三个部分：居民税后收入、厂商未分配的利润和政府的税收。同两部门讨论的一样，居民的税后收入分解为消费和储蓄，厂商的未分配利润暂列储蓄。于是有：

$$AS = Y = C + S + T \qquad\qquad (2-15)$$

式（2-15）中，T 表示税收，其他符号意义同前。显然，S 和 T

暂时没有用于购买，是从经济循环中"漏出"的一部分收入，一定要重新"注入"经济中。

从总需求一侧观察，三个部门的购买即为总需求。三个部门分别实现了消费需求、投资需求和政府购买需求，于是有：

$$AD = C + I + G \qquad (2-16)$$

式（2-16）中，G 表示政府购买，其他符号意义同前。显然，投资和政府购买就是三部门条件下的"注入"。

按总供求最终相等的恒等关系，可得：

$$C + I + G = C + S + T \qquad (2-17)$$

消去式（2-17）两端的 C，得：

$$I + G = S + T \qquad (2-18)$$

式（2-18）即为宏观经济顺畅运行的基本条件，是三部门经济的重要恒等式，也称为均衡条件。

可见，在三部门经济中投资和储蓄不一定相等，税收和政府购买可作为等式两端的平衡项，只要投资加政府购买与储蓄加税收相等，宏观经济即可顺畅运行。

三 放开技术性假设：四部门经济

至此，本书将完全放开技术性假设"包"中的两个假设，把进出口也考虑进来，单设一个"国外部门"，于是，整个宏观经济被称为"四部门经济"，又叫作"开放经济"（本节不再画示意图，读者结合三部门经济循环示意图思考即可）。

第四部门有两个功能，进口和出口。进口，即本国买外国商品，吸纳了本国的收入。其实，一国的消费支出、投资支出和政府购买支出都不是百分之百购买本国产品，其中必有对国外产品的购买支出，这在经济运行中的作用相当于储蓄和税收，属于漏出性质。修正三部门的总供给式之后可得：

$$AS = Y = C + S + T + M \qquad (2-19)$$

式（2-19）中，M 表示进口，其他符号意义同前。

出口，是外国对本国商品的购买，和投资、政府购买的作用相当，对经济运行的作用是一种注入。修正三部门的总需求式之后可得：

$$AD = C + I + G + X \qquad (2-20)$$

式（2-20）中，X 表示出口，其他符号意义同前。

联立式（2-19）和式（2-20）可得：

$$C + I + G + X = C + S + T + M \qquad (2-21)$$

消去式（2-21）两端的 C，得：

$$I + G + X = S + T + M \qquad (2-22)$$

式（2-22）即为四部门经济的漏出注入恒等式。从两部门到四部门可以看出，宏观经济学所说的漏出，意思是如果没有 S、T 和 M 的话，全部收入都用于消费，即 $Y = C$。在两部门经济中，S 没有用于消费，就是漏出；在三部门经济中，S 和 T 都没有用于消费，就是漏出；在四部门经济中，S、T 和 M 都没有用于本国消费品购买，都是漏出。其实，$Y = C$ 是不可能的，一国全部产品都是消费品是一种极端的现象，经济要发展，资本品从哪里来？抵补折旧都要生产资本品，遑论增加资本存量了。显然，这样设定是方便分析，漏出和注入并无优劣之分。

从式（2-22）可以看出，要保持宏观经济平稳运行，不必要求各个漏出和注入变量逐一对应相等（如储蓄与投资、税收与政府购买支出、进口与出口），只要漏出之和等于注入之和即可。

我们再次强调，只有将技术性假设全部放开之后的分析结论才能用于某一具体时空的经济研究，本节的两部门经济、三部门经济得出的结论都是"半成品"，四部门经济的逻辑才是最终结论。

第三章 收入的摆布：消费与储蓄

消费既是宏观经济运行的终极环节，又是发端环节，是宏观经济学的核心问题。极端地说，如果人类不用消费，那么，投资、进出口等一切活动都没有意义了。以投资为例，投资活动的最上游——资源品厂商（例如各种矿山开采行业）向资本品厂商（例如各种机械制造行业）提供金属、非金属，资本品厂商向消费品厂商提供生产装备，消费品厂商向消费者提供消费品。可以想象，如果没有终端的消费者消费行为，各层面的投资毫无用处。消费需求的旺盛直接导致消费品厂商扩大投资，间接引发资本品厂商和资源品厂商扩大投资，即总投资梯次增长。同时，在生产厂商的投资过程中，创新不断出现，而创新的原动力无疑是诱致消费，从而销量增长且多赚利润。没有消费这个终极目标，创新是不可能的。

说消费是宏观经济运行的核心问题也不为过，但是，迄今为止宏观经济学对消费的研究仍是初步的，远不如对其他变量的研究深入。具体来说，宏观经济学只把消费作为因变量——什么因素影响消费——做了研究，却基本上还未把消费作为自变量——消费影响什么变量——研究它对宏观经济的影响。

第一节 需求约束型经济条件下的短期分析

1929～1933 年美国陷入经济大萧条，然后席卷欧洲发达国家。当时美国出现了棉花烂在田里、牲畜被集体宰杀掩埋和大量牛奶倒入河里这类令人震惊的事件。一贯提倡储蓄，从而扩大投资的古典经济学家对此颇感茫然，当时的经济学界全体失语。众所周知，1936年凯恩斯出版的《就业、利息和货币通论》是以大萧条为背景的理论研究成果，第一个对进入需求约束态势之后国家的宏观经济运行做了全面的解释。从此，"有效需求不足"代替了"有效供给不足"，经济学界的研究重点发生了重大转移，逻辑分析暗含的前提假设基本上都从先前古典经济学的供给约束型经济变成了需求约束型经济。宏观经济学是以凯恩斯经济学为基础的，对消费的逻辑分析几乎是原汁原味的凯恩斯主义，本节讨论一下消费函数的前提假设。

一　需求约束型经济：事前的供大于求与事后的供求相等

前面我们讨论过两个上位前提假设：供给约束型经济和需求约束型经济。在供给约束型经济前提下，总供给能力低下，总需求被迫适应总供给，在一个时期的任何一个时点上，总需求都是没有得到满足的，通常用"求大于供"来描述这种经济态势。而在该时期终了的时点上，全部交易完成，总需求必然等于总供给——购买量等于售卖量。当然，购买量是无奈的，因为产量或售卖量只有这么多，所以，是总需求被迫等于总供给。在需求约束型经济前提下，总供给能力巨大，但具体生产多少取决于总需求，在一个时期的任何一个时点上，总供给都是没有得到完全施展的，通常用"供大于求"来描述这种经济态势。而在该时期终了的时点上，全部交易完成，总需求必然等于总供给——购买量等于售卖量。当然，售卖量是无奈的，因为订单只有这么多，所以，是总供给被迫等于总需求。

综上所述，总需求必然等于总供给是事后状态，而"求大于供"或"供大于求"是事前和事中状态。

我们再讨论两组概念：有效需求和有效供给、潜在需求和潜在供给。前者分别说的是，已经付款收货的需求量和已经收款交货的供给量，后者分别说的是，"我有钱就会买"的需求量和"你给钱我就能卖"的供给量。至此，我们可以说，总需求等于总供给是指事后的有效需求和有效供给之间的数量关系，供大于求或求大于供是指事中的潜在需求和潜在供给之间的数量关系。

凯恩斯理论体系的上位前提假设已经朦胧地感觉到了需求约束型这一经济态势，因为凯恩斯就欧美大萧条诊断出的病症是"有效需求不足"，而有效需求不足症只能发生在需求约束型经济身上。在供给约束型经济身上，常见病和多发病是古典和新古典学派长期以来致力于研究的"有效供给不足"。既然宏观经济学是以凯恩斯经济学为基础的，那么，在当下的宏观经济分析著作中，暗含的上位前提假设基本上都是需求约束型经济。用这些经济学逻辑作为诸如近代中国、近代日本等供给约束型经济体经济问题的分析工具，无疑是南辕北辙。正如在第一章中讨论的那样，理论是正确的，但理论无效。

二　短期内价格不变

经济学经常将分析时段划分为长期和短期，同一个变量在长期和短期往往变化规律不同。短期并不是从时间角度考虑的，一般是规定哪个变量不变期间为短期，于是，各个短期的时间长度是不一样的。长期，则是诸多个短期的累加，可见，短期内不变的因素在长期中是变化的。

宏观经济学有一句近乎口头禅的格言，几乎是需求约束型经济条件下的金律：短期内价格不变。那么短期内价格为什么不变呢？我们尝试解释一下这个现象。

第一，在需求约束型经济中，产能巨大，覆盖总需求没有问题。虽然同一种产品是差异化的，不会完全相同，但大致可以分为几类。每一类产品的厂商众多，生产能力有一定的闲置率，即资本存量的开工率都不是百分之百，在价格既定的条件下，争夺订单是常态。在这样的市场环境中，哪个厂商涨价无疑就是噩梦降临，消费者的货币"选票"会将它置于死地。因此，在此期间，价格无显著变动（不是丝毫不变），可以简化为"短期内价格不变"。

第二，上述局面会维持一段时间，但不会始终不变。各种生产要素的存量不同，突发事件对某些资源的影响不同，在短期内，某一种或几种资源或生产要素会率先出现"瓶颈"效应，导致产品价格发生比较显著的变化——短期结束，宏观经济进入调整期。

例如，短期内劳动力会逐渐达到充分就业，工资上涨也难以找到新工人，产品的成本上升必然导致产品价格上涨。于是，一个短期结束，宏观经济进入调整期。或者政府放松国际移民政策吸引外籍劳工，或者技术进步以智能机器代替人工。无论哪一种调整，都需要一定的时间。调整完毕后，进入一个新的短期。再如，国际原油价格受突发事件影响大幅上涨，由于石油产品是全社会生产体系的中间产品，一国的产品价格会全面上涨。如果油价上涨是短暂的，也许对短期的影响不大，如果是持续的，政府必将对能源供应体系和能源政策做出相应的调整。

将若干个相邻短期连接起来考察，就是长期经济分析了。从第二次世界大战之后的经济史考察，长期中，价格基本上是向上调整的。中国改革开放之后的情况也是如此，前面说过，2017 年中国的价格总水平是 1978 年的近 6.5 倍。

第二节　消费与消费函数

消费与储蓄是宏观经济分析涉及的第一对变量，由于它们和公众的福利关系密切，并且关系一国宏观经济运行顺畅与否，所以是最为重要的两个变量。在供给约束型经济条件下，政府为发展国家的供给能力，往往实施一些压制消费、增加储蓄的宏观经济政策。在需求约束型经济条件下，政府大多实施一些扩大消费需求、使储蓄和消费的比例更为合意的宏观经济政策。当然，消费与储蓄的合意比例还在探索之中，不同国家、不同时期不可一概而论。

一 消费定义

在宏观经济学中，消费是指公众为满足自身需要（非生产盈利需要）花费在最终消费品和服务上的支出总额。

广义的消费包括个人消费和政府消费两部分，但由于宏观经济学把政府消费归到了政府购买支出项下，于是，这里讨论的消费仅指个人消费（或称家庭消费），属于狭义消费概念。消费支出的内容包括三个大项：耐用品（私家轿车、电视、冰箱、洗衣机等）、非耐用品（食品、服装鞋帽、床品、日用器皿等）和服务（诸如教育、医疗、影视戏剧音乐会、酒店、交通、通信、互联网等，科技和经济越发达服务类消费种类越多）。各大项中种类繁多，难以一一列举。从经济统计角度来看，除购买商品住宅、金融资产（属储蓄）之外，个人（家庭）的一切购买支出都属消费。

我们再次强调，建造或购买住宅的支出不算消费，而是计入投资，但是租房的租金算作消费支出。

二 长期消费影响因素

长期中，一些短期内不变的因素会发生变化，很多影响因素对消费发挥作用。本节讨论一些主要影响因素，随着经济结构和制度安排的变化，不排除原本不重要的影响因素逐渐发挥重要作用。

（一）收入水平

迄今为止，收入大概是影响消费最重要的变量，即口语中常说的"买得起或买不起"的问题。在其他条件不变时，收入提高消费支出就会增长，反之反是。在经济学术语中一般用数学语言来描述这种现象，即消费是收入的增函数（前面我们曾简单回顾函数在经济学中的意义，即自变量是原因，因变量是结果）。消费是收入的函数，说的就是收入变化是消费变化的原因。说消费是收入的增函数，意即二者呈同升同降的因果关系。

（二）物价水平（CPI）

在收入等其他条件不变时，价格水平对消费产生反向影响，消费是物价的减函数，即二者呈此消彼长的因果关系。这很好理解，当货币收入不变时，消费品价格越高买的相对越少，价格越低买的相对越多。需要注意的是，这个价格不是上一章中讨论的 GDP 平减指数——价格总水平，而是 CPI，即居民消费价格指数，因为 GDP 平减指数涵盖的资本品价格涨跌与消费没有很直接的关系。

（三）预期价格水平

长期中由于物价是变化的，会形成一个随时间变动的价格走势。在当期，人们对下一期价格走势的判断就是预期价格水平，通俗地说就是对"最近的将来"价格涨跌的一种估计。例如，如果人们预期消费品价格上涨，而这意味着货币收入的购买力缩水，那么他们就会提前购买暂时并不紧迫需要的消费品，也就是当期消费支出增长。相反，如果人们在当期估计下一期消费品价格会下降，而这意味着货币收入的购买力增加，那么他们就会推迟购买，持币观望。这种现象就是通常所说的"买涨不买落"——动态中，越涨越买、越跌越不买。于是，消费支出与预期价格水平是同升同降的，即消费是预期价格的增函数。记住，消费支出与价格水平和预期价格水平的关系是不同的，消费支出是前者的减函数，是后者的增函数。

考虑到初学者可能会对这个价格术语比较陌生，这里再稍稍深入一点讨论一下预期价格水平。

预期 CPI 不同于 CPI，后者由国家统计部门定期在主流媒体上公布（中国现在可以看到月度数据），在统计年鉴上和相关网站上也可以查到；而前者是没有现成数据可用的，是社会公众心中的一种估计。当然，公众也不是胡乱估计的，有自己认为可靠的依据。那么，公众根据什么估计呢？一般情况下，公众的预期基于"最近过去"的价格变动情况，强调一下，是"最近过去"，太久远的"过去"没有太大意义。假如以周为期，过去三四周以来的价格变动最有参考价值，而过去300

周以来的价格变动情况则价值不大。经济学上将这种情况称为"适应性预期"，也有相应的算法可以构造数据，这是后话，不再赘述。需要说明的是，单个消费者的预期未必一定准确，下一期来临时，价格未必和他预期的一致，但下一期的真实价格不影响他当期的消费行为，因为当期消费行为已经受当期的预期价格影响过了，时间不能倒流。

此外，某种谣言、误解、大家都认可的某权威人士在某种媒体上丝丝入扣的预测分析或煞有介事的胡说八道，也会影响公众的预期。但是，即使某种价格预期比较荒唐，一旦成为市场上绝大多数消费者的预期，如果当局不实施及时的干预措施或无法有效干预，下一期真实价格也许真的会按这个荒唐预期走。例如，市场上传闻鸡蛋要降价，哪怕是供求因素丝毫没有变化，如果大家都不买鸡蛋，鸡蛋在几天内必然会降价，不降价养鸡场受不了。再如，坊间预期鸡蛋要涨价，哪怕供求因素没有任何变化，大家都抢购鸡蛋，几个小时之内也许鸡蛋真就涨价了。这种情况被称为"预言的自我应验"，虽不常见，但也会偶尔发生。

（四）消费信贷

消费信贷是指商业银行体系向消费者投放的一种信贷，通常是商业银行与商家合作，替消费者垫付特定商品特定比例的货款，接受消费信贷的消费者按约定逐期将货款和利息（手续费）还给商业银行。显然，消费信贷使消费者可用以后的收入增加当期的消费，当期消费是消费信贷的增函数。

要注意这个变量起作用的一个重要前提假设——国民收入分配不合理[①]，大部分国民收入分配给了占比较小的高收入者，而占比较大的中

---

① 一般用基尼系数作为考量国民收入分配合理与否的统计指标，大多数国家统计部门都定期或不定期发布这个数据。基尼系数的取值范围是 0 ~ 1，基尼系数越接近 1，越是表明绝大部分国民收入被少部分人占有，越接近 0 则表明国民收入分配越平均化。学界公认，最合理的国民收入分配结构之基尼系数应该在 0.3 左右，显著大于 0.3 趋于 1 是不合理的，显著小于 0.3 趋于 0 也是不合理的，中国的经验表明，不按要素分配，平均主义"大锅饭"式的分配制度也是阻碍生产力发展的。因此，评价国民收入分配一定用"合理或不合理""公平或不公平"概念，而不能用"平均不平均"概念，因为平均也是一种不合理或不公平。我们常常听到有人批评某国"收入分配不均"，其实这是误用概念，他们想说的应该是"收入分配不公"。

低收入者得到的是较少的国民收入。高收入者群体得到的收入较多，在其新增收入中，消费占比相对较小，大部分新增收入都进入了储蓄，其中包括银行存款。中低收入者由于收入不多，存在陷入"想买却买不起"的尴尬局面的一大批人，消费信贷声称"预支未来的财富"，恰好应时当令。

如果这个前提不存在，即收入分配相当合理，公众不是想买却买不起，而是"没有什么可以多买的"，那么，消费信贷对消费增长是没有显著作用的。

上述几个变量是长期中影响消费的主要变量，还有一些惰性变量和偶发性变量，不再赘述。值得一提的是，有一些经济学教科书认为，银行利率高可以抑制消费促进储蓄，反之反是，即消费是银行利率的减函数。这里我们讨论一下银行利率对消费的影响。笔者认为，当国民收入水平较低时，绝大部分收入用于消费也未必达到温饱水平，银行利率再高也不会抑制消费；银行利率再低也不会促进消费，因为全社会仅有的少量储蓄都是富人的，富人不会因银行利率低就把一部分储蓄用于当期消费，可能会用于投资。当国民收入水平较高时，中低收入者也有数量不等的储蓄，银行利率的变化可能会影响到储蓄的结构（是银行存款还是理财产品），对消费的影响应该是不显著的。当然，银行利率的变化会给使用消费信贷的成本造成变化，是消费信贷投放量的影响因素之一。但是，对于消费的影响因素，既然考虑了消费信贷，就没道理再把消费信贷的影响因素并列其中了。长期消费函数如下：

$$C = f(Y, P, P^{\exp}, D_c) \tag{3-1}$$

式（3-1）中，C 表示消费支出额，Y 表示收入，P 表示消费价格，$P^{\exp}$ 表示预期消费价格，D_c 表示消费信贷。可见，银行利率作为 D_c 的影响因素之一，如果作为自变量之一进入长期消费函数是错误的。

如果把研究视野放得更远，还有一些超长期的变量也会影响消费，如人口结构的变化（即老年人或青年人在总人口中的占比）、节俭或奢侈观念的变化、居民私有财富存量的变化等。这些变量轻易不会变动，如果不做太长时间的分析或国际比较分析，可以不予考虑。

另外，还有更深入地研究长期消费决定因素的专门理论，如杜森贝里在 1949 年出版的《收入、储蓄和消费者行为理论》一书中提出的相对收入论、弗里德曼在 1957 年出版的《消费函数》一书中提出的恒久收入论和莫迪利亚尼于 20 世纪 50 年代与合作者一起提出的生命周期论。读者可找相关书籍阅读，相信会有收获。

三　短期消费函数

凯恩斯经济学是以研究短期问题著称的，按照凯恩斯的思路，前面的长期消费函数式（3 - 1）中诸多变量在短期内都是不变的（常数）。在需求约束型经济条件下，短期内价格不变（以后还要深入讨论这个问题），于是，预期价格也就不变了。但是，凯恩斯不认为短期内消费信贷会对消费产生影响，我们暂时存疑，后面再说。至此，短期内影响消费的变量只剩下收入了。即：

$$C = f(Y) \qquad\qquad (3 - 2)$$

式（3 - 2）中各符号意义同前。写成线性方程，则有：

$$C = C_0 + bY \qquad\qquad (3 - 3)$$

式（3 - 3）中，C_0 和 b 都是待定参数。C_0 表示自发消费，即维持生命存在的消费额，当收入为 0 时也得消费 C_0 这个数量。那么，没有收入怎么消费呢？或者动用自己以前的储蓄，或者借钱消费。这两个资金来源都被称为"负储蓄"，前者是"负"自己的储蓄，后者是"负"别人的储蓄。b 表示收入中用于消费的比例，又称为边际消费倾向。bY 称为引致消费，是居民消费随收入变化的部分。一般而言，b 的取值范围在 0 和 1 之间，即 $0 < b \leq 1$。经济发展水平越低，b 值越接近 1，贫穷国家即使是 $b = 1$（收入都用于消费，零储蓄），民众也未必能吃饱穿暖。同时，也不排除偶尔有 $b > 1$ 的情况发生，即收入太低不得不负储蓄。如果一个家庭或一个人偶尔有 $b > 1$，显然是"负"自己或别人的储蓄度过饥荒的；如果一个国家某年的 $b > 1$，那就是"负"别国的储蓄——借外债度日。一般来说，需求约束型经济条件下的国家都不是穷国，宏观经济层面的 $b > 1$ 是罕见的。

如果在统计口径上把债务收入也视为收入的一部分——广义收入 = 要素收入 + 债务收入，那么，b 就不会大于 1 了。

现在用解析几何工具继续讨论消费方程。图 3 – 1 是式（3 – 3）的解析几何图，横轴表示收入 Y，纵轴表示消费 C。平面上有一条自原点射出的 45°线，线上任意一点到两个轴的距离相等，如 E 点（$C_1 = Y_1$）。用数学语言表述就是，45°线是到两个轴距离相等的所有点的集合。不管用哪种语言表述，经济学意义就是 45°线上的所有点均表示消费等于收入。

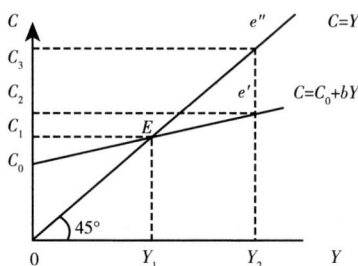

图 3 – 1　线性消费曲线

图 3 – 1 平面上的另一条曲线是消费曲线，纵轴截距 C_0 是自发消费，曲线的斜率为 b，由于 $b > 0$，所以曲线向右上方倾斜。消费曲线与 45°线相交于 E 点，在这一点上，全部收入都用于消费，收支相抵。在 E 点的左侧，消费曲线位于 45°线的上方，每一个消费支出额都大于收入，也就是说，从 0 到 Y_1 是有负储蓄的消费。在 E 点的右侧，消费曲线位于 45°线的下方，消费小于收入，总是留有一定的储蓄。如消费曲线上的 e' 点，对应横轴上的收入额是 Y_2，对应纵轴上的消费支出额是 C_2，而不是 45°线上与 Y_2 对应的 C_3，显然，收入额中就有 $C_3 - C_2$ 的部

分进入了储蓄。现在的问题是，在需求约束型经济中，消费不足，储蓄过大，会对宏观经济运行造成较大的不利影响，甚至造成生产过剩的现象，历史上的美国大萧条就是极端的案例。我们在此更深入一些，讨论一下消费不足的问题。

在供给约束型经济条件下，无论储蓄有多少，都会转化成投资，因为衣食住行各方面的需求还未被全部满足，产品短缺，投资总是有效的。产品只要生产出来就不愁销路，经济增长的发动机是总供给。在需求约束型经济中则不同，产能巨大，厂商按订单生产，经济增长的发动机是总需求。没有产品订单的投资是无效投资，储蓄未必会转化为投资。在封闭经济假设下，消费是总需求的起点，前面讨论过，消费会梯次拉动消费品厂商、资本品厂商和资源品厂商的投资。若消费持续低迷，各层次的厂商投资意向就会减弱甚至减产，造成总需求不足，总产出就会下降。从图 3-1 观察，收入水平越高，未被用于消费的部分越大，宏观经济中越容易出现有效需求不足的问题，因此，保持消费支出稳定增长是宏观经济顺畅运行的重要条件之一。

在各国经济增长过程中，国民收入分配合理的国家不多。时至今日，基尼系数在 0.3 左右的国家也没几个，最发达的美国近年来基尼系数也是在 0.5~0.6 区间徘徊。因此，大多数国家都满足消费信贷投放的基本前提，消费低迷时可以动用消费信贷手段，这是有历史经验可以借鉴的。第一次世界大战结束后，美国进入了需求约束型经济时代。1920~1929 年，是美国经济史上的"黄金十年"，经济高速增长，国民收入分配严重不公，基尼系数在 0.5~0.7 区间游动（见图 3-2）。富人占有总产出的绝大多数。富人的消费基本上达到了极限，增加的可能很小，收入的大部分用来储蓄。

根据斯图尔·蔡斯（Stuart Chase）的统计，1920~1929 年，1% 最富有的人享受着 75% 的收入增长。尽管 1922~1928 年美国的人均国民收入从 625 美元增加到 742 美元，但不同阶层所分得的收入是不同的。其中，占城市总人口 71% 的工人工资收入仅占总收入的 38%，而企业

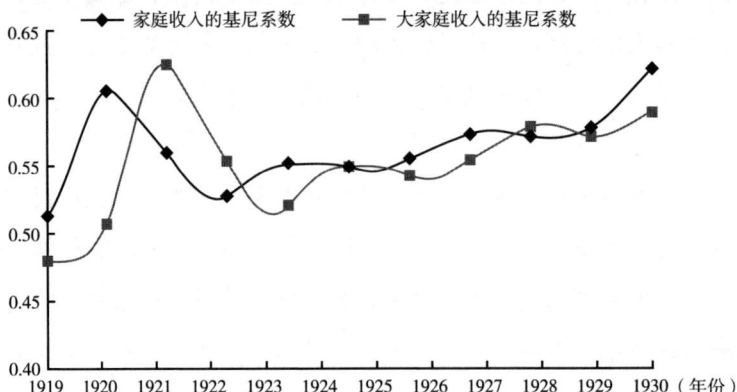

图 3 - 2　1919～1930 年美国基尼系数变化趋势

资料来源：斯坦利·L. 恩格尔曼、罗伯特·E. 高尔曼《剑桥美国经济史》
（第三卷），高德步、王珏总校译，中国人民大学出版社，2008，第 208～210 页。

主阶层却获得 41% 的国民收入。全美前 10% 富有阶层共 270 万户，拥有 270 亿美元的收入，平均每户 1 万美元，而剩下的 90%（共 2430 万户）拥有 540 亿美元的收入，平均每户仅 2200 美元。到 1929 年，收入分配不公更加严重，当时美国 0.1% 最富有家庭的收入等于 42% 最贫困家庭的收入，即 2.4 万户最富有家庭的总收入相当于 115 万户中下层家庭的收入总和。大约有 71% 的家庭年收入低于 2500 美元，60% 的家庭年收入低于 2000 美元。2.4 万户最富有的家庭年收入超过了 10 万美元，其中 513 户的年收入在 100 万美元以上。[①]

　　美国贫富差距大，且形成了需求约束型经济态势，消费需求的增长——进而经济增长——应该是相当艰难的。但是，美国靠分期付款方式暂时解决了这一重大问题，其中影响最大的莫过于私人汽车。在私人汽车面世的初期，每辆车的价格为 1500 美元左右，而当时一般工人的年收入才 800 美元左右，私人汽车主要是有钱人的消费品。虽然后来福特公司推出了售价仅 850 美元的简易型 T 型车，但其价格还是高于一般

---

① Stuart Chase, *Prosperity Fact or Myth* (Charles Boni Paper Books, 1929), p. 82.

美国家庭的年收入。靠现期收入购买私人汽车的只能是"富裕阶层"和"富豪阶层"，"贫困阶层"完全没有办法购买。汽车按揭贷款公司出现后，专门向普通大众提供汽车消费信贷，买车者只需要付 1/4 的首付款，剩下的分期付。这个行业此后发展迅速。信贷制度的发展使得越来越多的汽车消费以信贷消费的形式发生。在 1923 年销售的 350 万辆汽车中，65% 是通过分期付款的方式购买的。在汽车消费信贷的带动下，1920 年以后信贷消费的形式被推广到收音机、洗衣机、珠宝、服装等商品中。在 1927 年的美国人消费中，75% 的汽车、80% 的留声机、75% 的洗衣机、65% 的吸尘器以及 25% 的珠宝等都是以信贷消费形式购买的。[①]

值得一提的是，第一次世界大战中大规模扩张的生产能力在战后初期（1920～1921 年）一度造成了供大于求的经济衰退，但是由于消费信贷机制的作用，美国经济很快走出了低谷。1919～1929 年，美国的消费总额出现了强劲的增长，美国经济研究局的统计数据表明，美国人的消费总量从 50.2 亿美元增加到 76.4 亿美元，其中，服务消费、耐用品消费、半耐用消费和非耐用消费在此期间分别增长了 56.18%、75.9%、57.73% 和 40.7%。消费不仅总量增长，而且占 GDP 的比重从 84% 上升到 88%。[②]

凯恩斯先生经历了大萧条时代，他对美国消费信贷提振消费进而拉动总需求的情况应该不陌生，但是，消费信贷变量没有进入凯恩斯经济学的短期消费函数，令人有些遗憾。我们估计主要原因可能是这样的。第一，凯恩斯的《就业、利息和货币通论》出版于 1936 年，主要研究大萧条期间的经济衰退治理，而大萧条时期美国商业银行恰好接连倒闭，处于几近崩溃的状态，凯恩斯可能对几乎失去了运作平台的货币政策比较失望，只能看好财政政策。第二，凯恩斯生活和工作的时代没有

---

① 弗雷德里克·刘易斯·艾伦：《大繁荣时代》，秦传安、姚杰等译，新世界出版社，2009，第 182～183 页。

② http://www.nber.org/databases/macrohistory/contents/

官方公布的统计数据，也没有统一的宏观经济数据统计方法，经济学家只能凭借市场现象做推测，所以，忽略掉某个重要变量在所难免。

至此，我们认为，短期消费函数必须考虑短期内很活跃的消费信贷变量。但在函数中怎样设置，需要认真研究。思路不外乎两种。第一，把消费信贷的影响因素作为自变量列入函数，是一个普遍接受的思路。第二，因为消费信贷增加额就等于消费增加额，所以，把消费信贷额加在消费方程的截距项上，直接抬高消费曲线在平面上的位置也是逻辑通顺的。怎样设置可操作性更强，这里不深入探讨。写成一般函数形式则有：

$$C = f(Y, D_c) \qquad (3-4)$$

四 边际消费倾向和平均消费倾向

边际消费倾向（Marginal Propensity to Consume，缩略语为 MPC）是指消费增量与收入增量之比，MPC 表示收入增加 1 个单位时，消费增加的量。即：

$$MPC = \frac{\Delta C}{\Delta Y} \qquad (3-5)$$

式（3-5）中，ΔC 表示消费增量，ΔY 表示收入增量。

凯恩斯认为，随着收入水平的提高，消费也会增加，但消费增加的幅度小于收入增加的幅度，即 $0 < MPC < 1$。诚然，在总量层面分析应该是这样的，但是，如果在结构层面分析未必是这样。高收入阶层的 MPC 很低，这没问题。少数富人的 $MPC = 0$ 也是正常的，即收入无论怎么增加，也不会多消费——没什么可多消费了。低收入者的 MPC 高且稳定，贫困阶层的 $MPC = 1$ 也未必能保证温饱。

凯恩斯还认为，边际消费倾向是随着收入增加而递减的，这在宏观经济学中被称为边际消费倾向递减规律。同前面的讨论一样，即使总量层面如此，结构层面也不尽然。为追求生活质量，低收入者的边际消费倾向可能递增（至少不递减）。随着收入增加，贫困阶层的边际消费倾向即使稳定地等于1，他们的生活质量可能也仅稍有改善而已。

经济学分析一般有两个角度，一个是总量，一个是结构。前者把所有个体加总为一个个体，后者把所有个体归类为若干种个体。显然，凯恩斯经济学是做总量分析，一般不讨论结构问题，这个模式被宏观经济学继承了下来，各种版本的宏观经济学都是做总量分析。但是，宏观经济调控的政策要想收到实效，就必须考虑结构问题。例如，政府为提振消费给居民发放消费津贴，如果不论贫富平均分配，那么，在高收入者那里政策几乎无效，而低收入者则由于边际消费倾向接近1，增加消费比例高，政策效果显著。

平均消费倾向（Average Propensity to Consume，缩略语为 APC）是指消费支出和收入的比例，即：

$$APC = \frac{C}{Y} \tag{3-6}$$

平均消费倾向的经济学意义非常明确，是指家庭或个人将多大比例的收入用于消费，显然，剩下的就是储蓄。无论是在短期内还是在长期中，APC 的变化都是缓慢的，甚至在短期内不变。宏观经济学认为 APC 也是随收入增加而递减的，其实未必。当一个社会出现了若干消费热点，且消费信贷比较发达时，宏观经济总量层面的 APC 也许是递增的，如前面讨论过的 1920～1929 年的美国。当一个社会家庭耐用消费品购置告一段落、国民收入分配比较合理，且没有新的消费热点出现时，APC 可能是平稳无显著波动的，如在 20 世纪 60～90 年代（经济泡沫崩溃）的日本，APC 基本稳定在 0.55 左右。

APC 主要反映一个社会长期经济发展阶段特征和节俭/奢侈习惯。①在低收入阶段，APC 一般较高，因为收入仅够维持生存，消费之后所剩无几。但两个或两个以上低收入经济社会横向比较，有节俭传统的经济社会 APC 会略低一些。②在高收入阶段，APC 一般会小于低收入阶段的，因为消费之后有较多剩余。同样，有节俭传统的经济社会比同收

入水平的经济社会 APC 会更小一些。

APC 还反映一个经济社会的人口结构，老龄化的社会和正常人口结构的社会虽然收入水平接近，节俭习惯相当，但不同年龄群体消费倾向差异较大，APC 会有不同。

短期内，供给方技术创新使得具备新物理属性的诸多消费品问世，而耐用品的更新换代会导致消费上升，从而会导致 APC 有显著变化，且这一变化会持续一段时间。短期内突发性事件导致消费支出骤然变化，也会造成 APC 变化（变化方向随事件性质而定），但该变化一般不会持续。

第三节　储蓄与储蓄函数

宏观经济学意义上的储蓄是指一个国家（地区）一定时期内（通常为一年）居民收入中未用于消费的部分。由于宏观经济学把所有的个体视为一个个体，所以，向微观层面推测可以认为，个人的储蓄概念就是可支配收入中扣除消费后的余额。前面讨论过，这个余额无论怎样摆布，都属宏观经济学的储蓄范畴，如存入银行、购买有价证券、借给别人，甚至压在箱子底。

再引申一些和储蓄有关问题的讨论。例如，某人是高收入者，去年全年收入扣除消费之外的部分都以银行存款形式储蓄，大约 50 万元，年终交首付买了商品住宅。这怎么算？我们这样解释：市场经济中所有人都可能有两个身份——消费者和厂商，前者的支出是消费，后者的支出是投资。如修表店老板，他去饭馆用餐的支出就是消费者的消费，他新购置一套修表工具的支出就是厂商的投资支出。按这个逻辑解释，前述的某人以消费者身份储蓄 50 万元，社会总储蓄多了 50 万元；又以厂商的身份投资 50 万元（购置商品住宅算投资），社会总投资也多了 50 万元。这就是说，前述某人的收入都不能算作消费，他的收入仍要划分为消费和储蓄两个部分。

当收入一定时，储蓄和消费的关系是互补的，此消彼长。即：

$$S = Y - C \qquad (3-7)$$

一 短期储蓄函数与储蓄曲线

短期内，和消费函数一样，收入影响储蓄，储蓄是收入的增函数。但是，消费信贷对储蓄的影响是反向的，即消费信贷越多储蓄越少。于是有：

$$S = f(Y, D_c) \qquad (3-8)$$

式（3-8）中，S 表示储蓄，其他符号意义同前。写成线性方程，则有：

$$S = S_0 + cY + dD_c \qquad (3-9)$$

式（3-9）中 S_0 表示自发储蓄，即收入和消费信贷都为 0 时的储蓄。显然，收入为 0 时，为维持生命，应该是负储蓄，S_0 为负值。c 和 d 都是待定参数。在没有消费信贷的条件下，方程（3-9）中等号右端第三项为 0，储蓄函数回到主流宏观经济学教科书的形式，写成线性方程为：

$$S = S_0 + cY \qquad (3-10)$$

解析几何方法的逻辑见图 3-3。图 3-3 中，横轴表收入，纵轴表示储蓄。纵轴上的自发储蓄 S_0 在坐标系原点的下方，意为负值，即当收入为 0 时必须负储蓄以维持消费。当收入为 Y_0 时，全部收入都用于消费，储蓄为 0，只有收入在 Y_0 点右侧时，储蓄才会随收入的增加而增加。

二 边际储蓄倾向和平均储蓄倾向

边际储蓄倾向（Marginal Propensity to Save，缩略语为 MPS）是储蓄增量和收入增量的比例，也可以理解为每增加 1 单位收入时储蓄增加

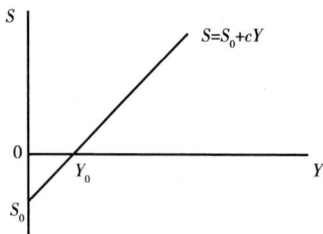

图 3 – 3　没有消费信贷的储蓄曲线

的数量。即：

$$MPS = \frac{\Delta S}{\Delta Y} \qquad\qquad (3-11)$$

在图 3 – 3 中，储蓄曲线的斜率 c 就是 MPS。当收入小于 Y_0 时，S 小于 0；当收入等于 Y_0 时，S 等于 0；当收入大于 Y_0 时，S 才大于 0。

由于把储蓄函数简化成了线性方程，所以，在图 3 – 3 上，Y_0 右侧每个收入水平上的 MPS 都是相等的。如果储蓄曲线是非线性的，MPS 就不会在每个收入水平上处处相等。一般而言，储蓄曲线越是陡峭的部分，MPS 越大；曲线越平缓，MPS 越小。经验指出，收入水平越高，储蓄曲线越陡峭。也就是说，收入水平越高，新增收入中用于消费的部分越少，进入储蓄的比例越大。

平均储蓄倾向（Average Propensity to Save，缩略语为 APS）是储蓄额和收入额的比例，也可以理解为 1 单位收入中用于储蓄的数量。即：

$$APS = \frac{S}{Y} \qquad\qquad (3-12)$$

由于收入中除去消费就是储蓄，所以，正常情况下，平均储蓄倾向的大小反映了一个国家的富裕程度，即平均储蓄倾向越高的国家越富裕——正常消费之后还有大量剩余。如果两个国家人均收入水平接近，平均消费倾向不同则反映两个国家在节俭传统、人口结构、财富存量等方面存在差异。

三 短期内储蓄与消费的关系

前面讨论过，宏观经济学规定收入等于消费和储蓄之和，于是有：

$$Y = C + S \qquad (3-13)$$

将式（3-3）和式（3-10）代入式（3-13），得：

$$Y = C_0 + bY + S_0 + cY$$

由于自发消费（C_0）等于自发储蓄（S_0，负值），所以可消去 C_0 和 S_0，得：

$$Y = bY + cY$$
$$Y = (b + c)Y$$

两端除以 Y，得：

$$1 = b + c$$

前面讨论过，$MPC = b$，$MPS = c$，于是有：

$$1 = MPC + MPS \qquad (3-14)$$

式（3-14）表明，边际消费倾向与边际储蓄倾向之和等于1。

再将式（3-13）两端除以 Y，得：

$$1 = \frac{C}{Y} + \frac{S}{Y} = APC + APS \qquad (3-15)$$

式（3-15）表明，平均消费倾向与平均储蓄倾向之和也等于1。

这里再做些深入分析，如果某国的 MPC 和 APC 都是随收入上升而递减的，同时，MPS 和 APS 是递增的，假设增速和减速都是相等的，有效需求不足的问题终会出现。为简化分析，仅以平均消费倾向和平均储蓄倾向为例。

如图3-4所示，假设某国为需求约束型经济，APC 从0.8起始，随经济增长匀速递减，APS 则从0.2开始匀速递增。当收入增长到 Y_A 时，APC 在 D 点、APS 在 A 点，分别为0.6和0.4，即国民收入的

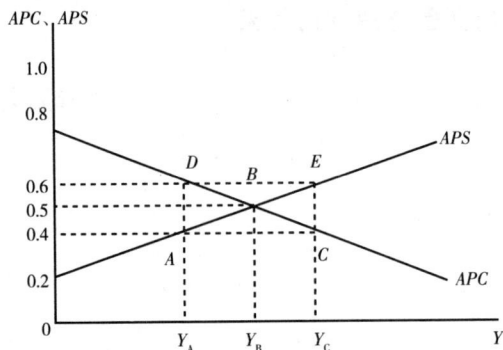

图 3 – 4　经济增长中的 APC 与 APS

60% 被消费，40% 被储蓄。如果这种消费和积累的比例还勉强可以维持的话，当国民收入增长到 Y_B 点时，平均消费倾向趋势线和平均储蓄倾向趋势线相交于 B 点，二者的数值各为 0.5，即全部收入一半用于消费一半被储蓄，情况就有些不妙了，投资和出口很难消化 50% 的收入。发生有效需求不足导致经济衰退就是大概率事件，不可能继续增长到 Y_C 的收入水平（APC 是 C 点的 0.4，APS 是 E 点的 0.6）。

　　综上，在需求约束型经济条件下，宏观经济运行中的问题往往出现在总需求一端，而消费需求是总需求的策动点。因此，消费和储蓄比例合理，有一个健康的平均消费倾向是非常必要的，政府的调控政策应在此浓着笔墨。当然，平均储蓄倾向也不能过低，低到投资无法满足也会影响经济增长。各国情况不同，难有普适的 APS 经验数据可供参考，需要分别深入研究。

　　需要强调的是，本章始终是在需求约束型经济假设下讨论消费和储蓄，得出的结论都满足这个基本条件。但是，经济史上的大部分时间处在供给约束型经济条件下，储蓄往往是满足不了投资的，即投资被迫适应储蓄。在这样的前提下，APS 高不到哪里去，APC 过高也许是大问题。

四 储蓄的长期影响因素

在前面对消费的讨论中，分析了一些长期中影响消费的变量，显然，这些变量也都影响储蓄。区别在于，函数的增减性有所不同。例如，预期价格水平正向影响消费，人们越是觉得物价要涨，当期消费支出越多。于是，当期储蓄势必减少，预期价格水平负向影响储蓄。影响消费的其他因素对储蓄的影响方向请读者自己分析，不再赘述。

第四章　新产能形成的逻辑：投资理论

　　宏观经济学是从国家角度展开经济分析的，宏观经济学定义投资遵循的是"总量"逻辑思路，即投资是指经济总量层面形成新资本的经济活动。按照这一思路，厂商购买（建造）新厂房、添置新机器设备、增加存货，公众购买（建造）新商品住宅都属投资活动。而我们在生活中习以为常地冠以"投资"概念的购买股票、理财产品和购买土地等经济行为，则不是宏观经济学意义上的投资，因为这种交易不会形成新的资本品，只是发生产权的转移。同理，对于个人和企业这种微观个体来说，虽然购买二手住宅、二手机器、二手厂房等交易毫无疑问应该是投资，但从宏观经济角度观察，因为没有新资本形成，所以不是宏观经济学意义上的投资。

　　本章首先讨论凯恩斯学派的投资理论，这是目前宏观经济学中投资部分的主流理论。但是，我们对凯恩斯学派的投资理论有一定的疑惑。于是，接下来本章再对主流投资理论提出一些粗浅的看法。

第一节　凯恩斯学派的投资函数

　　投资是一国宏观经济运行中的重要环节之一，宏观经济学中投资变量通常用 I 来表示。投资是一个国家新增资本的流量，而资本额（K）则是若干年持续不断投资积累下来的存量，二者的关系好比水渠里的水和水渠终端蓄水库里的水。投资和资本的统计数据使用货币单位表示，即各种资本品数量乘上价格的加总，但事实上二者是形形色色的资本品，主要用途是用于制造物品（住宅除外）。任何一个现代经济国家的生活和生产所需物品，大多是使用生产资本制造出来的，投资的意义自不待言。研究投资和前面研究消费的范式一样，首先分析投资的影响因素，然后用主要影响因素建立投资函数。

一 投资的影响因素

投资的主要影响因素可以分为两类，一是影响投资成本的因素，二是影响投资收益的因素。另外，还有各种风险因素。本节主要讨论前两类因素。

（一）投资成本

投资成本说的是厂商必须支付的资金。现代经济条件下，投资资金基本上是外源融资，即厂商不是自己攒钱和向熟人借钱，而是通过金融机构从不认识的人那里融资。如果是直接融资——发行股票，就要给出资人分配红利；如果是间接融资——银行贷款，就要付给银行利息。不管用哪种形式，厂商都是要付出使用资金的代价——投资成本。

1. 市场利率

在凯恩斯经济学中，市场利率是指资本市场的收益率，即有价证券收益率，切不可望文生义，理解为"市场化的银行利率"。有价证券收益率和银行利率有一定关系，但二者不可等同。在欧美资本市场，有价证券收益率是不在票面上标出的，是算出来的。为计算方便，以公司债券为例讨论（股票也可以算，但复杂一些）。

例如，票面额为 100 美元的一年期公司债券，95 折出售，到期厂商以 100 美元收回债券。出资人花 95 美元买入，到期拿到 100 美元。年利率为：

$$r = \frac{5}{95} = 5.26\%$$

如果市场上资金紧张，95 折卖不动，降为 92 折，年利率为：

$$r = \frac{8}{92} = 8.69\%$$

显然，票面不标注利率的债券是不能没有折扣出售的。出资人 100 美元买到手，到期仍兑回 100 美元，这样的零收益率债券是没人买的。

市场利率对应的利息是从厂商的生产利润中分割出来的，利率越高，厂商的成本越大，收益越少。极端情况下，市场利率等于利润率，利润都给了出资人，厂商将无利可图，断然不会筹资投资。可见，市场利率越高，越是会把利润率低的企业阻挡在投资门槛之外。在利润率一定时，投资是市场利率的减函数。

2. 托宾的 q 比率

美国经济学家托宾的"q 比率"听上去有点神秘，但实际上很简单，说的就是股票价格对投资的影响。托宾把上市企业的股票市值与该企业的重置成本之比称为"q 比率"，用这个比值作为企业是否投资的衡量标准。上市企业的市值好理解，就是股票价格乘上股数。重置成本说的是企业的现价，即复制这样一个企业应花费的成本。由此，有：

$$q = \frac{企业市值}{重置成本} \qquad\qquad (4-1)$$

式（4-1）表明，当 $q > 1$ 时，投资建造新企业有利；当 $q < 1$ 时，收购一个上市企业有利。也就是说，股票价格低迷时，不利于投资，反之有利于投资。

其实，q 比率与市场利率异曲同工。当股票价格高企时，如果股票红利不变或增幅小于股价涨幅，那么对于企业来说，市场利率是下降的，有利于投资。q 比率的意义在于，指出了股票涨幅有利于投资的临界值——股价 × 股数 = 企业现价。

还有一个问题需要说明，对于股票来说，收益率计算要比债券复杂一些，即：

$$r = \frac{红利 + 股票溢价}{买入股价} \qquad (4-2)$$

式（4-2）中，股票溢价即市场上股票涨跌给出资人带来的收益或损失。如果股票溢价为正值，显然不是企业付给出资人的；如果为负值，企业也没有得到。因此，在分析市场利率与投资的关系时，理论上可以不考虑股票溢价，虽然出资人很看重这个溢价。

（二）投资收益

企业是否决定投资，主要影响因素应该是收益大小。进一步看，由于企业的收益来自产品销售，所以，投资后生产的产品可以按合理价格顺利卖出，是企业投资的"第一冲动"。在开放条件下，来自国内和国外两个市场持续不断的订单，是诱致投资的主要因素。结合上节分析，如果没有这个收益的引诱，市场利率哪怕是 0，即出资人一点报酬也不要，企业也是不会投资的（这里的企业指私人企业）。

在供给约束型经济中，由于物资普遍匮乏、产品全面短缺，投资后的产出是有销路的，即投资总是有效的，各种投资的差异仅在于收益率的大小而已。因此，在供给约束型经济中似乎不用考虑投资收益这个因素，即使考虑，也是比较次要的影响因素。但在需求约束型经济中情况则有较大不同，宏观经济层面的有效需求不足或充足，微观层面的产品滞销或畅销，都对投资有重要影响。也就是说，投资不总是有效的，需要做缜密的可行性研究。显然，可行性研究的重点因素就是产品的销路问题。

在凯恩斯经济学中，资本边际效率（Marginal Efficiency of Capital，缩略语为 MEC）概念比较全面地分析了投资收益的问题，这里对这一概念展开讨论。资本边际效率是凯恩斯首先提出的，意思是资本品在使用期内各年预期收益的现值之和等于重置成本时的贴现率。这句话比较晦涩，现在举例说明。

首先解释一下"预期收益的现值"。众所周知，任何一笔未来到手的收入，都有现在的价值——现值。例如，明年的今天会到你账上的 105元，合今天多少钱？假如现在的银行存款年利率是 5%，则明年的 105 元合现值 100 元，因为你现在用 100 元存款一年也会在一年后得到 105 元（不考虑利息税）。就是说，一年后的 105 元等于现值 100 元。即：

$$R_0 = \frac{R_1}{1+r} = \frac{105}{1+0.05} = 100 \qquad (4-3)$$

式（4-3）中，R_0 为现值，R_1 为一年后到手的收益，r 为年利率。将未来收益算回到现值的过程称为贴现，使用的利率称为贴现率。在本例中，为解释方便，"未来"仅为一年。如果是 n 年，贴现公式则为：

$$R_0 = \frac{R_n}{(1+r)^n} \qquad (4-4)$$

在国际贸易中，银行常常为出口商贴现票据。在当今国际贸易业务中，在一些大路货出口品交易中，卖家（出口商）之间往往竞争激烈，不得不给买家延期付款的优惠，一般 3~6 个月后付款的优惠较为常见。以 6 个月为例，如果卖家发货之后收到了买家 6 个月后付款的汇票，票面额为 ＄100 万，这就意味着卖家将在 6 个月后到账 ＄100 万。但是，如果卖家现在就急于用钱，那么他就可以找一家经营贴现业务的银行，对这张汇票贴现，提前得到这笔资金，即把未来的收益变为现值。银行会视银根松紧情况规定贴现率，假定年贴现率为 8%，6 个月则为 4%。于是有：

$$R_0 = \frac{1000000}{1+0.04} \approx 961538.5$$

上式表明，在不考虑其他费用的情况下，卖家（出口商）现在就可以得到 96 万多美元。

现在我们回到投资问题上来。MEC 是未来收益之和的现值等于重置成本（资本品现价）时的贴现率，即：

$$C_0 = \frac{R_n}{(1+r)^n} + J \qquad (4-5)$$

式（4-5）中，C_0 为重置成本（资本品现价），J 为 n 年后资本品残值的现值，其他符号同前。在不考虑资本品的残值时，这个贴现率（MEC）为：

$$r = \sqrt[n]{\frac{R_n}{C_0}} - 1 \qquad\qquad (4-6)$$

式（4-6）中，因为 $R_n > C_0$，所以根号内是一个大于 1 的数值，开 n 次方之后仍大于 1，r 是一个数值为正的小数。在重置成本一定时，未来收益之和越大，MEC 越大。显然，MEC 越大对厂商投资越有利。

凯恩斯经济学认为，从动态角度看，MEC 是随着投资增加而递减的，这要从式（4-6）根号内分式的分子和分母两个因素来观察。从分子方面来看，随着投资增加，厂商增多、产能加大，会导致投资后生产的产品价格下降，预期收益会就会减少；分子变小，分式值下降。同时，随着投资增加，资本品价格会上升，即重置成本上升；分母变大，分式值下降。实际上，在需求约束型经济中，如果资本品的性能没有重大改进，资本品价格不会显著上升，重置成本也就不会有显著提高。同时，资本品生产领域厂商投资周期长、新厂商进入门槛较高，资本品价格下降也不容易。所以，根号下分式的分母应该变动比较缓慢。总之，即使是分母严格不变，由于分子存在下降趋势，所以 MEC 是随投资增加而递减的。从全社会投资角度观察，资本边际效率曲线如图 4-1 所示。

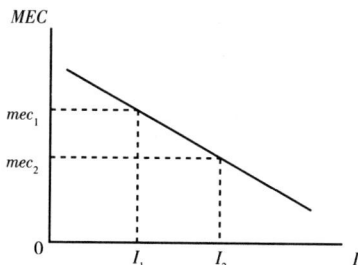

图 4-1　资本边际效率曲线

图 4-1 的纵轴为资本边际效率，横轴为投资总额。当投资总量为 I_1 时，资本边际效率为 mec_1；当投资增长为 I_2 时，资本边际效率下降为

mec_2。

值得注意的是，资本边际效率是个预期值。在资本品现价一定时，若干年的投资收益是预期的，是根据现在的（或最近过去的）市场情况所做的判断。众所周知，厂商的收益是建立在产品顺畅销售基础上的。于是，这个预期暗含的假定就应该是，未来若干年的销售情况至少不比现在差。然而，在需求约束型经济中，这可能是最不靠谱的假定，下一节我们将继续讨论这个问题。

（三）投资风险

投资风险发生的原因是纷繁复杂的，经济的、政治的、军事的、自然的诸多可测和不可测的事件都可能诱发投资风险。发生风险的结果无疑有二：第一，无法开工生产，设备无法转让，本钱赔光；第二，产品卖不出去，显著减产或停产。这两种后果都会给厂商带来巨大损失，投资前必须做尽可能全面的风险评估。

二 投资函数

凯恩斯经济学的投资函数只考虑投资成本——利率，而不考虑投资预期收益。虽然对 MEC 做了热热闹闹的分析，但最终 MEC 或其影响因素没有作为自变量进入投资函数。也就是说，在凯恩斯经济学中投资收益不是投资的影响因素。这在需求约束型经济体内，尤其是在有效需求不足症时有发生的情况下，显得比较奇怪。这个问题留待下一节讨论，先来解读凯恩斯学派的投资函数。目前，在国内外经济学大家所著各种版本的《宏观经济学》中，投资函数千篇一律，即：

$$I = f(r) \tag{4-7}$$

式（4-7）中，I 表示投资额，r 表示市场利率。把投资函数写成线性方程，则有：

$$I = I_0 - dr \tag{4-8}$$

式（4-8）中，I_0 和 d 都是待定参数。I_0 表示自发投资，其数学意义为零利率时（经济学意义的有价证券收益率实际上不能为 0）厂商的投资额，可以大略理解为厂商投资的"最大胃口"。d 表示投资对利率变动的敏感程度，即 r 变动 1 个单位时，I 反向变动 d 个单位。顺便说一句，方程中的参数都是可以用数量分析工具估算出来的。

以 d 为斜度，以 I_0 为横轴截距，则有解析几何图 4 - 2。

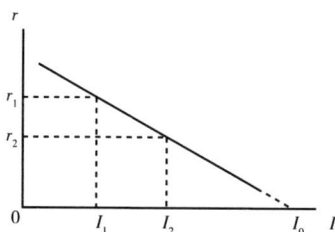

图 4 - 2　投资曲线

从图 4 - 2 可以观察到，市场利率越低，投资额越大，越向 I_0 靠拢。但投资曲线的右下端是虚线，意义在于标出 I_0 的位置，市场利率（有价证券收益率）不可能无限低下去。

另外，从曲线形状上看，虽然图 4 - 2 和图 4 - 1 都是向右下方倾斜的，但意义不同。图 4 - 1 的自变量在横轴，即投资变动引起 MEC 的变动，投资是自变量，MEC 是投资变动的后果。图 4 - 2 的自变量在纵轴，即 r 的变化引起投资变化，投资是 r 变化的后果。在图 4 - 2 上，横纵轴的意义和数学原则相反，不是通常的横轴为 x 轴、纵轴为 y 轴。所以，我们说图 4 - 2 中曲线的"斜度"为 d，而不说"斜率"，因为按解析几何的严格意义说这个图上的曲线斜率应该是 $\dfrac{1}{d}$。

三　投资曲线的移动

受市场利率以外的因素影响，投资曲线会在几何平面上发生移动。于是，同一利率水平下，投资发生额不同。这也说明了投资函数不是简单的一元函数，而是一个解析几何平面无法表达的多元函数。

如图 4 - 3 所示，设初始的投资曲线是 A，利率是 r_1，投资额是 I_1。受其他因素的积极影响投资曲线向右上方移动到 B，利率还是 r_1，而投资却增长到了 I_b。受其他因素的负面影响，投资曲线向左下方移动到 C，利率仍然不变，则投资却衰退到了 I_c。

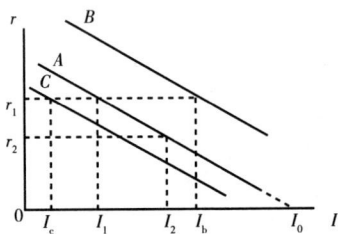

图 4 - 3　投资曲线的移动

有些宏观经济学教科书这样举例解释曲线的移动：政府减税，可以使投资曲线上移。对这样的解释，我们不以为然。之所以这样说，是因为税率也是投资成本的影响因素，减税相当于利率下降，例如降到图 4 - 3 中 r_2 的水平（$r_2 = r_1 - \Delta t$，式中的 Δt 表示税率的降幅），投资额增加到 I_2。因此，税率变动是不能影响投资曲线位置的。

显然，利率之外的其他影响因素之所以能造成投资曲线移动，是因为这些因素可以改变投资方程的截距项 I_0。我们认为，应该是投资收益影响因素的变化改变了投资曲线的位置。从世界经济史角度观察，进入需求约束型经济之后，投资收益的影响因素是经常变化的。下一节我们深入讨论这个问题。

第二节　对凯恩斯学派投资函数的质疑与修正尝试

从上一节的讨论中可以看出，只有在资本边际效率不变的情形下，投资才是利率的一元函数。于是，利率下降，投资增加；利率上升，投资减少。如果不考虑函数暗含的前提假设观察这个逻辑结论，似乎没有问题，但是，利率水平决定投资的结论并没有被实证研究所证实。由于经济现实中投资对利率的低敏感性并不高，越来越多的经济学家认识到，投资的变化似乎更多地缘于利率以外的因素。本节将重新讨论投资函数的主要自变量，对凯恩斯投资函数提出初步质疑。

一　对凯恩斯投资函数前提假设的讨论

对于研究不同历史阶段的经济问题，宏观经济运行的前提条件十分重要，只有在正确抽象出的前提下，才能建立起正确的逻辑分析框架，只有做好这个工作才能得出正确结论。凯恩斯经济学的重要前提假设是"有效需求不足"，基本经济态势是需求约束，经济增长的发动机是总需求。在这样的基本条件下，投资函数为 $I = f(r)$ 是否正确，或者说是否抓住了影响投资的主要因素？本节将从逻辑层面和经验层面对此做深入讨论。

（一）凯恩斯投资函数产生的历史背景

1913 年，亨利·福特首创"传送带生产线"，即"流水装配线"，大大提高了机械效率和管理效率。这种管理模式逐步由汽车工业传播到其他工业领域，成为制造业等相关产业的主要生产管理方式。汽车制造业的迅速壮大和成熟给美国经济注入了巨大的活力，石油生产、轮胎制造、钢铁冶炼、公路建设等行业在汽车工业的带动下快速发展起来。工业产业突飞猛进，积累了巨大的生产能力，只要你下订单，我就能供货。而且，1921 年出现了非意愿库存激增的现象，供给的约束力彻底消失了。从"柯立芝繁荣"出现的新事物中可窥这一新的总供求态势。

首先，第一次世界大战之后，分期付款方式（比消费信贷涵盖的商品种类更广泛，包括部分资本品，如卡车和农用拖拉机）在美国普遍推开。这是以未来做抵押，刺激公众需求的有效手段，这一手段可以保持产业始终正常运转。依靠分期付款的方式，美国人不仅可以购买到一般消费品，而且可以购买 20 世纪才有的汽车和拖拉机这样的城乡生活和生产必需品。如果没有分期付款这种商家推出的赊销措施，很多人不知何时才能攒够这笔钱，有效需求不知会被推迟到何年何月。

第一次世界大战之后，美国人已经意识到，被现金余额限制自己的消费是一种过时行为，应该用"自己的信用"支付账单。这种刺激消费市场和产业发展的方法甚是灵验，据经济学家对战后 20 年代相关数据的测算，所有零售额的 15% 是用分期付款的形式完成的，1927 年用分期付款方式销售的汽车量占总交易量的 60%，大约 60 亿美元的商业证券业务也是通过分期付款形式完成的。[①] 如果不是经济态势转化为需求约束型，这种产销两旺的局面是不可想象的。

其次，第一次世界大战之后，美国的推销员和促销员"满天飞"。美国的推销员和促销员制度是 20 世纪 20 年代出现的。这一制度的出现，说明厂商已经把销售置于与生产同等重要的地位，甚至置于比生产更重要的地位了。厂商们非常清楚，终端消费者对于他们有多么重要。如果不是消费者被推销员和促销员们耐心说服并且大量地购买各种各样的商品，那么多的六汽缸汽车、收音机、电冰箱、各种化妆品和各种口味的香烟会有多少人问津呢？

20 年代的美国，推销员和促销员（也包括广告商）是架在消费者脚下、通向供给者的桥梁，他们手中掌握着市场大门的钥匙。随着市场竞争的日益加剧，为了销售各种商品，推销员们使尽了全身的解数，促销手段也变得愈加复杂多样。他们已经不满足于仅仅用谦恭直白的语言介绍自己的产品，等着顾客下决心购买的早期做法，而是把推销当成一种职业，从设计到实施无不精细筹划。推销人员不仅要制定宏大而细致的宣传计划，而且要请教心理学专家，学会揣摩购买者的心理，然后摇唇鼓舌，用诗一般的甜言蜜语、真诚劝诫（甚至是欺骗和恐吓），千方百计地说服顾客购买他们的产品。[②]

---

① 弗雷德里克·刘易斯·艾伦：《大繁荣时代》，秦传安、姚杰译，新世界出版社，2009，第 182～183 页。

② 刘巍、陈昭：《大萧条中的美国、中国、英国与日本》，经济科学出版社，2010，第 8～9 页。

从 1929 年末开始，种种原因使得美国有效需求严重不足，大萧条的噩梦降临美国，且迅速传染给了欧洲主要国家。欧美主要国家宏观经济运行都有同样的问题：工厂产出品大量积压，大量机器停止运转。显然，当时凯恩斯的祖国——英国的产品销售渠道也是严重受阻的，而产品的供给毫无问题。所以，凯恩斯投资理论的真实社会背景是需求约束型经济态势下的有效需求不足。在有效需求不足时，只有接到货物订单，工厂才有投资生产的动力，否则投资生产活动只会造成进一步的产品积压，因此需求约束型经济又可以称为"订单经济"。

（二）凯恩斯投资函数的暗含前提假设

众所周知，凯恩斯撰写《就业、利息和货币通论》是为了探索 1929 年大萧条的解决之道。凯恩斯认为，在消费倾向稳定的情况下，总消费增加量小于总收入增加量，为使宏观经济正常运行，需要有足够数量的现期投资补偿总收入多出总消费的那一部分，所以有效需求充足与否关键在于现期的投资数量，投资数量取决于投资的诱导因素——资本边际效率和利息率。在凯恩斯的巨著《就业、利息和货币通论》出版时，美欧大萧条的梦魇并未完全消散，凯恩斯的研究过程与大萧条的时间交集很大。也就是说，在凯恩斯构建投资函数时，书斋之外的市场显然处在订单不足的"订单经济"体系中。但是，从凯恩斯对投资函数的逻辑分析层面观察，他给出的投资函数暗含的前提假设应该是"销售没有问题"，即产品最终都能被消费掉，这样的逻辑只有在工厂源源不断地接收到订单时才正确，否则，投资函数必须要包含影响产品最终消费的因素。

按照《就业、利息和货币通论》中的逻辑，投资受资本边际效率 MEC 和利息率 r 的共同影响。MEC 属产品需求的影响因素，即在产品可以全部售出（需求没有问题）的条件下，厂商的心理预期。r 反映融资成本，即厂商以外源融资方式进行投资的利润多大比例可归自己所有。但是，凯恩斯并没有将资本边际效率（预期利润率是 MEC 的主成分）这一投资诱导因素作为自变量放进投资函数中，却将投资函数形

式定为 $I = f(r)$，其中 I 为总投资，r 为利息率，总投资成了利率的一元函数。① 也就是说，凯恩斯投资函数只考虑厂商的融资成本，而认为预期利润率短期内变化不大，显然，暗喻着短期内公众对产品的需求既无多大变化，同时也是充分的——基本可以覆盖供给。

如此看来，虽然凯恩斯《就业、利息和货币通论》一书整体上要解决有效需求不足的问题，但在投资影响因素分析层面，暗含的前提假设是有效供给不足——供给约束型经济，这与当时的"订单经济"社会背景不相符，得出的私人投资函数必然会有逻辑不通顺之嫌。凯恩斯对利率影响投资这一论点持有非常乐观的态度，在《货币论》一书中，凯恩斯认为利率足够低时具有无限投资机会。这一逻辑与新古典经济学家供给约束假设是一致的，即供给可以完全被需求覆盖。在《就业、利息和货币通论》一书中，凯恩斯颠覆了新古典经济学的假设，发现并提出了有效需求不足问题，全部分析都围绕着拉动需求而展开。从《就业、利息和货币通论》这一理论体系出发，凯恩斯将厂商的投资需求定义为总需求的一个重要部分，但是，在分析投资影响因素时回到了《货币论》的思路（新古典经济学的思路）——降低利率和恢复借款人与贷款人的信心。

综上所述，凯恩斯投资函数暗含的假设是供给约束，得到供给约束型经济时代经验的支持是应该没有问题的，但是，在"潜在供给"远大于有效需求的需求约束型经济时代无法得到经验的证实。

从经济学说史的理论模型反推，古典经济学理论研究的上位前提假设应该是供给约束，即经济增长的发动机是总供给，理论模型中的变量均为影响总供给的因素。而凯恩斯经济学研究的上位前提假设是需求约束，经济增长的发动机是总需求，理论框架中的自变量应为影响总需求的因素。尽管凯恩斯投资理论的前提是有效需求不足，但他最终摒弃了

---

① 利率是厂商的融资成本决定因素，也就是说凯恩斯最终的投资函数经济含义是：总投资量只受厂商的产品供给端限制，而产品销售通道的终端——消费是始终不存在任何问题的。

资本边际效率这一影响，不经意间将投资函数的前提假设恢复为有效供给不足，不但投资函数的前提假设与整个理论体系发生了矛盾，更与他所处时代的经济现实相背离。美国经济学家克莱因也认为，"凯恩斯在30年代初期主张某些政策是忽视了他的理论背景而非出自他的理论背景。"[1]

二 对凯恩斯投资函数逻辑的修正尝试

凯恩斯将投资函数定为 $I = f(r)$，且 I 和 r 之间呈负相关关系——融资成本越低投资越旺盛。该函数的政策意义在于：可以用宽松的货币政策压低市场利率，从而促进私人投资。但是，大萧条以来的欧美日各国的经验数据并不支持该逻辑，市场利率作为融资成本决定因素之一，对投资的确有着不可忽略的影响，但是根据各国经验数据分析，在"有效需求不足"的前提下函数中缺少更重要的自变量，而在厂商融资便利的情况下，利息率的影响甚至可以忽略。[2]

众所周知，一切生产的最终目的，都在于满足社会公众的消费需求，否则生产出来的产品毫无意义。欧美主要国家的对外贸易市场在20世纪就业已成熟，我们以产品的最终走向为突破口，将产品最终消费分为国内消费 C 和国外消费（即出口）X，无论哪一部分消费数量增加都会对带动新一轮的投资活动起到一定促进作用，这是终端订单，意义重大。因此我们认为，一国产品的国内消费 C 与国外消费 X 均对总投资有正向影响。

再从投资结构角度观察，一国的总投资大略可分为三大部分：消费品厂商投资 I_1、资本品厂商投资 I_2 和资源品厂商投资 I_3。[3] 通常来说，

---

[1] 克莱因：《凯恩斯的革命》，薛蕃康译，商务印书馆，2015，第37页。

[2] 笔者曾对此做了数量分析，所截取的欧美日国家数据所属时间阶段的经济态势属需求约束，这正符合凯恩斯投资理论研究的上位前提。因为本书没有对数量分析方法做分析，所以略去这一部分。

[3] 这三部分并非完全独立，互相之间有交集存在，比如，有的商品既是消费品又可作为某一阶段投资活动中的资本品。

开放经济条件下，一国的消费品、资本品和资源品除了本国消费和使用以外，还要出口一部分供国外消费和使用。C 和 X 对 I_1 有拉动作用，X 对 I_1、I_2 和 I_3 均有拉动作用，而无论哪一部分投资活动，利率对于"外源融资"的企业来说都是融资成本的重要决定因素之一。因此在封闭经济条件下，拉动投资的起点在于消费；在开放经济条件下，出口也会对总投资的各部门产生拉动作用。由于现代开放经济中投资的资本金都是由"外源融资"方式形成的，所以，利率的高低成了厂商投资成本收益核算的重要影响因素。于是，消费、出口和市场利率成了总投资的三个决定性因素。[①]

我们将以上的消费和投资传导机制以图 4-4 所示的箭头表示出来。

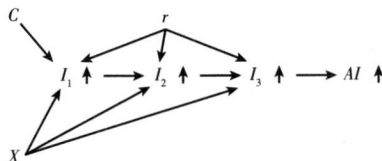

图 4-4 消费和投资的传导机制

注：AI 为总投资。

图 4-4 表明，在封闭假设下，消费是启动器，消费增长是 I_1（消费品生产厂商的投资）的促进因素。试想，无论何种消费品，如果根本无人问津，消费品生产厂商别说是增加投资，就连生存都是问题。消费增长导致 I_1 增长，但消费品厂商自己不会制造资本品，必须向资本品生产厂商订货，于是会导致 I_2（资本品生产厂商的投资）的增长。同理，资本品生产厂商自己也不会生产必需的资源品，如金属非金属等，必须向资源品生产厂商订货购买，于是，拉动了 I_3（资源品生产厂商的投资）。图 4-4 中没有画出，其实，I_3 增长会反过来拉动 I_2，即资源

[①] 我们这里所说的利率必须同凯恩斯《就业、利息和货币通论》中的利率含义保持一致，指的都是有价证券收益率。

品生产厂商也要向资本品生产厂商订货——采掘机械等设备。当然，消费品生产厂商、资本品生产厂商和资源品生产厂商未必都是向国内厂商订货，可能会有相当部分是向国外厂商下订单，即进口相关的设备或资源，应该从图 4-4 的总投资中减去，为简化分析，略去这部分讨论。

在开放条件下，我们加入了出口需求变量。出口与消费不同，商品属性更为宽泛，可以包括消费品，也可以包括资本品和资源品（这两类商品可能占比更大）。于是，从理论上说，出口可以在所有层次上拉动本国的投资。这样，在开放经济中，C 和 X 就是影响 AI（总投资）的重要因素，这两个变量的增长或预期增长，为厂商投资提供了必不可少的冲动，即出现了"赚钱机会"。于是，投资是消费和出口的增函数。

众所周知，现代经济的融资方式主要是"外源融资"，一旦出现了"赚钱机会"，厂商就会去"找钱"。然而，"找来的钱"不是免费使用的，厂商必须在使用"找来的钱"期间内向出资人付出代价——利息（获红利）。经济学中付息水平的高低是用利率表示的，这恰好可以和各行业平均利润率做比较。假定某行业的平均利润率是 14%，如果资本市场上的利率也是 14%，显然，就是"赚钱机会"再大，大多数厂商也不可能投资，因为那是徒劳的，只有利润率水平远高于平均利润率的少数厂商可以投资。于是，市场利率越低，可以获利的厂商越多，高水平的厂商赚得越多。也就是说，其他条件具备时，投资是市场利率的减函数。

综上所述，我们在凯恩斯投资函数中增加了变量，将投资函数修正为：

$$I = f(C, X, r) \tag{4-9}$$

式（4-9）表明，投资是国内消费 C、出口 X 和市场利率 r 的函数。对三个变量影响方向的逻辑判断为，投资是消费和出口的增函数，是市场利率的减函数。从逻辑角度做初步判断，三个变量对投资的重要性应该是国内消费、出口、市场利率降序排列的。

在本节的分析过程中，有两个问题需要进一步说明和讨论。

第一，必须说明，我们对总投资的层次划分非常简略，总投资大概不只包含消费品生产厂商的投资、资本品生产厂商的投资和资源品生产厂商的投资这三个层次。但是，划分到这个程度上已经满足了分析需要，所以到此为止。

第二，从总量角度讨论，消费和投资似有统计意义上的此消彼长问题。具体来说，在产出总量一定时有（简化起见，以两部门为例）：

$$Y = C + I \qquad\qquad (4-10)$$

按式（4-10）所示国民经济核算的逻辑，消费不足时应以拉动投资的方法保证产出不下降或增长，即通过增加投资来解决供求矛盾和就业不足的问题，投资决定消费，甚至是投资决定投资，需求管理基本演变成了投资管理。我们理出的消费决定投资之传导机制也曾在很多场合受到质疑或尖锐的批评，在此，我们做个初步讨论。

众所周知，生产过程是连续的，以一年为例，总产出是年内诸多生产周期中产出量的总和。为简化分析，我们假定一年之内只有两个生产周期 t_1 和 t_2。假设 t_1 周期内有效消费下降，消费品出售困难，厂商的库存急剧增加。在国民经济核算体系中，库存算作投资——厂商自我购买。这似乎是投资弥补了消费不足，但接下来，在 t_2 周期中，消费品生产厂商首先是要去库存，本周期内就要减产（库存虽在本期出售但不算本期的产量，因为上期已经统计过了），固定资产投资意愿减弱或暂停，在足够的时间里，这种不良后果必然会传递到资本品和资源品生产厂商，t_2 周期的产出就会下降，本年底的总产出必受一定负面影响。假如消费需求下降不算太严重，可能会导致 GDP 环比增长率下降；假如消费需求下降严重，如 1932 年的美国——牛奶往河里倒、大量牲畜被宰杀就地掩埋、大量的棉花不摘烂在田里……那么出现严重的负增长则是必然。

综上，式（4－10）中消费和投资的此消彼长是统计学事后核算的技术处理，不是经济学的因果关系。在封闭条件下，投资是一定要消费拉动的；在开放条件下，应该进一步考虑出口。同时，消费拉动的未必都是本国投资，因为必须考虑进口变量的影响，不仅消费品可以进口，而且，三个投资层次都可能有进口。于是，本国投资对消费的敏感性就会有一定的折扣，一定时期有一定的弹性。显然，这是个实证问题，本节只做逻辑分析。

第三，还有一个近乎纯想象的质疑：如果消费增长到等于总产出，何来投资呢？我们认为，这是一个不可能出现的现象，经济学虽然使用数学分析工具，但经济学毕竟不是数学，经济学的函数、自变量都有经验的定义域和值域，不可能出现类似于数学中常用的正负无穷大这些情况。本节从供给和需求两个方面来回答这一质疑。

首先，从供给角度观察，市场经济国家经过多年的竞争和淘汰，各自建立了一套包含各行业与各层次的生产体系，资本品不是同质的，生产挖掘机的资本品不能生产皮鞋，而且，资本品的转换——厂商转业——也是有较大的时间滞后性的。因此，一个国家的生产体系不会是只生产消费品的，总供给的这一性质制约了消费需求无限增长的幼稚想象。

其次，在世界主要国家先后所经历过的100多年需求约束型经济中，消费需求总量在总收入中的占比从来没有也不可能提高到100%。从结构上看，富人和中产阶级的占比更低，低收入者的消费需求在收入中的占比会较高。历史经验表明，除二战结束之后的日本和北欧等少数国家之外，绝大多数国家的基尼系数都不低。也就是说，国民收入分配不公是普遍现象。富人和中产阶级的消费需求在收入中的占比，基本上决定了总量上存在"买得起但没什么想要多买的"现象——储蓄总量递增。20世纪20年代分期付款等形式的消费信贷在美国盛行——把富人的储蓄借给中低收入者使用，在此后大多数年份中，市场经济国家借此解决了（或推迟了）消费下降的问题，消费信贷推动消费、消费拉动投资基本成了体现在统计数据中的经验。于是，金融部门成了维护经济持续增长的中枢，同时，历史经验也表明，欧美主要国家进入需求约束型经济态势之后，历次重大经济危机首先表现为金融危机。

第四，也是最后，在需求约束型经济中，消费需求总量在总产出中的占比多大比较合适呢？这是一个实证的问题，需要做大量的实证工作才有可能得出一个初步的经验数据，本节不讨论这样宏大的课题。

三　对修正后的投资函数之实证问题

前面对凯恩斯投资函数的修正属于纯逻辑分析，是在大脑中的推演。而经验支持不支持这个结论，在经济学上则需要实证分析，以对这个逻辑结论证实或证伪。现代经济学所说的"经验"不是故事，用举例方法来做实证已经是古典经济学时代的旧账。现代经济学的经验绝大部分可以用数据来表达，而处理数据则不是用简单的加减乘除就能解决的，需要学会"计量经济学"这个数学门槛比较高的分析工具。本节不涉及计量经济学的实证过程，只是交代一下数据来源和实证结果。

陈昭的一项研究表明，20 世纪 60~80 年代，以英、法、德、意四国为代表的欧洲国家早已进入需求约束型经济发展阶段[①]，这符合凯恩斯《就业、利息和货币通论》研究的实际总供求态势。考虑到数据的可得性和完整性，我们取欧洲 20 个国家 2001~2010 年 10 年的平衡面板数据，截取美国 1961~2014 年和日本 1980~2014 年的时间序列数据，对新的投资函数 $I = f(C, X, r)$，做了数量分析。其中固定资本形成总额 I、总消费 C、总出口 X 数据均取自世界银行数据库（网址：http：//data. worldbank. org. cn/country），政府债券收益率数据取自

---

① 陈昭：《英法德意四国消费对经济增长的贡献度》，《中国计量经济史研究动态》2011 年第 1 期。

wind 全球宏观数据库。

实证结果都支持我们修正的投资函数，22 个重要国家的经验应该比较说明问题了。同时，我们还用 Beta 系数方法计算了三个变量对投资产生影响的重要性，从高到低依次为消费、出口和市场利率，和我们的逻辑分析完全一致。①

---

① 详见刘巍、陈昭《经济学理论的前提假设与解释能力——计量经济史视角的研究》，中山大学出版社，2018，第 123～129 页。

第五章　货币供求：利率的决定

上一章涉及的市场利率在投资函数中是自变量，市场利率的变动会引起投资变动。在经济学中，投资函数中的市场利率被称为"外生变量"，即它是在投资模型以外决定的，对于投资模型来说，它是既定的、已知的、只能接受的。与"外生变量"对应的是"内生变量"，即在当前研究的模型内决定的，是函数的因变量，如投资函数中的投资额。那么，对于投资函数来说是外生变量的市场利率是在哪里决定的呢？这便是本章的主要内容——货币供给和货币需求共同决定市场利率。

第一节　货币供给

货币供给是一国宏观经济运行中的重要变量，从经济史角度观察，经历了从民间自发供给货币到政府供给货币两个阶段。在民间自发供给阶段中，货币本身或由于稀缺而具有价值（如贝壳），或由于有使用价值而具有价值（如金属）。在政府供给货币阶段，货币一般为纸币，其本身没有任何使用价值，只是价值符号，法定流通，以国家权力为保障。本节讨论政府供给货币时期的货币供给规律，但也会涉及民间自发供给货币时期的一些问题。

一　货币概述

货币在日常生活中最为常见，也最为我们熟悉，我们用它购买商品物资，支付劳务费用，缴纳税金，衡量价值或将它储存起来以备他用。对于社会公众来说，货币是财富的象征，拥有货币也就占有了财富。货币同样是现代经济运行和发展的重要影响因素，企业间的经济往来、财政收支、金融机构各项业务的开展和国际经济的交往都离不开货币。当今世界各国虽然社会制度、经济体系、意识形态各不相同，但无一例外地使用货币并建立了与之相适应的货币制度。货币在社会经济中的作用以及在经济发展中的特殊功能，决定了我们必须去认真地认识它和研究它。

（一）货币的定义

在大众口语中，一般将货币称为钱。钱，在中国上古社会是一种农业生产工具。春秋时期，人们将金属货币制成各种工具状，如铲币、刀币等，钱币是其中的一种。由于钱的形状比刀、铲等更便于携带，所以钱币逐渐取代了各种工具状货币。随着时间的推移，作为工具的钱不见了，作为货币的钱留在了语言中。久而久之，钱就是币，币就是钱了。在日常生活中钱一词常常用来表示许多概念。如下例：

A. 你带钱了吗？　　B. 他很有钱！　　C. 你一年能赚多少钱？

第一句话中的钱指的是通货（现钞）。在经济学中如果把货币仅仅定义为现钞，那就过于狭窄了。因为可开列支票的存款、电子货币（刷卡、微信、支付宝等电子支付手段）和现钞能执行同样的职能：都可用以支付所购买的商品和劳务。实际上，人们购买的商品和劳务中仅有很小的比例是用现钞支付的。因此，如果我们把货币仅仅定义为通货，那么要把货币与全部购买活动联系起来就有很大困难。由于可开列支票的存款、电子货币和现钞具有相同的职能，还由于我们关心的是货币的用途，因此我们必须把活期存款（支持支票、电子货币的存款）与现钞一起包括在货币的定义之中。

第二句话中的钱实际上指的是财富，意指他是很富有的，大致包括现金、银行存款、不动产、股票、债券、专利权等。作为货币的定义，现钞过于狭窄，而用财富去定义货币又显得过宽，经济学所说的货币和

81

作为价值贮藏的财富是有区别的。

第三句话里的钱指的是收入。货币和收入显然是两个不同的概念。货币是一个存量概念，它表示某一时点上存在的一定数量。如"我现在有存款 10 万元"。而收入则是一段时期中的流量。假如告诉你某人的收入为 50 万元，那么，你只有在得知是每年、每月还是每周的收入后，才能确定他的收入是高还是低。

经济学既不是把货币定义为狭义的钞票，也不失之过宽地定义为所有的财富，而是根据货币的职能来下定义。经济学认为，**任何一种能执行交易媒介、计算单位和完全流动的价值贮藏手段职能的物品，都可以看成货币。**

（二）货币的职能

不管货币是贝壳、石子、黄金还是纸片，在任何经济社会中，它都具有三个基本功能：交易媒介、计算单位和价值贮藏。

（1）交易媒介。它是把货币与诸如股票、债券或房屋之类资产区分开来的主要职能。在经济社会的几乎所有市场交易中，以通货和支票形式出现的货币都是交易媒介，这就是说，人们在用它进行商品和劳务的支付时，省去了用商品和劳务进行直接交易所耗费的大量时间，从而提高了经济效率。关于这一点可以通过与物物交换经济的比较得到证明。

如果一个美声歌唱家生活在一个物物交换的经济社会中，他必须找到不仅生产自己所需要的食物，而且想听美声歌曲的农夫，如此才能生存。毫无疑义，这个寻找过程十分困难，几乎没有可能。这个美声歌唱家在寻找这个渴望听美声歌曲的农夫上花的时间恐怕要比他演唱的时间多，在没有找到这个农夫之前，他甚至不得不停止演唱而亲自从事农作物的种植。

在物物交换经济中，交易成本很高，因为人们必须满足"需求和时间的双重一致"，如果把货币引入美声歌唱家的世界，问题就会简便得多。他可以去为愿意付钱的人唱歌，然后，他去找任何农夫，并用他所得的钱购买所需的食物。在这个过程中，可以解决需求和时间双重一致的困难。这个歌唱家节约了很多时间，专门从事他所擅长的艺术工作，并比在物物交换中做得更好。

这一虚拟的例子表明，使用货币节约了大量商品和劳务交易的时间，提高了经济效率，帮助人们专门从事其最擅长的工作。可见，货币降低了交易成本，像润滑剂一样，能使经济更为迅捷地运行，并由此激励了专业化分工。

（2）计算单位。货币的第二个职能是提供计算单位，这就是说，人们在经济社会中用它来计算商品和劳务的价格。为了搞清这一功能的重要性，仍然需要回到物物交换经济中去。

如果经济中只有 3 种商品，比如大米、经济学课程和布料，那么 3 种价格和它们的交换过程分别是以经济学课程表示的大米的价格（为了购买一袋大米，你必须支付多少经济学课程）、以布料表示的大米价格和以布料表示的经济学课程的价格。

一般来说，在一个有 N 种商品的物物交换经济中，商品交换所需要的相对价格的数目就等于把 N 个商品配对的数目，即从 N 个商品中选 2 个商品的组合数，其公式为：

$$组合数 = \frac{N(N-1)}{2}$$

所以如果有 10 种商品，为了使它们彼此能够交换，就必须有 45 个价格；如果有 100 种商品，必须知道 4950 个价格；如果 1000 种商品，则须知道 499500 个价格。

不难设想去一家拥有 1000 种商品的超级市场买东西会何等艰难，如果 1 公斤鸡肉的价格为 4 公斤大米，而 1 公斤黄鱼值 8 公斤西红柿，要想判定鸡肉和黄鱼何者比较便宜也相当困难；为了对所有的商品进行价格比较，每一商品的价牌上都须列出多达 999 个不同的价格来，把它们读上一遍所用的时间就是相当高的交易成本。

摆脱这一困境的办法，就是把货币引入经济社会，并用货币单位来标明所有的价格，这就可以用"元"来表示经济学课程、大米和布料的价格。如果经济中只有3种商品，和物物交换比较的优越性仍比较有限，因为这里的交易仍需要3个价格。然而，对于10种商品则只需10个价格，100种商品则只需100个价格，如此等等。在拥有1000种商品的超级市场上，只需看1000个价格即可，而不是看499500个。

显然，以货币作为计算单位，减少了价格的数目，降低了交易成本。当经济日趋复杂的情况下，货币作为计算单位的作用和好处就越发显著。货币作为计算单位的另一个好处是提供了重要的市场信息，使得生产者与消费者都知道潜在的交易机会在哪里，进而影响资源的合理配置。

（3）价值贮藏。货币还具有价值贮藏的职能，或者说可以充当一种财富持有形式。货币代表着一定量的财富，一定量的购买力，其价值贮藏职能非常显著。一般人拿到薪水后不会一下子花完，从拿到钱到买东西有一段时间。在这段时间里，货币就起到了贮藏价值、贮藏购买力的作用。

货币作为价值的贮藏也不是独一无二的，任何其他资产，不管它是股票、债券、土地、房屋、艺术品，还是珠宝等，都可以作为贮藏价值的手段。就价值贮藏功能而言，这些资产中的一些甚至比货币更为出色，它们常常能为所有者带来较高的利息收益。由此可以得出一个结论：货币具有价值贮藏的功能，但是，具有价值贮藏功能的东西未必是货币。这又产生了一个新的问题，既然这些资产的价值贮藏功能比货币更为出色，人们为什么还要持有货币呢？

这个问题的答案与流动性有关，所谓流动性是指一种资产转换为货币而不会使持有人遭受损失的难易和快慢的程度。资产的流动性在经济生活中非常重要，货币是所有资产中流动性最高的资产，因为它本身就是交易媒介，无须转换为其他任何东西就能用于购买。而其他资产在转换为货币时都有交易成本，例如房屋在出售时，必须给经纪人佣金，甚至为了迅速将房屋脱手，而不得不接受一个较低的售价。可见，货币虽不是最好的贮藏手段，但人们乐于持有的原因，就在于它是一种最具有流动性的资产。

货币作为价值贮藏手段的优劣取决于物价水平的高低，因为它的价值（购买力）是由物价水平确定的。例如，整个物价水平翻了一番，意味着货币的价值打了对折，今日货币能买的商品只有昨日的一半；在通货膨胀时，物价水平飞涨，货币相应贬值，此时货币就基本上失去了价值贮藏的功能。

（三）货币供应量层次的划分

货币供应量（或货币供给）是指在一定时点上非银行部门所拥有的货币总量。在货币供应量的构成方面，大多数经济学家主张以流动性强弱为标准划分货币层次，从而形成了 M_0、M_1、M_2、M_3 等层次。这种分类方法已为大多数国家的政府所接受，各国的中央银行，都用多层次或多口径的方法来计算和定期公布货币供应量。由于各国金融工具和金融法规的差异，广义货币供应量的指标也不尽相同。综合各国的情况，货币供应量大致划分如下：

$$M_1 = 流通中的现金（M_0）+ 活期存款$$

$$M_2 = M_1 + 定期存款（包括储蓄存款）$$

$$M_3 = M_2 + 其他短期流动资产（如国库券、银行承兑汇票、商业票据等）$$

M_1 被称为狭义货币，基本上代表着当期的购买力。M_2 被称为广义货币，其中的定期存款部分被称为准货币，需要履行一定的银行手续方可用于支付。定期存款又包括储蓄存款，这个储蓄存款是一个现在不多见的存款品种，按复利计息，即把当期所生利息计入本金逐期滚算，俗称"利滚利"。而一般定期存款都是按单利计息的，存多少期也是按存入的本金算利息，各期所生利息不计入本金。

（四）用实证方法定义的货币

前面讨论了货币层次，大家平时至少听说过 M_1 和 M_2，那么问题来了，经济学中所说的货币量、货币政策、货币紧缩等概念中的货币究竟是指哪一层次的？多数经济学家是从纯理论角度，即货币的功能方面来定义货币层次的。而以弗里德曼为首的货币学派则不同，弗里德曼认为货币定义应以严格的数量方法来测定。确定最适当的货币原则有二：

（1）货币总量与国民收入的相关系数最大。如，M_2 与 GDP 的相关系数若分别大于 M_1、M_3 与 GDP 的相关系数[①]，则 M_2 作为货币的可能性较大。同时，还要看第二个标准。

（2）货币总量与国民收入的相关系数要分别大于总量中各个组成部分与国民收入的相关系数。如，M_2 与 GDP 的相关系数要大于 M_0（现金）、D_d（活期存款）、D_t（定期存款）与 GDP 的相关系数。

上述两个标准必须同时满足。弗里德曼和施瓦茨就是根据这两个标准确定 M_2 是最佳货币定义的。

我们认为，这种定义货币为何物的思路是比较可取的。在现代纸币制度下，货币不是经济运行中的目的物，而是手段物，这一般是没有异议的。那么，这个手段物的主要功效是什么呢？显然是提高经济运行的效率。因此，我们可以从货币是经济运行的效率手段角度考察和讨论问题。于是，从货币量层次来说，哪一货币层次与实际 GDP 的统计关系最为密切，我们就可以认为哪一货币层次就是我们分析过程中的货币。在数学手段方面，考察两个变量在一个时段内同升同降的密切程度，通常使用相关分析方法。

二　商业银行体系与货币供给——货币乘数理论

货币供给量是什么？这是首先要弄清楚的问题。货币供给量是一个

---

① 任何一本统计学教科书都讲解计算相关系数的详细步骤，本书不赘述。

货币区在某一时点上由非银行部门持有的货币总量（统计上通常用年末时点上的货币余额概念）。显然，这是个存量概念。

这里要注意的是，这个货币量一定是由非银行部门持有的，即这个货币量一定是市场流通中的货币量，银行部门拥有的货币不应计入货币供给量，中央银行所属的造币厂的纸币库存更不应计入货币供给量。这个货币量是个什么概念？这与货币量的层次有关，各国不尽相同。如以狭义货币 M_1 为例，非银行部门持有的现钞是货币供给量的一部分，非银行部门持有的活期存款凭证则是货币供给量的另一部分。

货币供给的主体是银行，这是没有问题的。但是，必须分清的是，货币供给量的不同部分是由性质不同的银行投放到市场上的。现钞是由地位超然的央行印制并发行的，而活期存款 D_d 则是由商业银行体系对非银行部门的放款、投资等资产业务创造的，通常，D_d 在货币供给量中占很大比重。

（一）认识中央银行发行的现钞

我们暂且先不管现钞代表着什么，先来了解一下现钞是怎样从央行投放到市场中去流通的。换言之，先来了解一下中央银行向市场投放现钞的渠道。一般来说，主要渠道有三：第一，对政府（通常是财政当局）贷款，政府获得了现钞的使用权；第二，对金融机构贷款，金融机构获得了现钞的使用权；第三，收购外汇和金银，出口商、金银持有者得到了现钞所有权。

我们——甚至我们的祖辈——很少考虑这样一个问题：现钞或纸币究竟是什么？用学术一点的语言可以这样描述：央行发行的现钞是法定货币，它是以国家权力为后盾推行的价值符号。究其实质，央行的纸币是国家对持币人的负债凭证。

那么，负债的内容是什么？我们来做这样一个假设。

政府财政当局从央行借到了一笔"央行负债凭证"（现钞），于某年某月某日从你那里买走了 1000 元的商品。你付出了商品，得到了面值 1000 元的"负债凭证"。这就意味着，国家（央行代表国家）欠你以当日价格计算的1000元的资源和劳动，即价值。简单说，你手上的纸币说明央行欠你与面值等额的"价值"，或者说，这是央行的一张借条，你拥有了对央行的债权。

那么，这笔债务何时偿还呢？这是与一般债权有重大区别的：债务人——央行永远不会偿还这笔债务，但你可以顺利地将此债权转让——用于购买别人的商品或服务。于是，在日常的市场交易中，人们就互相转让这些"央行负债凭证"，没有人会拒收，因为那是违法的。

其实，除经济学界的专家学者之外，没人考虑，甚至很少有人知道"纸币是国家的欠条"这种"奇怪的事情"。人们一直认为，那些质地精良、印刷考究、花花绿绿的钱就是钱，我们经常用它清偿债务，它本身怎么会是"负债凭证"呢？这种观念恰好说明央行的信誉极好，这是纸币流通的必要条件。

（二）对活期存款的分析——简单乘数

商业银行的主营业务是信用业务——吸收存款和发放贷款。商业银行作为一个经营货币的特殊企业，为了获利，将它从居民和企事业单位那里吸收的存款（原始存款）用于贷款或金融投资，多吸存就可以多放贷。在贷款以转账形式进行的条件下，客户取得银行贷款后通常并不是立即提取现金（现钞），而是转入贷款行或另一家银行的存款账户，相应地产生一笔存款，多贷款就可以多产生存款。

对于商业银行系统来说，这种多存多贷、多贷多存可以反复多次进行，从而派生出多倍于原始存款的活期存款。由此可见，商业银行对货币供给量的影响是通过存款货币的创造（即派生存款）实现的。

我们来观察一下派生存款的过程。

1. 假设

为简单起见，我们规定以下5个假设：

①两家以上商业银行；②法定存款准备金率为20%；③公众将全部收入存入银行，手中不持有现金；④全部存款均为活期存款；⑤商业银行无超额存款准备金。

2. 银行账户模拟

从上述 5 个假定出发，我们对银行的账户进行简单模拟。设，公众将收入 100 万元都存入银行 A，银行 A 必须缴存法定存款准备金 20 万元，其余全部放款。银行 A 的账户如表 5 - 1 所示。

表 5 - 1　银行 A 的账户

单位：万元

资产		负债	
法定存款准备金	20	存款	100
放款	80		

设银行 A 将 80 万元贷给某厂商，该厂商将它存入自己的开户行 B，银行 B 必须缴存法定存款准备金 16 万元，其余全部放款。银行 B 的账户如表 5 - 2 所示。

表 5 - 2　银行 B 的账户

单位：万元

资产		负债	
法定存款准备金	16	存款	80
放款	64		

设银行 B 将 64 万元贷给某厂商，该厂商将它存入自己的开户行 C，银行 C 必须缴存法定存款准备金 12.8 万元，其余全部放款。银行 C 的账户如表 5 - 3 所示。

表 5 - 3　银行 C 的账户

单位：万元

资产		负债	
法定存款准备金	12.8	存款	64
放款	51.2		

银行 C 将 51.2 万元贷放出去，情形同前……现在，我们计算一下存款总额：

$$S = 100 + 80 + 64 + 51.2 + \cdots$$

显然，上式的右端是一个无穷递减等比数列，公比为：1 - 法定存款准备金率 = 80%。对该数列求和是比较简单的数学运算（求和公式不再解释）：

$$S = A \cdot \frac{1}{1-q} = 100 \times \frac{1}{0.2} = 100 \times 5 = 500$$

上式表明，存款总额（原始存款与派生存款之和）是原始存款的 5 倍，我们称存款乘数是 5，显然，"被乘数"是原始存款 100 万元。

我们将本例中的这个乘数 5 更一般地表述为"法定存款准备金率的倒数"，将它称为派生存款的"简单乘数"。若以 K 表示简单乘数，以 r 表示法定存款准备金率，则有：

$$K = \frac{1}{r} \tag{5-1}$$

（三） 与经济现实较为贴近的货币乘数

式（5-1）所示的简单乘数的确是过于简单了——简单到了与经济现实不符的地步。这主要是由于我们做了过分简单的前提假设。对于经济分析来说，这是一般的范式。从简单的假定开始，推导出简单的模型，然后逐步放开不合理的假设，使理论模型贴近现实，从而具有指导意义。

现在，我们修正上一小节的前提假设。

1. 假设

（1）两家以上商业银行，这是没有问题的。

（2）法定存款准备金率为 20%，这不过是个数字问题，在理论推导中，是多少都无所谓。

（3）公众手中不持有现金是绝对不符合经济现实的，现在修正为：公众手中持有的现金，即流通中的现金为 C。

（4）全部存款均为活期存款也是不现实的，修正为：全部存款分为活期存款和定期存款。

（5）商业银行无超额存款准备金，这就更离谱了。修正为：商业银行的超额存款准备金为 $R_{ov.}$。

2. 乘数推导

我们在上述 5 个比较合理的前提假设下，重新推导与货币量有关的几个乘数。首先，规定新用的变量符号：

B：基础货币 = 法定存款准备金 + 超额存款准备金 + 流通中的现钞

R：总存款准备金 = 法定存款准备金 + 超额存款准备金

R_1：法定存款准备金

$R_{ov.}$：商业银行的超额存款准备金

r：总准备金率 $= \dfrac{\text{法定存款准备金} + \text{超额存款准备金}}{\text{存款总额}}$

r_1：法定存款准备金率 $= \dfrac{\text{法定准备金}}{\text{存款总额}}$

$r_{ov.}$：超额存款准备金率 $= \dfrac{\text{超额资本金}}{\text{存款总额}}$

C：流通中的现钞

D：商业银行的存款总和

D_d：商业银行的活期存款

n：活期存款在总存款中的比例 $= \dfrac{D_d}{D}$

q：流通中现金与存款总额的比例，即现金漏损率 $= \dfrac{C}{D}$

根据货币定义，M_1 和 M_2 可以写成：

$$M_1 = C + D_d \qquad\qquad (5-2)$$

$$M_2 = C + D \qquad\qquad (5-3)$$

基础货币的定义为：

$$B = C + R \qquad (5-4)$$

由于基础货币数量构成了存款和货币量伸缩的基础，因此，基础货币被称为强力货币。根据总存款准备金的规定，有：

$$R = rD \qquad (5-5)$$

根据我们的规定，D_d 与 D、C 与 D 的关系可写成：

$$D_d = nD \qquad (5-6)$$

$$C = qD \qquad (5-7)$$

将式（5-5）和式（5-7）代入式（5-4），得：

$$B = qD + rD = D(q + r) \qquad (5-8)$$

整理，得：

$$D = \frac{1}{r_1 + r_{ov.} + q} B \qquad (5-9)$$

对基础货币 B 求一阶偏导[①]，得：

$$D' = \frac{\Delta D}{\Delta B} = \frac{1}{r_1 + r_{ov.} + q} \qquad (5-10)$$

式（5-10）中，$\dfrac{\Delta D}{\Delta B}$ 为存款量的乘数，即每 1 元基础货币的增减所引起的存款增减倍数。如将此乘数用 K_d 表示，则有

$$K_d = \frac{1}{r_1 + r_{ov.} + q} \qquad (5-11)$$

至此，推导出了与现实比较接近的存款乘数式即公式（5-11）。根据式（5-9），"被乘数"应该是基础货币。如果一国货币乘数比较稳定，

[①] "求一阶偏导"和后面出现的"导数""微商"等术语是高等数学的语言，数学基础较薄弱的经济史同行可以暂不理会，接受乘数 K_d 即可。

做经济分析时，我们就可以根据基础货币的变动预测存款额的变动情况。被乘数是基础货币，会给读者产生一个疑问：在分析"简单乘数"$K = 1/r$ 时，被乘数是原始存款，怎么现在又变成了基础货币呢？其实，简单乘数的被乘数——原始存款就是现在所说的基础货币。我们来解释一下。

前面我们曾假定：流通中无现金、商业银行体系中没有超额存款准备金，这两项假定虽然不合理，但是，对于我们理解"简单乘数的被乘数——原始存款就是基础货币"是相当重要的。按照两项假定，在足够的时间内，以现金方式存入商业银行的原始存款，将全部变成商业银行缴存中央银行的法定存款准备金（参照本节表 5 - 1、表 5 - 2 和表 5 - 3 思考，可以将各银行的法定存款准备金按无穷递减等比数列求和）。根据基础货币的规定：

$$B = C + R_1 + R_{ov.}$$

当 $C = 0$、$R_{ov.} = 0$ 两项假设成立时，则有：

$$B = R_1$$

即：

法定存款准备金 = 原始存款 = 基础货币

其实，当两项假定 $C = 0$、$R_{ov.} = 0$ 成立，即 $q = 0$、$r_{ov.} = 0$ 成立时，K_d 就还原到了"简单乘数"。

在经济分析过程中，我们一般比较关心狭义货币和广义货币的乘数，因为这两个口径的货币与 GDP 或 GNP 的关系比较密切。

将式（5 - 4）、式（5 - 6）代入式（5 - 2），得：

$$M_1 = nD + B - R \qquad (5 - 12)$$

将式（5 - 5）代入式（5 - 12），得：

$$M_1 = nD + B - rD \qquad (5 - 13)$$

将式（5 - 13）两端除以 B 得：

$$\frac{M_1}{B} = 1 + \frac{nD - rD}{B} \tag{5-14}$$

将式（5-8）代入式（5-14）右端，整理得：

$$\frac{M_1}{B} = 1 + \frac{D(n-r)}{D(r+q)}$$

$$= \frac{r+q}{r+q} + \frac{n-r}{r+q}$$

$$= \frac{n+q}{r+q} \tag{5-13}$$

即：

$$M_1 = \frac{n+q}{r+q} \cdot B \tag{5-15}$$

式（5-15）两端对 B 求一阶偏导，得：

$$M_1' = \frac{\Delta M}{\Delta B} = \frac{n+q}{r+q} = \frac{n+q}{r_1 + r_{ov.} + q}$$

导数即微商——两个微小改变量之比，正是我们的"乘数"概念。
即：

$$K_1 = \frac{n+q}{r_1 + r_{ov.} + q} \tag{5-16}$$

式（5-16）为 M_1 的乘数，即狭义货币量变动与基础货币量变动之比，显然，根据式（5-15），被乘数仍是基础货币。

用同样的方法可以推出，广义货币 M_2 的乘数为：

$$K_2 = \frac{1+q}{r_1 + r_{ov.} + q} \tag{5-17}$$

由以上两个乘数可以得出结论，货币量是由中央银行、商业银行部门和非银行部门共同决定的。但是，一般情况下中央银行和商业银行占主要地位。

（四）对货币乘数中变量相关方向的简单分析

从 K_1 和 K_2 两个货币乘数来看，法定存款准备金率和超额存款准备金率与货币乘数均为反向变动关系，因为它们都处于分母的位置上。对于 K_1 来说，活期存款占存款总额的比例 n 与货币乘数同向变动，因为它处于分子的位置上。只有现金漏损率 q 与货币乘数的关系，较难直接得到观察结论，因为它同时出现在分子和分母中。我们只能通过数学证明，来判断 q 与货币乘数的关系。

以 K_2 为例，令 $q' > q$，则只需证明 $K'_2 > K_2$ 或 $K'_2 < K_2$ 即可。

$$\because K_2 = \frac{1+q}{r+q}(\text{为方便起见,用 } r \text{ 代替 } r_1 + r_{\text{ov.}})$$

$$\therefore K'_2 - K_2 = \frac{1+q'}{r+q'} - \frac{1+q}{r+q}$$

将等式右端通分、整理，得：

$$\frac{1+q'}{r+q'} - \frac{1+q}{r+q} = \frac{(q-q')(1-r)}{(r+q')(r+q)}$$

因为 r、q 都是小于 1 的正数，所以，分母大于 0、（$1-r$）大于 0。根据题设 $q' > q$，所以（$q-q'$）＜0。因此有

$$\frac{(q-q')(1-r)}{(r+q')(r+q)} < 0$$

即 $K'_2 < K_2$ 成立。至此，可以得出结论：现金漏损率与货币乘数反向变动。上述数学证明是以 K_2 为例的。如果以 K_1 为例会有什么不同吗？请读者自己试做一下证明。

三　中央银行的货币供给政策

（一）中央银行的性质与职能

1. 中央银行的性质

中央银行的性质是由其业务活动的特点和所能发挥的作用决定的。从中央银行业务活动的特点看，它是特殊的金融机构。一方面，中央银行的主要业务活动具有银行固有的办理"存、贷、汇"业务的特征；另一方面，它的业务活动又与普通金融机构有所不同，主要表现为业务

对象不是一般的工商客户和居民个人，而是商业银行等金融机构，而且不以营利为目标。同时，国家还赋予中央银行一系列特有的业务权利，如垄断货币发行、管理货币流通、集中存款准备金、维护支付清算系统的正常运行、代理国库、管理国家黄金外汇储备等。

从中央银行发挥的作用看，它是保障金融稳健运行、调控宏观经济的国家行政机构。中央银行通过国家特殊授权，肩负着监督管理普通金融机构和金融市场的重要使命。同时，由于中央银行处于整个社会资金运动的中心环节，是国民经济运行的枢纽，是货币供给的提供者和信用活动的调节者，因此，中央银行对金融业的监督管理和对货币、信用的调控对宏观经济运行具有直接的重要影响。由此，中央银行又是宏观经济运行的调控中心。作为国家管理金融业和调控宏观经济的重要部门，中央银行自然具有国家机关的性质，负有重要的公共责任。并且，随着国家对金融和经济实施干预或调控的程度加强，中央银行的国家机关性质趋于强化。

中央银行具有国家机关的性质，但与一般的行政机关又有很大不同。第一，中央银行履行其职责主要是通过特定金融业务实现的，对金融和经济的管理调控基本上是采用经济手段如调整利率和存款准备金率、在公开市场上买卖有价证券等，这些手段的运用更多地具有银行业务操作的特征，与主要依靠行政手段进行管理的国家机关有明显不同。第二，中央银行对宏观经济的调控是分层次实现的，即通过货币政策工具操作调节金融机构的行为和金融市场运作，然后再通过金融机构和金融市场影响各经济部门，其作用比较平缓，市场的回旋空间较大，这与一般国家机关的行政决定直接作用于各微观主体而又缺乏弹性有较大不同。第三，中央银行在政策制定上有一定的独立性。

因此，中央银行的性质可概括为：中央银行既是为商业银行等普通金融机构和政府提供金融服务的特殊金融机构，又是制定和实施货币政策、监督管理金融业、规范与维护金融秩序、调控金融和经济运行的宏观管理部门。

2. 中央银行的功能

中央银行的功能，根据性质可分为以下五类。

（1）政策功能。中央银行为一国的最高金融机构，最重要的任务是制定并执行货币政策，从而保证物价稳定、充分就业，并以此促进经济增长。在绝大多数国家，中央银行是唯一由国家授权发行纸币的银行。通过行使发行纸币这种特权及运用其他工具，中央银行的职责是将货币量与信贷量控制得宜，使经济及金融制度得以在安定环境中运行。在执行金融政策时，中央银行与政府其他部门密切配合，以使货币政策、财政政策及国债管理政策之间不致发生摩擦。

（2）银行功能。中央银行是政府授权的商业银行体系领导者，被称为"银行的银行"。政府机构及国营事业单位均将其赋税和其他公款存于中央银行。政府如因季节性收支不敷而需临时周转时，亦依赖中央银行融资。政府发行国债的还本付息事宜，均多由中央银行代理。在多数国家，尤其是施行外汇管制的国家，中央银行是法定的国家黄金外汇储备的保管者及管理者，由政府授权中央银行办理买卖黄金外汇业务。中央银行经理国库，使国家的货币政策与财政政策更易于配合。作为全国的最高金融机关，中央银行也是政府的金融顾问，随时向政府提供情投资料及意见以备咨询。

对于商业银行和金融机构而言，中央银行是它们的银行。中央银行除集中保管各商业银行或其他金融机构的存款准备金，将之统筹调度以防急需外，还提供全国性的中央票据交换与清算，和资金转移服务。

在国际关系中，中央银行代表国家与外国金融当局和国际金融机构（如世界银行及国际货币基金组织）建立业务联系，或进行有关金融事务的交涉和谈判。

（3）监督功能。中央银行对在国内经营的所有银行及金融机构（包括本国及外国在内），负有审慎督导的责任。中央银行有权经常检查各银行及其他金融机构的业务和账册，并向它们发出政策性的通告，要求它们遵守法制。当然，在国家发生金融或银行危机时，中央银行也有责任全力支持资金周转不灵的银行与金融机构，以保障金融体系的安全。

（4）开发功能。在新兴或发展中国家，金融制度通常较为落后，在极端情况下，甚至货币的使用范围有限，居民大多不愿将其收入存于银行。因此，中央银行有责任设法扶助各种类型的银行和金融机构，借以吸收居民储蓄而将之引导至生产投资上来。对各种金融市场，如短期的货币市场、长期的资本市场，以及外汇市场，中央银行亦应鼓励它们发展，促使金融体系能配合经济而共同发展。

（5）研究功能。中央银行是全国经济、金融及财政的枢纽，较易搜集各项有关情报和资料。除小部分属于国家机密的情报以外，中央银行应经常整理上述资料并将之公布，以供民众参考。事实上，多数国家的中央银行设有研究部门和资料部门，公布金融统计方面的数据资料。一些较先进国家的中央银行，还设计总体经济模型，经常对经济动向进行预测，以供当局参考。

（二）中央银行的货币政策工具

中央银行在执行货币政策时所运用的工具可分为一般性政策工具、选择性政策工具、直接信用管制工具和道义劝导四种。

1. 一般性政策工具

（1）法定存款准备金率。在法律所赋予的权力范围内，中央银行有权通过规定或调整商业银行及其他金融机构缴存中央银行的法定存款准备金率，改变货币乘数，借以控制商业银行信贷规模及其构成，间接地控制货币供应量。存款准备金制度最早起源于英国，但以法律形式将之形成一种制度的则是美国，始于《1913年美国联邦储备法》。目前，凡是实行中央银行制度的国家，一般都实行法定存款准备金制度。

①法定存款准备金的内容。法定存款准备金制度建立的最初目的是保证银行的资金流动性和现金兑付能力，但发展至今它已演变为中央银行进行宏观调控的一个重要的政策工具。不同的国家由于制度不同，法定存款准备金制度有所不同，主要包括以下内容。

第一，对法定存款准备金率的规定。商业银行要按中央银行规定的法定存款准备金率，将法定存款准备金存入自己在中央银行开立的账户内。

第二，对作为法定存款准备金的资产种类的规定。一般规定只有商业银行在中央银行的存款才是准备金，但有些国家将一些高度流动性的资产如库存现金和政府债券也视为存款准备金的一部分。

第三，法定存款准备金的计提。包括存款余额的确定及缴存日期的确定等规定。

第四，法定存款准备金率的调整幅度等规定。

②作用于经济的途径。当中央银行调低（调高）法定存款准备金率时，将从两个方面影响货币供应量。第一，对货币乘数的影响：法定存款准备金率负向影响货币乘数，法定存款准备金率的降低（提高）将使货币乘数增大（缩小）。在其他条件不变的情况下，银行体系信用扩张能力增强（减弱），货币供应量增加（减少）。第二，对超额存款准备金的影响：当中央银行降低（提高）法定存款准备金率时，在整个银行系统的基础货币和存款准备金数量不变的情况下，超额存款准备金增加（减少），从而银行的可贷资金增加（减少），信贷规模扩张（收缩）。两方面作用的结果均使市场利率降低（提高），从而刺激（抑制）投资和消费需求的增加。

（2）公开市场业务。公开市场业务是中央银行在债券市场上公开买卖各种政府证券（如国库券、国债等）以控制货币供应量及利率的一种政策手段。如中央银行根据经济形势的发展，认为金融市场资金短缺，有放松银根的必要，就买进债券——向市场投入货币；反之则卖出债券——回笼货币，收缩信贷规模，减少货币供应量。

公开市场业务是通过改变银行系统的存款准备金总量而起作用的。当中央银行从一家银行买进债券时，实际上创造了新的存款准备金，银行的超额存款准备金增加，信贷能力增强。反之，导致总存款准备金的减少，信贷能力减弱。从而，中央银行通过改变存款准备金就可达到改变货币供应量的目的。

公开市场业务也会通过利率来影响货币供应量。中央银行在公开市场上买进债券，会使债券供不应求，债券价格上升，由于债券的票面额是固定的，高价购进的债券到期收益率下降。公众为了盈利将调整其资产结构，把资产投向收益率高的债券，结果是这些收益率高的债券也供不应求，价格上涨，整个社会的利率水平趋于下降，对经济产生扩张性影响。反之，中央银行在公开市场上卖出债券，会使债券供过于求，债券价格下跌，利率水平上升，对经济产生收缩的影响。同时，中央银行买卖不同期限的债券会对不同期限的利率产生影响。因此中央银行可以通过"买长卖短"（或相反）的手段调整利率结构，进而影响对某种期限收益率反应敏感的贷款和投资。

（3）再贴现率。再贴现率是中央银行对商业银行（及经营贴现业务的其他金融机构）通过贴现业务持有的未到期合格票据（如国库券、短期公债、短期商业票据）再贴现时使用的利率，换句话说，就是中央银行通过贴现窗口向商业银行及其他金融机构贷款的利率。相对于市场利率而言，贴现率是一种官定利率，常常用来表达中央银行的政策意向，具有短期性。它也是一种标准利率或最低利率，贴现率的高低对整个市场利率水平具有引导作用。

中央银行通过变动再贴现率就可以影响贴现贷款数量和基础货币，从而影响货币供应量。作用于经济的过程是这样的：如果中央银行认为货币供应量过多而需紧缩信用，便会提高再贴现率，这对货币供应量有两个层次的影响。一个层次是因为借入同量货币要支付更多的利息从而使借款成本提高，银行便会减少向中央银行借款的数量，或者用其他资产偿还中央银行的借款，这就使中央银行投放的基础货币减少，如货币乘数不变，则货币供应量减少。另一个层次是因借款成本提高，出于盈利动机，银行的贷款利率也会相应提高，客户借款的成本随之提高，客户对信贷资金的需求减少，使银行信用规模收缩，货币供应量随之减少。此外，中央银行还可规定不同种类的贴现票据适用不同的再贴现率，进而影响商业银行资金的投向。

2. 选择性政策工具

选择性政策工具是中央银行以影响银行系统的资金运用方向和信贷资金的利率结构为目的而采取的各种措施的总和。前述货币政策工具侧重于货币总量的调节，而选择性政策工具则是在不影响货币供应总量的情况下，对某些具体用途的信贷数量产生影响。这一类工具的使用取决于特定的经济形势和条件，一般期限较短，居于补充工具的地位。

（1）优惠利率。中央银行根据产业政策，对国家要重点扶持和发展的经济部门和行业，如出口工业、重工业、高科技产业、农业等，制定较低的贴现率或放款利率，以鼓励它们发展。一般来说，优惠利率多在不发达国家采用。

（2）证券保证金控制。这一工具通常指中央银行对证券信用交易的法定保证金比率所做的规定，是中央银行对以贷款方式购买股票和债券所实施的一种控制。法定保证金比率即通常所说的保证金比率，是指证券购买人首次支付占证券交易价款的最低比率。中央银行根据金融市场状况和货币政策的需要来调高或调低保证金比率，由此就可以间接控制流入证券市场的信贷规模，从而控制住最高贷款额度。最高贷款额度和保证金比率之间存在下述关系：

$$最高贷款额度 = (1 - 保证金比率) \times 交易总额$$

例如，保证金比率为 20%，如果购买 100 万美元的股票，购买者的最高贷款额度为 80 万美元，自己要支付 20 万美元。

（3）消费信贷控制。中央银行为控制消费信用规模而对不动产以外的各种耐用消费品的消费信用予以控制，如规定最低利率标准、首期支付的最低付现额、最长的还款期限等。

（4）不动产信贷控制。中央银行对商业银行和其他金融机构的房地产贷款所采取的限制性措施。目的主要是抑制房地产投机。通常可通过规定最高贷款限额、最长还款期限、首次最低付现额等。

3. 直接信用控制工具

直接信用控制，是指中央银行以行政命令或其他的方式，从总量和结构两个方面直接对银行等金融机构的信用活动进行控制，并非通过市场供求关系或资产组合的调整途径来控制。常采用的手段有利率最高限额、流动性比率、信用分配、直接干预及开办各种特种存款等。

根据历史经验，大多数的经济学家认为这种直接干预方式，只能在特殊情况（如战争或金融危机）下采用。如果在和平时期长期采用这些工具，势必造成受干预的金融机构千方百计地运用各种手段来阻碍或回避政府控制，从而对资源分配、生产效率造成不良的影响。因此，中央银行应尽可能避免直接干预，而运用道义劝导的办法。

4. 道义劝导

所谓道义劝导，指中央银行利用其声望与地位，经常向商业银行和金融机构发出通告，指示各金融体系的负责人或与他们举行面谈，劝告他们遵守政府政策，自动采取若干相应措施。例如，在通货膨胀较严重时期，中央银行劝导各金融机构自动约束放款或提高利率；在房地产与股票市场投机过度时劝告各金融机构收缩这两个市场的信贷规模；在国际收支出现赤字的情况下，劝告金融机构提高利率或减少海外贷款等。道义劝导工具的优点是较为灵活，无须劳民伤财花费行政费用。缺点是没有法律的约束力，所以效果视各金融机构是否诚实与中央银行合作而定。

第二节　货币需求

货币需求理论是金融学理论中的精华，也是比较晦涩艰深的理论。和其他经济学理论一样，最难掌握的就是从自变量到因变量的传递机制。对于初学者来说，尤其是这样。因此，我们首先从货币需求的一般性规定开始，由浅入深。

一　对货币需求的诠释

什么是货币需求？这看似一个比较简单的概念，但事实上它是不大容易全面理解和掌握的。在这个问题上费点时间"磨刀"，是不会影响"砍柴"效率的。

1. 货币需求

学界对货币需求的理解是：当收入一定时，理性的人们受便利、习惯、收益、风险和预期等因素的影响，将收入的一部分以货币形式持有的愿望。

在此，我们要对"收入"一词做较宽的理解，它应包括薪金收入、经营收入、债务收入和其他收入。我们首先强调"收入一定"，其实是在强调货币需求是对货币"有获得能力"的需求，即有效需求。如果没有收入，想持有货币的念头只能是一种欲望。由此看来，货币需求中的"需求"一词，与大众口语中一般意义上的需求是有不同含义的。

从对货币需求的定义来看，人们总是将收入的一部分以货币形式持有，显然，收入的另一部分是以其他资产的形式持有的。我们将其他资产大略分为两类，即金融资产和有收益的实物资产。前者包括债券、股票、放债合同、银行定期存单（在货币口径为 M_1 时此项为非货币资产，在货币口径定义在 M_2 层次上时，此项资产是货币的一部分），后者主要包括资本品。

显然，持有非货币资产是有收益的（有风险也是必然的）。在理性人假设之下，每个单位或个人都是在能应付日常支付且无不便之感觉的前提下尽量缩小货币需求量，从而增加收益。同时，再考虑各种资产的风险，对不同的经济个体来说，应该有许多种组合（见图 5-1）。

在图 5-1 中，线段 *AB* 是预算线，线上的每一个点都代表一个两种资产（横轴的货币和纵轴的有收益资产）的组合。显然，*AB* 位置越高，两种资产持有的总量越大。对于一定的经济个体而言，实际上可以持有的货币资产和有收益资产受到收入水平的限制，即预算线 *AB* 位置的高低决定了"获得能力"。也就是说，一个经济个体的预算线 *AB* 在平面上的位置是其收入水平决定的。收入水平越高，预算线越在右上方。当收入一定时，经济个体的预算线位置确定。两种资产如何组合，

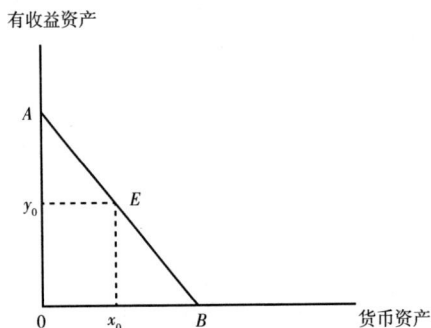

图 5 - 1　收入一定时的收入摆布

取决于个人的风险偏好，假定某经济个体选择了线段 AB 上 E 点对应的组合，那么，E 点的横坐标 x_0 就是货币需求。

2. 平均货币需求

在经济分析过程中，一般都是在一个时段内讨论问题，所使用的经济变量多指一个时段内的统计量，如 GDP、利率、价格指数、失业率等。所以，对于货币需求量而言，也应该考察某一时段内的平均货币需求量。因为平均货币需求是一个计算技术，所以，我们用虚拟的例子来说明这个问题。

设：某人月收入 3000 元，月以 30 天计，货币口径为 M_2。下面几种情况下，有不同的平均货币需求量。

（1）若该人只以现金形式持有收入，且按均匀速度消费掉全部收入（如果按不规则速度消费也可以计算，不过麻烦一点）。这样，一个月内每天的货币持有量就形成了一个等差数列，求其平均值，得（式中 M_d 表示货币需求，上横线表示平均量）：

$$\overline{M}_d = \frac{3000 + 0}{2} = 1500$$

（2）若该人每月定期存款 1500 元，余款匀速消费，则有：

$$\overline{M}_d = \frac{3000 + 1500}{2} = 2250$$

（3）若该人每月买有价证券 1000 元，定期存款 500 元，余款匀速消费，则有：

$$\overline{M}_\text{d} = \frac{(3000 - 1000) + 500}{2} = 1250$$

由此可见，对收入的不同摆布，对平均货币需求量的影响是很大的。

3. 名义货币需求

所谓名义货币需求，即按货币单位计量的货币需求量。在短期分析中，即在价格不变的条件下，名义货币需求量有实际意义。在价格不变时，按票面额计量的单位货币购买力不变，经济个体可以按票面额计量的货币量安排生产和消费，即可以不考虑货币购买力的变化安排货币需求量。一旦价格发生变动，名义货币量代表的购买力也就发生了变动。如果想要保持经济个体既有的生产和消费规模，名义货币需求量就必须发生变动。反之，如果名义货币需求量不变，生产和消费规模就必然发生变动。

4. 实际货币需求

实际货币需求，是指在价格变动的条件下按购买力计量的货币需求量，即用商品衡量货币。通常，实际货币需求以 M_d/P 表示，即用价格指数去除名义货币需求。例如，若 2014 年的价格指数为 100，2018 年的价格指数为 122，则用 2014 年的购买力计量的 2018 年的实际货币需求为 $M_\text{d}/1.22$。

5. 事前（ex-ante）货币需求

在某一时段的初始时点上的货币需求，被称为事前货币需求。事前货币需求主要受上一时段的货币需求影响因素决定，是货币需求主体在该时段即将开始时的打算、计划或意愿，这个数量是看不见摸不着的，因此也是没有统计数据的。

一般来说，由于货币需求和货币供给是分别由两组不同影响因素决定的，所以，事前货币需求与货币供给是很难均衡的。因此，在某一时段的初始时点上，货币供给不是大于货币需求，就是小于货币需求。这是最常见的经济现象。那么，事前货币供求的均衡状态如何得知呢？一般要根据价格或利率在该时段内变动与否、变动势态来分析。在短期内（价格不变），若市场利率下降，则可认定事前货币需求小于货币供给；反之则反是。在长期内，若价格水平上升，则可认定事前货币需求小于货币供给，反之则反是（参见图 5 - 2）。

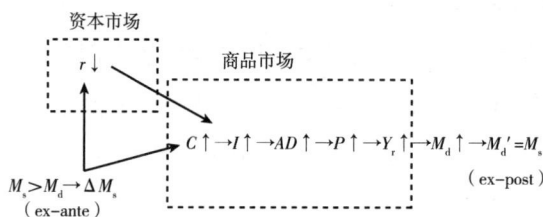

图 5 - 2 从事前货币需求到事后货币需求

6. 事后（ex-post）货币需求

在某一时段终点上的货币需求，被称为事后货币需求。事后货币需求将永远等于货币供给。因为，货币供给主体通过各种渠道投放到市场上去的货币供给量，必然被货币需求主体所持有。货币需求主体的货币需求量不会多于货币供给量，也不会少于货币供给量。这同商品市场上总需求和总供给的事后均衡是一样的道理——既不存在无卖的买，也不存在无买的卖。

我们用图 5 - 2 说明各变量的传递机制。在封闭经济条件下，假定在初始时点上，事前状态是货币需求小于货币供给。图 5 - 2 中，M_s 表示货币供给，M_d 表示货币需求，ΔM_s 表示超额货币供给，AD 表示总需求，Y_r 表示实际 GDP，M'_d 表示事后货币需求。

由于假定事前货币需求（M_d）小于货币供给（M_s），则有一定数量的超额货币供给量（ΔM_s）产生。对于任何货币需求主体来说，都不会持有正常货币需求量以外的货币，因为这将损失利息或效用。于是，货币需求主体会用其他有收益或有效用的资产替代货币。在封闭经济条件下，这些超额货币供给量将冲向两个市场——商品市场和资本市场（在开放经济条件下可能还会冲向外汇市场，此处略）。在资本市场上，新增货币会导致有价证券收益率（r）下降，传递到商品市场上，造成投资需求上升。在商品市场上，新增货币会造成消费需求和投资需求的上升，即总需求上升。总需求上升一般会拉动价格水平上升（在供给曲线的斜率不为 0 时），上升的价格对厂商提供了信号，实际产出（收入）将增长。由于货币需求是收入的增函数（结合图 5-1 思考，后面还会有详细分析），于是，货币需求将上升。直至货币需求上升到与货币供给相等时，超额货币供给量消失，该时段结束，事后货币需求与货币供给相等。

二 古典学派的货币需求理论

古典学派认为货币本身并无内在的价值，其价值纯粹源自交换价值，即对商品和服务的实际购买力。货币只是披在实际要素身上的"面纱"。这种思想有相当悠久的历史，至少可以追溯到 18 世纪英国哲学家和经济学家休谟的著作。其后，这一传统思想在经济学说史上统称为"古典货币数量论"（Quantity of Theory of Money），该理论在 20 世纪 30 年代发展到了顶峰。

古典货币数量论有两种主要形态：其一是费雪的交易方程式，其二是剑桥方程式。这两种形态的共同特点是：仅从货币的交易媒介功能这一角度研究货币，从而货币实现功能的场所无疑仅为商品市场。

1. 费雪的交易方程式（Equation of Exchange）

艾尔文·费雪（Irving Fisher, 1867~1947 年）是著名的美国经济学家，计量经济学的先驱者之一。费雪曾就读于耶鲁大学，酷爱数学。1890 年任耶鲁大学数学讲师，1898 年任该校经济学教授。费雪曾任美国经济学会会长、美国计量经济学会会长，主要著作有《资本和收入的性质》（1906 年）、《货币的购买力》（1911 年）、《利息理论》（1930 年）。

费雪的交易方程式出自《货币的购买力》一书。费雪的分析以简单的恒等式开始：

$$MV = PT \qquad\qquad (5-18)$$

式中，M 代表货币量（事后供求均衡的货币量），V 代表一定时段内每一单位货币周转或流通的速度，P 代表一般物价水平或指数，T 代表市场实际交易量。

式（5-18）的右端是交易量与平均价格的乘积，即交易总值；左端是货币量与流通速度的乘积，即货币总流量。显然，在货币经济中，双方必然相等。从理论角度来说，这不过是一个恒等式，并无任何理论意义。凡有价值的经济学理论，必须有通过实证方法证实或推翻的可能性，而定义式的方程式由于无从证实或证伪，因此无理论价值可言。当然，作为经济学大家，费雪和其他古典学派的学者是深知这样一点的。于是，他们做了两个重要的假设：第一，货币流通速度由制度存量、技术存量、产业结构、文化等因素决定。因此，在短期内，甚至在中期内不变。第二，实际交易量在充分就业条件下变动不大，也可以视为常数。一般情况下，可以用充分就业的产出量 Q 来替代 T。

将常数用上加横线的字母来表示，则式（5-18）可变为：

$$M\overline{V} = P\overline{T}$$

整理得：

$$P = M\frac{\overline{V}}{\overline{T}} \qquad\qquad (5-19)$$

由于等式右端的分式中分子分母都是常数，因此，货币量 M 的任何变动，必然正比例反映于物价上。从式（5-19）来看，货币量与物价之间存在因果关系，不管是否同比例变动，有了证实或证伪的条件。因此，费雪的交易方程式具备了理论价值。那么，在费雪交易方程式中，从货币量到物价的传递机制如何呢？我们来做稍微深入一点的解析。

设：上一时段最终时点上的货币量为 M、物价水平为 P，该时段货币供求事后相等。

本时段与上一时段平稳连接（即上一时段的终点是本时段的起点），若其他条件不变，但货币供给量增加一倍即 $M \to 2M$。于是，在本时段出现了事前货币供给大于事前货币需求的状态，见图 5-3。

$$M_{\mathrm{s}}\ (\ =2M_{\mathrm{d}})\ >M_{\mathrm{d}} \to AD\uparrow \to P\uparrow \to 2P \to M_{\mathrm{d}}\uparrow \to 2M_{\mathrm{d}}=M_{\mathrm{s}}$$

（ex-ante）　　　　　　　　　　　　　　　　　（ex-post）

图 5-3　交易方程式的逻辑机制

图 5-3 表明，在事前货币供给大于货币需求的情况下，由于古典学派的模型只分析商品市场，且假定货币流通速度是常数（人们不会持币待购或抢购），于是，货币需求主体只能在商品市场上用有效用的物品替代货币——购买商品，造成总需求上升。由于古典学派又假定产出量是常数（这是和现代经济学的重大区别，后面会详细解读），所以，上升的总需求引发的物价上涨不会拉动产出量增长，即增加货币量的效应只是物价上升。随着物价上升，名义货币需求量也必然上升。当物价由 P 上升到 $2P$ 时，货币供给量 $2M$ 恰好等于可以实现交易量 T 的货币需求量，于是物价上涨就停止了。

综上所述，$P = M\dfrac{\overline{V}}{T}$ 表示的是货币需求与货币供给事后均衡的状态。同时，按古典学派所做的假设分析，在整个时段内，实际货币量是不会变动的，发生变动的只是名义货币量。从费雪交易方程式的表述程式来看，该理论探讨货币需求层面的分量较轻，或者说，对货币需求问题的分析基本上是隐含着的。所以，我们将费雪的交易方程式称为货币需求理论的"史前阶段"。

2. 剑桥方程式（Cambridge Equation）

古典货币数量论的另一种形态叫作"现金余额说"，由于主张古典货币数量论的学者大多曾在剑桥大学任教，如马歇尔、庇古、早期的凯恩斯和罗伯逊等人，因此，该学说就有了一个很上口的名称——剑桥方程式。剑桥方程式较之费雪的交易方程式，显著区别在于，剑桥大学的先生们真正开始了对货币需求的研究。

剑桥学派认为，经济个体在通常情况下持有的货币量或现金余额（Cash Banlance），与国民收入（或实际产出量）保持一种固定或稳定的关系。若以 Q 代表实际产出量（或用 Y 代表实际国民收入），P 代表平均物价水平，M_d 代表货币需求量，k 代表持币率，即以货币形式持有的收入对收入总额的比率，则剑桥方程式可表述为：

$$M_d = kPQ \quad \text{或} \quad M_d = kPY \tag{5-20}$$

剑桥大学早期的经济学家——如庇古等——所做的隐含的假设，与费雪的交易方程式一致：处于充分就业条件下的 Q 或 Y 为常数，持币率 k 是稳定的，也可视为常数。在货币供求事后相等时，可略去货币需求量的下标，即：

$$M = \bar{k}P\bar{Q} \tag{5-21}$$

从式（5-21）可以得出一些主要结论。

（1）既然 k、Q 同为常数，那么，货币供给相对于货币需求的任何增加，使得货币供求在事后实现均衡的唯一机制就是物价的相应上升。反之则反是。式（5-21）可改写为：

$$\frac{M}{P} = \bar{k}\bar{Q} \tag{5-22}$$

由于持币率与实际产出量均为常数，可令 $\bar{k}\bar{Q}$，则有：

$$\frac{M}{P} = c \tag{5-23}$$

式（5-23）说明：第一，价格水平的任何幅度上升，均有货币需求量的等比例增加；第二，货币供给量的任何增长，均会有等比例的价格上升；第三，实际货币需求量等于实际货币供给量等于人们愿意以货币形式持有的那部分收入，且等于一个常数。即：

$$\frac{M_d}{P} = \frac{M_s}{P} = \bar{k}\,\bar{Q} = c \tag{5-24}$$

这一组结论与费雪的学说不谋而合。将式（5-18）与式（5-21）比较，可以看出 $k = \frac{1}{V}$，即 k 是 V 的倒数。

（2）剑桥方程式与费雪的交易方程式在结论形式上虽然相同，但从式（5-20）来看，剑桥学派的突破在于，首次将分析重点集中在了货币持有的动机上。k 作为货币需求主体的持币率引入理论模型，是学术思想的一大突破，比起交易方程式中的货币流通速度，是一种宏大的角度转换。庇古本人也认为，剑桥方程式的优点在于考虑了人类意志——货币需求原动力——的作用。

但是，同优点一样，剑桥方程式的缺点也是显著的。被学界后来者称为"马歇尔的 k"的持币率，被剑桥大学的学者们视为常量而非变量。这不能不是一个很大的遗憾。毋庸置疑，"马歇尔的 k"为后来的经济学家们指明了研究方向。由于剑桥大学的经济学家们指出了货币需求理论的研究方向，而未能做深入的研究，因此，我们愿意将剑桥方程式称为货币需求理论的"初级阶段"。

三　凯恩斯的货币需求理论

约翰·梅纳德·凯恩斯（John Maynard Keynes）出身于一个古老的英国贵族家庭，该家族的可考历史可以追溯到 1066 年。凯恩斯是一个传统主义者，很喜欢自己家族的光辉历史。凯恩斯的父亲约翰·内维尔·凯恩斯也是个著名的经济学家，但是，小凯恩斯对人类的贡献足以使老凯恩斯的业绩不足挂齿。

凯恩斯从 1908 年起在剑桥大学任教，1909 年创立政治经济学俱乐部，1911 年起出任英国最具影响力的期刊《经济杂志》的编辑，共任职 33 年。他还多次担任要职：曾先后任英国财政部高级官员、巴黎和会英国财政部首席代表、英国财政经济顾问委员会主持、英格兰银行董事；率领英国代表团出席布雷顿森林会议，积极策划成立国际货币基金组织和世界银行，并成为这两个国际组织的董事。

凯恩斯还从事过金融投资活动，曾任全国互助人寿保险公司董事长，创办过几家投资公司。1942 年，凯恩斯被晋封为勋爵。

凯恩斯的著作对世界产生了巨大影响。他出版过《印度的通货和财政》（1913 年）、《凡尔赛和约的经济后果》（1919 年）、《货币改革论》（1923 年）、《自由放任的终结》（1926 年）、《货币论》（1930 年）。1936 年，凯恩斯出版了他最有影响的《就业、利息和货币通论》，为现代宏观经济学的创立奠定了基础。

1. 凯恩斯货币需求理论的前提假设

我们来分析一下凯恩斯货币需求理论的前提假设。

（1）资本市场或金融市场极为发达和完善，其收益率可用齐一的市场利率表达；

（2）无论在时段上还是在时点上，货币与实物资产是替代品；

（3）生产要素具有可分割性，各生产单位面临同一技术水平；

（4）短期分析——价格不变；

（5）货币定义在 M_1 层次上——货币无收益，仍较注重货币的交易媒介功能。

根据假设（1），国内金融市场是健全发达的，公众面临着齐一的市场利率，于是，这个不断变化着的市场利率（证券收益率）就成了公众持有货币的机会成本，货币与利率之间的负相关关系成立。

一般的经济学教科书到此为止了。但从经济分析角度考察，前提假设与函数变量之间还有更为深刻的逻辑关系——投资与货币需求的逻辑关系。根据假设（2），实物资产与货币是替代品，于是，在收入（或财富）一定时，投资发生额越大，货币需求量便越少。那么，函数中的变量是如何体现这种经济逻辑的呢？众所周知，在凯恩斯经济学中投资是市场利率的函数，即 $I = f(i)$，且 I 是 i 的减函数，$i \downarrow \rightarrow I \uparrow \rightarrow M_d \downarrow$，至此，似乎与理论函数矛盾了。但是，我们要考虑的是，投资发生额是什么？就是一些人从另外一些人那里购买资本品，前者的购买就形成了后者的收入，加总一下，国民收入总额就要增长，货币需求量 M_d 就会上升。而且，根据弗里德曼的实证研究，货币需求的国民收入弹性是大于 1 的，即收入变化 1%，货币需求同向变化的数值大于 1%。

假设（3）更进一步显化了上述逻辑关系。资本的可分割性说的是，从理论上讲，某一经济单位的资本可以属于有限多的人，即生产单位可以发行有价证券募集资本，而不必靠自我积攒。在理论上讲，企业在任何时点上都有投资的可能，从而进一步锁定了货币和实物资产的替代关系。同时，由于金融市场的完善，以及资本等生产要素的可分割性存在，生产单位可以在第一时间里使用最先进的技术，不会因投资资金不足而等待。

凯恩斯的宏观经济理论是在经济大萧条的背景下问世的，因此，该理论侧重于解决那个时代的"当务之急"——有效需求不足，即大量的生产能力被迫闲置。在时间长度可观的短期内，需求上升是不会导致价格上升的。凯恩斯在前提假设中，注重短期分析，意在解决"有效需求不足"问题。这与 20 世纪 20~30 年代的现实是有密切关系的。大萧条是在需求约束型经济条件下发生的，凯恩斯的分析说明，经济增长的发动机是有效需求，经济萧条的罪魁也是有效需求。有效需求上升，经济就增长；有效需求不足，经济就衰退。在后一种情况下，产量下降了，但生产能力（机器设备等）依然存在。如果国家动用扩张性经济政策拉动有效需求，短期内因不用添置设备就可以增加产出，所以成本不变、价格不变。尤其是在有效需求刚刚松动，"乍暖犹寒"时，哪个厂商先提高价格，他就会被市场淘汰。因此，假定（4）的任务是将价格变量排除在模型之外。假定（5）是对货币层次的定义。我们知道，M_1 是现金与可开列支票的活期存款（法定无利息的存款）之和，在这个层次上，就可以说货币无收益了。

2. 凯恩斯货币需求理论模型

凯恩斯在 20 世纪 30 年代之前，属于剑桥学派的一员，其经济思想基本上应归类于古典学派的理论体系。例如，在《货币改革论》一书中，他本质上是运用剑桥方程式来解释和分析通货膨胀与紧缩、汇率波动与购买力平价的。但是，即使在这部早期著作中，凯恩斯也对古典学派将 k 和 V 视为常数的观点表示了怀疑。

1936 年，作为现代宏观经济学的奠基性巨著《就业、利息和货币通论》面世，凯恩斯彻底告别了古典学派阵营，提出了一套全新的货币需求理论，被后人称作"流动性偏好说"。凯恩斯的货币需求理论，是从对货币需求的动机分析开始的。他将货币需求的动机分为4类。

（1）交易动机。在家庭获得本期收入与获得下一期收入的时段里，为应付日常交易起见，必须持有一定数量的货币。显然，引发这部分货币需求的动机是日常交易。

（2）营业动机。厂商在获得下一次营业收入之前，必须持有一定数量的货币，以支付营业费用。

（3）预防动机。无论是家庭还是厂商，都会持有一部分货币，以备不时之需。当然，每个经济单位各自面临着不同的问题、不同类别的不确定性，因此，预防动机使然的货币需求量不尽相同。

（4）投机动机。在利率过低或有价证券价格过高时，证券投资人（这里所说的"投资"，是有价证券市场惯用的术语，指购买有价证券的行为；在宏观经济学中，这种所谓"投资"应属于"大储蓄"范畴，切不可混淆）预期利率将上升或有价证券价格将下降，因此持有货币，待有价证券的利率或价格对自己有利时再行购买。因此，这部分货币需求是投机动机使然。

为简单起见，可以将（1）（2）两种动机使然的货币需求称为"货币的交易需求"，将（3）（4）两种动机使然的货币需求称为"货币的投机需求"或"货币的资产需求"。这里的"投机"一词是中性的，即无所谓褒贬。

货币的交易需求，强调货币的交易媒介功能；货币的投机需求，强调的是货币的价值贮藏功能。通俗地说，经济个体为什么持有货币？一是为了市场交易方便，二是为了保存自己的财富。这与古典学派——仅仅关注货币的交易媒介这一功能——相比，是个巨大的进步。迄今为止，各家各派货币需求理论不胜枚举，分析方法不断翻新、考察角度日益拓展，但究其精髓，终未超过凯恩斯的思想。一般来说，经济学理论的每一次进步，都是理论模型所描述的画面与经济现实更为贴近，而不是仅限于程式化的完美。

凯恩斯指出，货币的交易需求量取决于人们的收入水平。在个人偏好、社会局势等不变的前提下，收入水平越高，货币的交易需求量越大。

图 5 - 4 中，M'_d 表示货币交易需求，货币交易需求随收入变化而同向变化。需要讨论的是平面上曲线斜度的大小问题。这条曲线越陡峭，说明收入增加时，新增货币交易需求越少（是增幅少，而不是绝对量减少）。这可能有两个原因：第一，该国的传统习俗尚节俭，收入增加时消费增加额较少；第二，该国比较富裕，日常消费已经很高，没什么更多的消费交易可增加了。反之，曲线越平缓，收入增加引起的货币交易需求越多，原因可能和曲线斜度陡峭时相反。

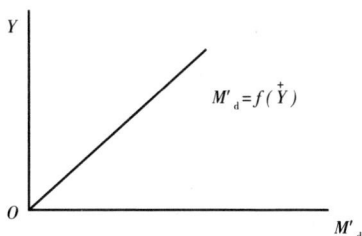

图 5 - 4　货币交易需求与收入的关系

将图 5 -4 的逻辑关系写成函数，则有：

$$M'_d = f(Y) \qquad (f' > 0) \qquad\qquad (5 - 25)$$

式（5-25）中，M'_d 表示货币的交易需求，Y 表示收入，$f'>0$ 表示一阶导数大于 0，即货币的交易需求是收入的增函数。

接下来讨论货币投机需求。在人们的收入总额中，首先要扣除当前消费这一部分（这部分和货币的交易需求相联系），然后是储蓄部分。在现代市场经济中，只要不发生高度通货膨胀，人们的储蓄可以有两种形式：持有货币和持有金融资产（有价证券）。当发生高度通货膨胀时，人们由于担心货币、金融资产迅速贬值，会以贵金属、耐用消费品贮藏自己的财富。这是非正常情形，另当别论。况且，凯恩斯经济学是以短期分析著称的，即假定价格不变。持有货币没有风险，但也没有收益（在凯恩斯的货币理论中，货币是指 M_1 的）。持有金融资产有风险，但有一定的收益。当收入中的储蓄部分一定时，持有货币与持有金融资产就是替代关系。那么，根据什么替代？是持有货币多一点、金融资产少一点，还是相反？显然，在金融资产风险一定时，替代的动机是得到金融资产的收益。因此，金融资产的收益率——市场利率就是替代行为发生的主动力。金融资产的收益率上升，人们就用更多的金融资产替代货币——货币的投机需求下降；金融资产的收益率下降，人们就持有更多的货币而放弃金融资产——货币的投机需求上升。二者的逻辑关系见图 5-5。

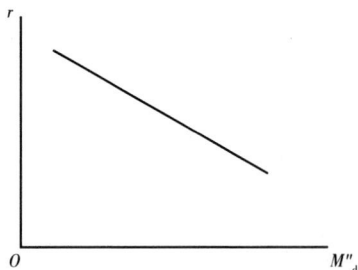

图 5-5　货币投机需求与利率的关系

可见，货币投机需求与市场利率反向变化，即货币投机需求是市场利率的减函数。写成函数形式则有：

$$M''_d = f(r) \qquad (f' < 0) \qquad\qquad (5-26)$$

式（5-26）中，M''_d 表示货币的投机需求，r 表示市场利率，$f' < 0$ 表示一阶导数小于 0，即货币投机需求是市场利率的减函数。

接下来的问题是，凯恩斯的市场利率是什么？从凯恩斯教授的著作《就业、利息和货币通论》中的逻辑来看，市场利率说的是有价证券的收益率。假定某国资产市场上有三种证券 A、B、C，各种证券的数量分别占总量的 A、B、C，收益率分别是 r_A、r_B、r_C。于是，按数量加权平均的市场利率就是：

$$r = ar_A + br_B + cr_C$$
$$(0 < a < 1, 0 < b < 1, 0 < c < 1; 且\ a + b + c = 1)$$

但是，在经济分析过程中，这样去计算市场利率太麻烦了。能不能找一个可以反映市场利率的某种"龙头证券"的收益率替代这个市场利率呢？在《就业、利息和货币通论》中，凯恩斯就是用国库券利率来替代市场利率的。而且，国库券利率也确实可以很好地反映其他金融资产收益率的走势。

我们把"货币交易需求"和"货币投机需求"对应的两个解析几何图形放在一起，分别分析收入变动、利率变动对货币需求总量的影响。图5-6中，L 代表货币交易需求，l 代表货币投机需求，$M_d = L + l$，即货币需求总量。图（a）中，纵轴是市场利率，横轴是货币需求总量。平面上的曲线是货币投机需求曲线。货币投机需求曲线的左端是有界的，这就意味着利率只能上升到某一高度，不能无限上升；同时表明，货币需求量不能小于货币交易需求量，即货币投机需求量不能为负值。货币投机需求曲线的右端拖着一个"流动性陷阱"，我们在后面做专门介绍。图（b）中，纵轴是收入，横轴是货币交易需求量。平面内的曲线是货币交易需求曲线。

首先，当收入是 Y_1 时，如果利率水平是 r_1，则货币交易需求量是 L_1，货币投机需求量是 $l_1 - L_1$，货币需求总量 $M_d = l_1$；当利率上升为 r_2

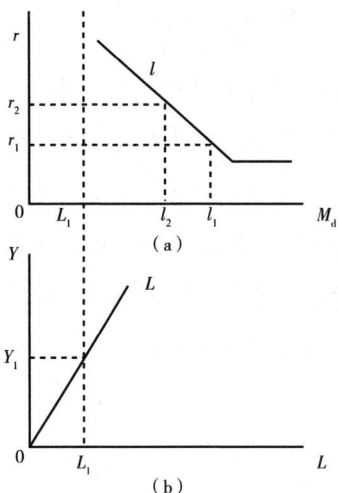

图 5 - 6 收入不变时货币需求与利率的关系

时，货币交易需求量仍是 L_1，货币投机需求量下降为 $l_2 - L_{11}$，货币需求总量 $M_d = l_2$。显然，l_2 小于 l_1，体现了 M_d 与 r 负相关的性质。

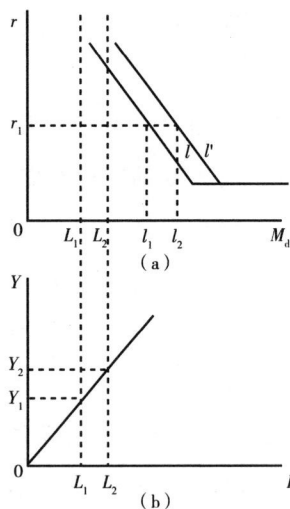

图 5 - 7 利率不变时货币需求与收入的关系

其次，当利率为 r_1 时，若收入提高到 Y_2（见图 5 - 7），货币交易需求为 L_2。由于货币投机需求曲线的左端是有界的，所以，货币投机

需求曲线必须从 l 的位置向右平行移动到 l'（后退的距离为 $L_2 - L_1$）的位置。于是，货币投机需求量为 $l_2 - L_2$，货币需求总量 $M_d = l_2$。显然，l_2 大于 l_1，体现了 M_d 与 Y 正相关的性质。

最后，让收入和利率同时变动，见图 5 - 8。如果 t 时期收入水平为 Y_1，则收入决定了货币交易需求 L_1［见图（b）］。此时，如果利率是 r_1，则货币需求总量 $M_d = l_1$（货币交易需求量是 L_1，货币投机需求量是 $l_1 - L_1$）。若 $t + 1$ 期的收入上升为 Y_2［图（a）中的 l 向右退到 l'］、利率上升为 r_2，则有：货币交易需求增加到 L_2，货币投机需求变为 $l_2 - L_2$，货币需求总量 $M_d = l_2$。

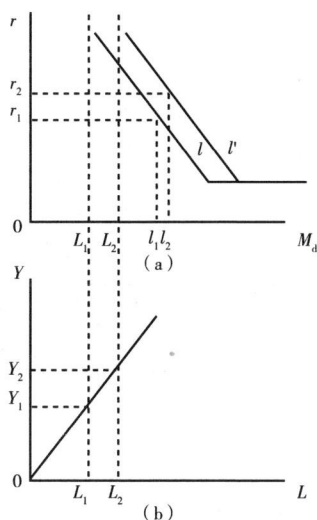

图 5 - 8　收入与利率同时变化时的货币需求量

需要说明的是，l_2 是否一定在 l_1 的右侧（即 l_2 是否大于 l_1），主要取决于两方面的因素：其一，Y、r 的变动方向与幅度；其二，货币交易需求曲线与货币投机需求曲线的斜度。图 5 - 8 中描述的是诸多种情形之一。

综上，货币需求总量可以表述为：

$$M_d = f(Y, r) \tag{5 - 27}$$

为了方便分析，我们将凯恩斯货币需求理论函数简单化——写成线性形式，则有：

$$M_d = aY - br \qquad\qquad (5-28)$$

3. "流动性陷阱"假说

凯恩斯货币需求理论的一个显著特色是"流动性陷阱"假说，即在利率已降至某一不能再降的低水平值的时候，货币需求的利率弹性无穷大。[①]也就是说，在这个利率的"至低"水平上，不管央行向流通中投放多少货币，没有人再愿意持有有价证券，统统宁愿持有货币。用凯恩斯自己的话说，即"流动性偏好"绝对化。如图5-9所示，当利率降至r_0时，货币需求曲线由向右下方倾斜变为与横轴平行。

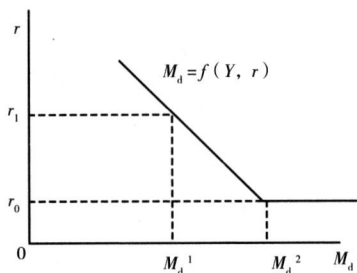

图 5-9 "流动性陷阱"示意

利率r_0点所对应直线的实线部分指的就是著名的"流动性陷阱"。在该实线部分，货币需求的利率弹性为无穷大。在图5-9上，若利率从纵轴的上端的r_1降至r_0，货币需求量则从M_d^1增加到M_d^2，货币需求量在曲线上的点从向右下方倾斜的部分到达与横轴平行的部分。从此，货币需求量的增加与利率无关了。按照凯恩斯的解释，r_0是人们认为已经不能再低的利率。什么意思呢？就是说下一期（要过多久是不好说的）利率就该上升了。于是，人们持有货币，等待利率上升再购买有价证券。

---

① "弹性"是两个变量的变化率之比，这里所说的货币需求的利率弹性就是货币需求的变化率除以利率的变化率。凯恩斯认为，当利率低至r_0时，就不会再低了，即变化率为0。分母为0，则分数值为无穷大。

从这时起，人们不管新获得多少收入，一律以货币形式持有——货币需求对利率的弹性无穷大。

凯恩斯自己也认为这只是一种可能性，经济中未必会出现这种现象。实际上，"流动性陷阱"一词也是凯恩斯之后的学者按其含义命名的，并非凯恩斯提出的概念。但毫无疑问，"流动性陷阱"是凯恩斯理论体系中的重要特色。

凯恩斯提出"流动性陷阱"假说的意图何在呢？显然，凯恩斯的用意在于更为宏观的政策层面：前面曾讨论过，凯恩斯的投资函数指投资额是利率的减函数，即利率越低投资越多。但当利率处于"流动性陷阱"阱口的水平时，如果实际投资仍不旺盛，导致 GDP 水平较低，那么当局用扩大货币供给量的手段企图进一步压低利率，从而使实际投资额上升，是不可能的。因为，无论货币供给增加多少，统统会被弹性无穷大的货币需求所吸收——全部落入陷阱之中，对利率没有任何影响。也就是说，这时的货币政策是无效的。后来的经济学家常说："你可以用绳子拉车，但不可以用绳子推车"。其意义大概在于此。货币政策就是这根"绳子"，当经济过热，实际投资增长过猛时，可以减少货币供给，从而抬升利率，使实际投资的势头降下来——"用绳子拉车"；当利率较低，实际投资仍很低迷时，用扩大货币供给的办法是无效的——"用绳子推车"。那么，怎样才能拉动经济增长呢？凯恩斯教授的药方是财政政策，增加政府支出……

就逻辑推理层面而言，关于"流动性陷阱"假设的解析应该到此结束了。但是，由于国内某些学者用"流动性陷阱"假设对经济实践中某些问题做不很正确的解释，我们不得不对此再费一点口舌。

第一，"流动性陷阱"的本意是指货币（M_1 层次）与有价证券的替代在某一较低利率水平上的停止，是金融资产市场上的事情。在商品市场上，往往有这种情况：由于价格预期下跌，人们便持币伺机，等着进一步下跌时再行购买，从而造成市场低迷。这与"流动性陷阱"绝不是一回事。众所周知，货币具有交易媒介和价值贮藏两种主要功能。

前者主要在商品市场上实现，即在商品市场上价值交换使用价值（纸币条件下）。消费有使用价值的商品（包括服务）是人们生存的基本条件。人们可以多消费、可以少消费、可以将某一部分消费推迟，但就是不能不消费。因此，价值与使用价值的替代是不可以完全停止的。而货币作为价值贮藏手段，却既可以在资产市场上与有收益的资产互相替代，也可以不替代，只要自己认为效用最大即可。是否可以这样说，用货币购买商品和服务与用货币购买有价证券是有本质区别的。

第二，有国内学者撰文，只有在利率为 0 时（可能是"不能再低"的极端），货币需求的利率弹性才能无穷大，即跌入"流动性陷阱"。我们认为，凯恩斯教授的原意是，当市场利率相当低且持续较长一段时间时，投资仍低迷，经济就跌进了"流动性陷阱"。"阱口"利率水平不是唯一的 0 值，应该是一个较低的值，是公众预期不会再低的值。

第三，"流动性陷阱"是一个学术假说，即至今没有得到证实的逻辑推理。我们不建议动辄使用这个术语，因为"公众一致认为不能再低"这种预期确实比较含混，实践中难以把握，"谁也不买证券"就更难实现，美国大萧条时股市"哀鸿遍野、血流成河"，但在股市关闭之前还是有人买证券。

4. 凯恩斯货币需求理论函数与"马歇尔的 k"

我们对凯恩斯的货币需求理论函数稍加变换，就可以看出"马歇尔的 k"的影子。我们把凯恩斯货币需求理论函数的线性方程 $M_d = f(Y, r)$ 和剑桥方程式 $M_d = kPY$ 联立，且取消剑桥方程式的假定，以凯恩斯假定代之。则有：

$$kY = aY - br$$

整理，得：

$$k = a - b \frac{i}{Y} \tag{5-29}$$

其实，通过凯恩斯的货币需求理论函数算出来的货币需求量，依然是收入的一个部分，即 $M_d = kY$。但是，"凯恩斯的 k"不同于"马歇尔的 k"，"凯恩斯的 k"是一个变量。如式（5-29）所示，k 是被 a、b、i、Y 共同决定的，即 k 是个函数。回过头来看，剑桥方程式虽然简单，但 k 的理论意义十分重要，它为后人指出了研究方向，后来的货币需求理论函数其实都是将 k 的影响因素精细化而已。这也许是当年马歇尔和庇古等经济学大师没有料到的。

四　弗里德曼的货币需求理论

1912 年 7 月 31 日，弗里德曼生于纽约的布鲁克林。弗里德曼于 1928 年进入拉哲斯大学学习数学，也选修了一些经济学课程。1932 年，弗里德曼大学毕业，同时获得了布朗大学的数学研究生奖学金和芝加哥大学的经济学研究生奖学金。在犹豫不决时，多亏经济学家阿瑟·伯恩斯和霍默·琼斯的指点，弗里德曼才选择了芝加哥大学。1933 年，弗里德曼获芝加哥大学硕士学位，1946 年获哥伦比亚大学博士学位。从 1948 年起，弗里德曼任芝加哥大学教授，直至 1977 年退休。他曾在美国财政部等政府机构任职，当过尼克松总统的经济顾问委员会委员，1967 年任美国经济学会会长。1980 年 9 月曾来中国访问讲学。

以弗里德曼为领军人物的货币学派与凯恩斯主义的论争盛行于整个经济学领域 30 年之久。凯恩斯掀起了宏观经济思想和政策的"凯恩斯革命"，弗里德曼则掀起了"货币主义的反革命"，并且货币学派逐渐成为现代经济学的主流。由于弗里德曼在货币理论和货币政策以及实证研究方面的杰出贡献，1976 年，瑞典皇家科学院向他颁发了"诺贝尔经济学奖"。

1. 弗里德曼货币需求理论函数的前提假设

1929~1933 年的世界性经济危机、第二次世界大战及战后欧洲复兴等事件先后发生，致使世界经济长时期处于萧条状态，因此，从 1936 年至 20 世纪 50 年代末，是"萧条经济学"——凯恩斯学派的全盛时期。但在这之后，大规模经济萧条现象已经不是世界经济的主题，取而代之的是通货膨胀问题。到 70 年代，简单的通货膨胀又变成了更为复杂的"滞胀"（产出增长停滞与物价上涨相伴共生）。这种经济大环境的变化，导致了货币数量说的复兴。

弗里德曼货币需求理论的前提假设与凯恩斯货币需求理论的前提假设在以下两个方面存在差异。

（1）长期分析，价格起作用，而且对未来的价格预期也起作用。随着欧洲经济的恢复，世界经济有了较大幅度的增长，接近或达到了充分就业的水平。如果仍然按照凯恩斯经济学指导下的财政政策和货币政策行事，则必然有总需求的进一步攀升，其结果只能是"滞胀"——价格上涨显著，经济增长不显著。在长期中，价格变量是变动的，对国民收入是有影响的。在通货膨胀条件下，价格或多或少会影响实际国民收入；在"滞胀"条件下，价格影响名义国民收入。60 年代以来发生的持续通货膨胀，不能不对人们关于下一期的价格预测产生影响。价格预期一定有三种情形：看涨、看跌和不变，前两者都会对人们的支出产生影响，从而对经济产生作用。正如许多经济学家所说，"大多数人预期什么，就会发生什么"。

（2）货币量的层次为 M_2，即包括货币和准货币。与凯恩斯不同，弗里德曼扩大了货币的内涵，将货币定义在了广义货币层次上，即业内人士所说的 M_2。众所周知，货币的定义有许多种，譬如，美联储对货币的定义就不下 6 种。多数经济学家是从纯理论角度，即货币的功能方面来讨论货币定义的。而货币学派则不同，前面说过，弗里德曼认为货币定义应以严格的数量方法来测定。

2. 货币需求理论函数

与古典货币数量论不同的是，弗里德曼使用了全新的逻辑推理和实证分析方法。所以，经济学说史文献将新兴的货币数量论称为"新货币数量论"或"货币主义"，这个以弗里德曼为领军人物的新学说阵营被称为"货币学派"。弗里德曼的理论特色有二：一方面采纳了凯恩斯视货币为一种资产的核心思想，利用这一思想把货币数量论改造成货币需求理论函数；另一方面又基本上肯定货币数量论的长期结论，即长期中货币量变化只能影响物价、名义利率、名义收入等，不能影响就业、实际收入、实际利率和生产率等。

弗里德曼认为，对货币需求的研究首先要掌握正确的方法。他认为货币也是一种商品，甚至说是一种奢侈的商品，因而，人们对货币的需求就同对商品和服务的需求是一样的。按此思路，对货币需求的分析就可以用"消费者选择理论"进行逻辑推理。消费者选择理论认为，消费者在诸多商品之间进行选择时，一般要考虑以下几个因素。

（1）效用。人们之所以要买某种商品，是因为它能给自己带来某种效用。值得注意的是，效用是一种主观评价，因人而异，因此偏好对效用的影响很大。

（2）收入。收入决定人们获得货币的能力，收入水平作为一条预算线，将有限的需求从无限的欲望中分离出来。在收入一定时，人们只能在目不暇接的商品中选择有限的一部分。

（3）机会成本。由于受收入的限制，人们只能购买一部分商品。假定只有两种商品，购买一定数量的 A 就必须放弃相应数量的 B，被放弃的 B，就是购买 A 的机会成本。在收入一定时，人们必须在效用最大、机会成本最小的 A、B 组合问题上有所考虑。

由于货币是一种特殊的"商品"，所以，弗里德曼认为，人们持有货币的数量主要受两类因素的影响。

（1）持有货币的成本。该成本包括直接成本和间接成本两种。直接成本分为两个方面：一是预期损失，如物价上涨时货币的贬值；二是贮藏费用。间接成本就是机会成本。

（2）持有货币的收益。该收益也包括两个方面：一是直接收益，如 M_2 中定期存款所获得的以货币支付的利息、价格下降时货币实际价值的上升等；二是间接的收益，即持有货币带来的交易便利和享受的优惠。一般来说，在持有货币的收益中，间接收益是主要的。这与凯恩斯的"流动性偏好"有些相似。

1956 年，弗里德曼发表了著名论文《货币数量论的重新表述》。在文中，弗里德曼把货币需求理论函数表述得特别数学化；后来，在《美国和英国的货币趋势》一书中，他用简单的符号代替了某些艰涩的数学表达式，简化后的单个财富持有者的货币需求理论函数为：

$$\frac{M_d}{P} = f(Y_r, w, R_m, R_b, R_e, gP, u) \qquad (5-30)$$

式（5-30）中符号的意义和逻辑关系如下。

（1）$\frac{M_d}{P}$为实际货币需求。其中，M_d为名义货币需求，它是因变量，是受自变量决定的；P为价格指数。本来在原先的函数中 P 为自变量，为了实现正常消费或经营，商品和服务的价格越高，所需货币量就应该越多，二者正相关。后来弗里德曼觉得按实际值来分析更好，所以改为实际货币需求量，即从票面额中剔出价格因素，实际货币量也就是购买力概念。

（2）Y_r为实际恒久收入，$Y_r = \frac{Y}{P}$。恒久收入不同于我们经常使用的"统计收入"概念，它是统计收入与"临时收入"的代数和，换言之，恒久收入的统计量是统计收入的几何加权平均值。弗里德曼为什么用恒久收入替代一般的国民收入呢？我们的理解是这样的：在长期中，假定一个人的平均收入水平是月薪 6000 元，他就基本上形成了一个较为稳定的消费支出习惯，因而决定了货币需求量。他不会因某一个月收入偶然地提高或降低而改变自己的消费支出习惯，从而影响货币需求量。譬如，增加了 1000 元，他可能用它购买公债；减少 1000 元，他可能卖出一部分手中的公债，以保证消费支出习惯不变。如果他确信平均收入从此就提高（降低）到了某一新的水平上，他将调整自己的消费支出习惯，从而决定新的货币需求量。这里所说的"平均收入"，大致就是"恒久收入"的含义。恒久收入与货币需求的相关关系如同凯恩斯的收入与货币需求一样，是正数相关的。

（3）w 为人力财富在总财富中的比例，按弗里德曼的思路可以用下式来表示：

$$w = \frac{人力财富}{人力财富 + 物质财富} \approx \frac{收入}{财富}$$

在弗里德曼的货币需求理论函数中，w 与货币需求是什么关系？不知道为什么，弗里德曼没有说明。而且，在货币理论界，对此也无普遍接受的研究结论。

（4）R_m 为货币的预期名义收益率，在其他条件不变时，可以理解为定期存款的预期收益率。这是个新出现的变量，因为它是度量持有货币收益的，所以，它与货币需求之间应该是正相关的。

（5）R_b 是债券的预期名义收益率，R_e 是股票的预期名义收益率。债券和股票的预期收益率上升，意味着持有货币的机会成本加大，理性的经济个体必然要尽可能地减少货币需求量，用有较大预期收益的债券替代；反之则反是。显然，债券和股票的预期收益率与货币需求量负相关。

（6）gP 为预期价格变动率。如果预期物价上升，就意味着下一期货币的购买力将降低。于是，人们势必会减少货币持有量，以其他能保值的资产保值；反之则反是。于是，货币需求与预期价格变动率是负相关的。

（7）u 为影响持有货币效用的其他随机因素，如偏好、与货币有关的制度变化等。显然，由于 u 的随机性，它与货币需求的关系不定。

需要说明，在许多经济学专著中，变量与函数的关系都是用一阶偏导数来表示的。导数是函数在某一点上的变化率，是曲线上该点切线的斜率。这个斜率大于 0 时，自变量与函数同升同降，正数相关；反之，斜率小于 0，自变量与函数反向变动，负数相关。

弗里德曼进一步假定，货币需求理论函数值由实际变量决定，即与衡量货币变量的名义单位完全独立。如果衡量物价、名义收入的单位发生变化，则货币需求也同比例变化。用数学语言描述，即式（5 - 30）对 P 和 Y 是一阶齐次的。略去数学推导，式（5 - 30）可以写成：

127

$$M_\mathrm{d} = f\left(\frac{1}{Y_\mathrm{r}}, w, R_\mathrm{m}, R_\mathrm{b}, R_\mathrm{e}, gP, u\right)Y \tag{5-31}$$

令 $k = f\left(\dfrac{1}{Y}, w, R_\mathrm{m}, R_\mathrm{b}, R_\mathrm{e}, gP, u\right)$，将名义收入写成 PY，代入式

（5 - 31）中，得：

$$M_\mathrm{d} = kPY \text{ 或} \frac{M_\mathrm{d}}{P} = kY_\mathrm{r}$$

货币供给与货币需求事后相等，可以去掉货币需求符号的下标，得：

$$M = kPY \text{ 或} \frac{M}{P} = kY_\mathrm{r}, k = f\left(\frac{1}{Y}, w, R_\mathrm{m}, R_\mathrm{b}, R_\mathrm{e}, gP, u\right) \tag{5-32}$$

令 $V = \dfrac{1}{k}$，代入式（5 - 32）中，则有：

$$M = \frac{1}{V}PY_\mathrm{r}$$
$$MV = PY_\mathrm{r} \tag{5-33}$$

式（5 - 32）简直就是剑桥学派的货币数量方程式。式（5 - 33）与交易方程式几无二致。不过，弗里德曼"新货币数量论"的持币率 k 或货币流通速度 V 已不再是常数，而是一个比较复杂的函数。从 $k = f\left(\dfrac{1}{Y}, w, R_\mathrm{m}, R_\mathrm{b}, R_\mathrm{e}, gP, u\right)$ 可以看出 k、V 与各变量之间的相关关系。

弗里德曼的货币需求理论函数虽然在形式上反映了凯恩斯的影响，但函数的内容则比凯恩斯的流动性偏好理论精密。就一般形式即式（5 - 31）而言，货币需求理论函数基本上被学术界接受，没有什么争论了。但是，弗里德曼运用齐次公式，将货币需求理论函数转换为式（5 - 33）或式（5 - 34），无疑是对古典货币数量论的重建。同时，弗里德曼认为，新货币数量论的 k 或 V 虽与剑桥方程式的 k 及费雪交易方程式的 V 之常数推论有别，但它们基本上是稳定的、可测的函数，甚至"比消费函数或其他主要函数更为稳定"。

在《1867～1960 年美国货币史》一书中，弗里德曼得出了实证研

究结论：在将近 100 年的时段上，美国货币流通速度大致以每年 1% 的速度减慢。将大时段拆分的情况是：1880～1914 年，货币流通速度从 4.97 下降到 1.91；1914～1929 年，货币流通速度无明显变动；1929～1946 年，货币流通速度有所下降；1946 年以后开始回升，但仍低于 1920 年的水平，也低于 1914 年的水平。

对于 V 每年递减 1% 的问题，弗里德曼受到了同行强烈的质疑。后来，弗里德曼本人也承认这一结论是有问题的。

3. 货币需求理论函数的进一步简化

弗里德曼的货币需求理论函数包括的变量多、形式复杂，可以在无损主旨的情况下加以简化。

（1）假定 u 稳定。因为，与货币相关的制度通常是比较稳定的，偏好、习惯等因素也不会轻易改变，所以，u 可以视为一个常量从函数中略去。

（2）由于财富的构成比例 w 在一定时期内也是比较稳定的，它对货币需求的影响不会有显著的变化，所以 w 也可以从函数中删除。

（3）根据一些国家的统计数据，只有在变动幅度很大、持续时间很长时，gP 才会对货币需求量产生显著影响。经验指出，这种情况很少发生。因此，gP 也可以略去。

（4）一般情况下，货币收益率 R_m 仅指定期存款的利率，这个利率通常也不高。如果将定期存款所获利息除以 M_2（$M_1 + D_t$），计算出的利率应该是相当低的。况且，银行利率的变动一般又是相当缓慢的。因此，该变量对货币需求的影响应该是极不显著的，可以略去。

（5）两种金融资产的收益率 R_b、R_e 是受大致相同的因素决定的，二者高度正相关，用一个收益率作变量，完全可以替代另一个收益率和反映它的变动。因此，可以将二者合并，不妨以"市场利率"统称之。若市场利率仍用 i 表示，则有：

$$\frac{M_d}{P} = f(Y_r, i) \tag{5-34}$$

式（5-34）即为弗里德曼货币需求理论函数的最终简化式。

4. 对货币需求理论函数的实证[①]

实证研究要做的工作是，确定函数中各个独立变量的作用。具体说，货币需求对利率的弹性如何；货币需求对收入或财富变动的敏感性如何；货币需求对其他列入货币需求理论函数或未列入货币需求理论函数的变量的依存程度如何；等等。此外，还有一个基本概念的问题，即货币是什么？究竟采用哪个层次上的货币量较为适宜？

除了构造科学的模型和运用正确的计量方法之外，实证研究的先决条件还有，能够获得可靠的统计数据。事实上，若无统计数据，实证研究就根本无法进行。因此，实证研究的数据多得自统计工作比较完备的美国、西欧和日本。

根据货币需求理论函数的简化式即式（5-34），实际货币需求是由实际收入和市场利率两个因素决定的。但是，式（5-34）仅是一般函数形式，需要将它以某种方程形式表示出来。弗里德曼及他所在的货币学派在大量的实证分析中摸索建立了如下方程：

$$\frac{M}{P} = aY_r^b i^c \tag{5-35}$$

式（5-35）是一个幂函数曲线的回归方程，a、b、c 是由回归分析决定的参数。用回归分析方法检验非线性方程有一定困难，可以用对数方法把非线性方程化为线性方程：

$$\ln\frac{M}{P} = \ln a + b\ln Y_r - c\ln i \tag{5-36}$$

式（5-36）是一个二元回归方程，被认为是"近年来货币数量论者通过大量的对货币需求的经验研究所得出的基本公式"。回归系数可用最小二乘法求得。货币学派根据美国 1892～1960 年的统计数据计算出：

[①] 这个小节涉及一些计量经济学的技术，没有这方面基础的读者可略过。

$$\ln a = 3.003 \quad b = 1.394 \quad c = -0.155 \quad R^2 = 0.99$$

将上述回归系数写入方程，有

$$\ln \frac{M}{P} = 3.003 + 1.394 \ln Y_r - 0.155 \ln i \qquad (5-37)$$

式（5-37）中，M 为广义货币 M_2，Y_r 为实际恒久收入，i 为 4~6 个月商业票据利率。式（5-37）表明，Y_r 与 i 的变动可以高度解释（拟合优度 $R^2 = 0.99$）M 的变动，且实际货币需求的收入弹性为 1.394。收入弹性说明，当实际收入提高 1% 时，实际货币需求将提高 1.394%。同时，式（5-37）还说明，实际货币需求的利率弹性为 -0.155，即当利率提高 1% 时，实际货币需求下降 0.155%，几乎无弹性。

不过，对于货币需求的收入弹性，弗里德曼自己也多有修正。1959 年，他认为是 1.8；1970 年，他认为是 1.0~2.0，并将之分为 1.0~1.5 和 1.5~2.0 两段。毋庸讳言，在实证方面，许多学者与弗里德曼乃至货币学派有分歧。

第三节　货币与利率

利率是市场经济中最受关注的经济变量之一，对经济运行具有重大影响。利率是连接资本市场和产品市场的重要纽带，利率是资本价格信号，又是厂商投资时融资的成本，利率是储蓄向投资转化的重要影响因素，在一国宏观经济运行中的作用至关重要。

一　古典利率理论

古典利率理论是对 19 世纪末至 20 世纪 30 年代欧美各种不同利率理论的一种总称。这一理论的特点是：以经济在自由竞争中能够自动达到均衡为基础，强调的是一种自然利率，即实物利率。并且认为，通过利率的自动调节能够使经济趋于并最终达到充分就业状态下的稳定。对古典利率理论发展有影响的经济学家主要有庞巴维克（E. Bohn-Bawerk）、马歇尔（A. Marshall）、庇古（A. C. Pigou）、魏克塞尔（K. Wicksell）、费雪（I. Fisher）等。

古典经济学家都强调实物经济对利率的影响，并从不同角度探求利率水平是如何由资本的供求即储蓄和投资所决定的。正如凯恩斯所说："古典学派向来把利率看作投资需求与储蓄意愿二者趋于均衡之因素。"根据古典利率理论，资本的供给来自储蓄，资本的需求来自投资，所以，利率便由储蓄和投资的均衡点所决定。由此可知，古典利率理论有两个暗含的前提假设：第一，在收入（产量）不变时，储蓄是利率的增函数；第二，在边际利润率不变时，投资是利率的减函数。把储蓄曲线和投资曲线放在同一解析几何平面内，两条曲线的焦点便给出了均衡储蓄、均衡投资和均衡利率（见图 5 - 10）。

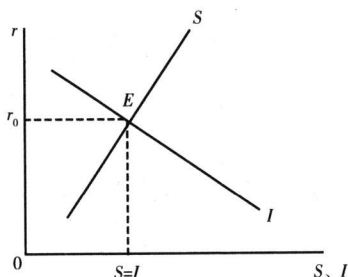

图 5 - 10　古典利率的决定

图 5 - 10 表明，在收入不变和边际利润率不变的条件下，储蓄曲线上只有一个点（E）与投资额相等；同理，投资曲线上也只有一个点（E）与储蓄额相等。于是，两条曲线必然相交于 E 点。横轴上，给出了 $S = I$ 的值，纵轴上给出了均衡利率值 r_0。用方程求解，则有：

$$储蓄方程：S = S_0 + ar$$
$$投资方程：I = I_0 - br$$
$$均衡条件：S = I$$

于是有：

$$S_0 + ar = I_0 - br$$
$$ar + br = I_0 - S_0$$
$$r = \frac{I_0 - S_0}{a + b} \qquad\qquad (5-38)$$

古典利率理论具有以下两个特点。一是讨论的是一种实物利率，即由实物资本的供求所决定的利率。尽管有些经济学家已看到货币因素对实物经济的影响，但还是没有脱离实物利率的概念，其中最具代表性的就是魏克塞尔有关自然利率与货币利率的论述。二是强调利率在经济中的自动调节作用。根据这一理论，储蓄与投资相等是经济稳定的必要条件，如果储蓄与投资不等，那么利率就会出现变动，一直到储蓄等于投资时利率才处于稳定状态。只有在这种情况下，经济才能处于均衡状态。

二　凯恩斯的利率理论

在利率决定的问题上，凯恩斯和其他一些经济学家都看到了古典利率理论的不足，即古典利率理论强调储蓄和投资等实物因素对利率的决定作用，忽视了货币因素的影响。对于古典利率理论的这一缺陷，凯恩斯指出，以前人们没有多大保留地接受这个学说，但这种学说很难准确地解释利率的决定。在指出古典利率理论的不足之后，他建立了自己的货币利率理论。

（一）对古典利率理论的否定

要建立货币的利率理论，首先必须从理论上否定古典利率理论的基础。凯恩斯在其著作《就业、利息和货币通论》中，对古典利率理论提出了质疑。凯恩斯认为，古典学派所用的两个函数——投资与利率函数、储蓄与利率函数（收入一定时），不足以解释利率的决定。同时指出，古典学派的利率理论中的自变量只有两个：投资和储蓄。当投资曲线整个移动时，储蓄曲线可以不变，新利率取决于新投资曲线与旧储蓄曲线的交点。这显然是说不通的。所以，假定收入不变，和假定两曲线之一可以自由移动而不影响另一曲线，是冲突的。他认为，传统分析法之所以错误，是因为它未能正确说明谁是经济体系中的自变量。储蓄与投资都是经济体系中被决定的因素，而不是决定因素。因此，他否定了储蓄和投资决定利率的理论。

对于利率取决于资本边际效率这一古典利率理论的核心问题，凯恩斯也从根本上加以否定。凯恩斯认为，虽然资本边际效率与利率之间有一定的关联，在一般情况下，投资也取决于资本边际效率与利率的相互关系，但这并不足以构成利率的决定。古典利率理论想从资本的边际效率推得利率，则犯了循环推理之错误，因为资本的边际效率取决于当前投资的数量，而若想计算当前投资量，则必须先知道利率。可以说明的只是新投资的产出量必须达到某一点，使得资本边际效率等于利率；资本边际效率表能告诉我们的，不是利率将定于哪一点，而是设利率为已知，新投资的产量将可达到哪一点。因此，资本边际效率本身并不就是现行的利率。假定使用借来的款项从事新的投资，那么资本边际效率反映的是借款者愿意支付的代价，利率则是贷款者提供资本所要求的条件，资本边际效率等于利率不能从根本上说明利率是如何决定的。

凯恩斯还认为，利率应该属于货币经济范畴，而不是如古典利率理论所述的属于实物经济范畴。他说，自己之所以对马歇尔利率理论大惑不解，是因为利息这一概念应属于货币经济范围，故不应当出现在马歇尔的著作中。他还认为，古典学派有两套利率，在价值论中是一套，在货币论中又是一套。他们显然认识到了存在的矛盾，并设法进行调和，然而非但不能自圆其说，反而弄得糟不可言。其实古典学派也承认，当货币数量增加时，利率至少在短时期内有降低之趋势，然而他们没有去寻找根源，也未能解释为什么货币数量的变动会影响投资需求，或影响收入不变条件下的储蓄量。

（二）货币利率理论的建立

凯恩斯在否定了古典利率理论之后，建立了货币利率理论。凯恩斯认为，利息完全是一种货币现象，其数量的大小，即利率之高低应由货币供求所决定。在凯恩斯看来，货币是一种特殊形式的资产，是财富的真正代表，就如人们以债券、股票等资产的形式持有财富一样。但与其他金融资产相比，货币具有最小的风险和最大的流动性，因为货币为整个社会所接受，可随时转化为其他商品。正是由于货币的这一特点，人们在选择持有财富的形式时，对货币的流动性有一种偏好。凯恩斯进一步认为，由于货币供给量有限，人们要取得货币就必须支付一定的报酬，这一报酬就是利息，是对人们在一定时期内放弃持有货币的一种补偿。由此凯恩斯得出结论：利率是由货币数量和流动偏好这两个因素所决定，即利率取决于货币的供求。

在凯恩斯利率决定理论的基础上，凯恩斯学派经济学家表述了货币供求决定利率的基本内容。如图 5 – 11 所示，横轴和纵轴分别表示货币供求和利率，货币供给曲线为 M_s，由货币当局所决定，所以表现为垂直于横轴的线。货币需求 $M_d = L_1 + L_2$，表现为一条向右下方倾斜的曲线，利率则由直线 M_s 和曲线 $M_d = L_1 + L_2$ 的交点所决定。

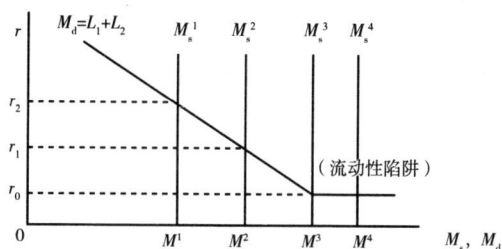

图 5 – 11　凯恩斯学派的利率决定

图 5 – 11 表明，利率高低可由货币当局控制，因为货币当局可以控制货币供给量。在"流动性陷阱"出现之前，货币供给越是宽松，利率越是下降。如货币供给曲线从 M_s^1 右移到 M_s^2 的位置，市场上货币量由 M^1 扩大到 M^2，均衡利率就从 r_2 下降到 r_1。若货币当局继续扩大货币供给量，货币供给曲线右移到 M_s^3 的位置，市场利率则下降到 r_0 的水平

上，这就是前面讨论过的"流动性陷阱"的"陷口"利率，按照凯恩斯理论的解释，货币供给量将不再对利率产生影响。如货币供给曲线右移至 M_s^4 的位置时，利率水平依然是 r_0，新增货币供给全部被货币需求所吸收，货币供给曲线继续右移仍是如此。

从图 5 – 11 可以看出，凯恩斯学派认为货币供给是外生的，是一国货币当局可以掌控的变量。既然货币当局可以掌控货币供给量，货币供给又可以改变利率水平，因此，可以说凯恩斯学派认为货币政策在宏观经济调控时是有效的。只是当"流动性陷阱"出现时，货币政策才无效。看来，凯恩斯学派对先前凯恩斯摒弃货币政策的思路做了适当修正。这也不奇怪，在凯恩斯写《就业、利息和货币通论》的时候，英国美国刚刚放弃金本位制，不兑现的纸币制度刚刚实行不久，当时中央银行掌控货币供给的手段有限，经验也不够。因此，凯恩斯也有理由轻视货币政策。

根据图 5 – 11 的逻辑，可以写出凯恩斯学派的利率决定方程。已知货币需求方程为 $M_d = aY - br$，且货币供给 M_s 由货币当局决定，当货币供求相等时，则有：

$$M_s = M_d = aY - br$$
$$r = \frac{a}{b}Y - \frac{1}{b}M_s \qquad (5 - 39)$$

三　对凯恩斯货币利率理论的批评

凯恩斯的《就业、利息和货币通论》出版以后，经济学界就其货币利率理论展开了激烈的争论。持反对观点的一些经济学家认为，凯恩斯的货币利率理论把利率仅仅看作一种货币现象，忽视了利率决定的实际因素，这是一个最大的缺陷。他们指出，魏克塞尔是第一个把货币因素引进利率理论的经济学家，但凯恩斯则走向了极端。于是，他们把凯恩斯的货币利率理论称作"前古典的重商主义的理论"。这些经济学家还指出，凯恩斯的货币利率理论脱离实际金融市场的情况，因为他把金融资产仅仅归结为对货币和债券的选择，即人们在利率下降时通过出售债券而持有更多的货币，在利率上升时则用货币来购买债券。其实现实的金融市场远非如此。此外，用流动性偏好来解释利率的决定也存在不足，因为在实际生活中，人们以定期存款或短期国库券形式持有资金，不仅能获得利息，而且具有流动性，这显然与凯恩斯所认为的利息是放弃流动性的报酬不符。

对于利率究竟会处于哪个水平，有些经济学家认为，凯恩斯的货币利率理论同古典利率理论一样，并没有确切的答案。因此，其利率的决定也是不确定的。他们指出，凯恩斯主张利率由货币数量和流动性偏好所决定，但就每一个收入水平都可画出一条流动性偏好曲线，除非收入水平已知，否则货币供求无法确定利率水平。对此，汉森认为，凯恩斯对古典理论的批评，其实同样适用于他自己的理论。

第六章 宏观经济运行：国民收入的决定过程

国民收入决定与宏观经济运行是宏观经济分析的核心问题，也是凯恩斯经济学最精彩的部分，前面各章可视为本章的铺垫，本章则进入经济学最为关注的问题。在本章中，我们将按上位前提假设来讨论题目中的问题。首先，按照凯恩斯经济学暗含的假设"需求约束型经济"进入国民收入的决定模型。然后，再把上位前提假设换成"供给约束型经济"，分析一下经济史中的宏观经济运行（也不排除现在也有某些国家处于供给约束型经济态势之下）。值得注意的是，在需求约束型经济中，我们按照凯恩斯经济学的约定——短期内价格不变来做逻辑分析；而在供给约束型经济中，我们将把分析时段放宽到长期。

第一节 需求约束型经济的国民收入决定简单模型

短期内国民收入是怎样决定的，怎样才能让总产出从萧条的低迷或负增长中恢复上来，是当年凯恩斯在《就业、利息和货币通论》一书中一定要回答的问题。这大概也是凯恩斯经济学被誉为"萧条经济学"的原因。因此，以凯恩斯经济学为基础的宏观经济学以分析短期内国民收入决定见长，并将分析到此为止。本书后面的长期中经济周期和经济增长问题分析已经不属于凯恩斯经济学了，其他宏观经济学教科书也是这样做的章节安排。本节有一个概念需要说明，即"简单模型"。简单模型的含义是，只讨论产品市场，不涉及货币市场（资本市场）。我们再次强调，短期内价格不变，收入是变化的。

一　四部门国民收入决定简单模型

一般的教科书都是从两部门假定开始的，我们考虑到第二章所述国民收入核算中已经做了类似的讨论，本章就略去两部门和三部门不切实际的技术性假定，直接进入四部门分析，这可节约纸张和时间。

从第二章知道，四部门的总需求可表述为：$AD = C + I + G + X - M$ 或 $AD = C + I + G + NX$。而且，当上位前提假设为需求约束型经济时，则意味着经济中的产能巨大，覆盖总需求之后还有富余。也就是说，究竟生产多少是取决于总需求的。短期内，只要总需求的各个部分或某几部分增长，就会有国民收入（GDP）的增长。现在逐个讨论四个部门的线性方程。

前面分析过消费的线性方程（为方便起见，方程中的自变量系数一律用自变量的小写字母表示）：

$$C = C_0 + cY_d \qquad\qquad (6-1)$$

式（6-1）中，C_0 为自发消费，Y_d 为可支配收入。可支配收入可以表述为：

$$Y_d = Y - T + TR \qquad\qquad (6-2)$$

式（6-2）中，T 表示税额，TR 为转移支付。其中，税收额可以表述为：

$$T = T_0 + tY \qquad\qquad (6-3)$$

式（6-3）中，T_0 表示固定税额，t 表示比例税率，即 tY 为比例税额。

政府购买 G 和转移支付 TR 主要受政策影响，在本模型中是外生变量，不设函数。凯恩斯经济学的投资函数中只有市场利率一个自变量，因为简单模型不涉及货币市场，所以投资 I 也不展开分析。在简单模型中，出口视为外生变量，也不展开。但是要知道，出口函数一般为：

$$X = f(Y_f, e, Tx) \tag{6-4}$$

式（6-4）中，Y_f 表示外国国民收入，e 表示汇率，Tx 表示出口关税。因为简单模型没有涉及开放经济分析部分（如，对外国经济走势和汇率等问题的分析），出口 X 不展开，如果研究确有需要可参考这个函数。

进口 M 和出口略有不同，因为进口影响因素中涉及随本国收入增长进口量增长的问题，即边际进口倾向。所以，进口表述为一个残缺的方程式：

$$M = M_0 + mY \tag{6-5}$$

式（6-5）中，M_0 为自发进口，即不得不进口的部分；m 为边际进口倾向，即国民收入增长 1 个单位时，进口增长的单位数（一般为数额比较小的小数）。之所以说这个方程是"残缺不全"的，是因为我们曾在第一章提及，影响进口的主要变量还有汇率、关税等。同出口一样，因为没有涉及开放经济分析，暂不涉及这两个变量。

现在，我们把式（6-1）和式（6-5）代入总需求等式，得（需求约束型经济中总产出被迫适应总需求，即 $Y = AD$）：

$$Y = C_0 + cY_d + I + G + X - (M_0 + mY) \tag{6-6}$$

把式（6-2）代入式（6-6），得：

$$Y = C_0 + c(Y - T + TR) + I + G + X - (M_0 + mY) \tag{6-7}$$

把式（6-3）代入式（6-7），得：

$$Y = C_0 + c(Y - T_0 - tY + TR) + I + G + X - (M_0 + mY)$$
$$Y - cY + ctY + mY = C_0 - cT_0 + cTR + I + G + X - M_0$$
$$Y(1 - c + m + ct) = C_0 - cT_0 - M_0 + cTR + I + G + X$$
$$Y = \frac{1}{1 - c(1 - t) + m}(C_0 - cT_0 - M_0 + cTR + I + G + X) \tag{6-8}$$

式（6－8）就是需求约束型经济中国民收入决定的逻辑表达式，记住这个表达式的前提假设——需求约束型经济。经济史研究的时空大多是短缺经济，这个逻辑不适用，切勿生搬硬套。

式（6－8）中，括号内符号为正的变量都正向影响国民收入，TR、I、G、X、C_0 的数额加大，就意味着国内厂家的订单增加，产能覆盖这些订单没有问题，国民收入必然增长；符号为负的变量加大，如 T_0 和 M_0，则意味着国内厂商的订单量变少，国民收入反向变动。在括号前的分式中，分子为 1，分母有三个参数，边际消费倾向、比例税率和边际进口倾向。c 的符号为负，且通常为小于 1 的值，于是，c 越大分母分数值越小，c 正向影响国民收入。整理之后，t 的符号为正，t 越大分数值越大，t 负向影响国民收入。m 的符号为正，即 m 越大分数值越大，因此，m 负向影响国民收入。

再次强调，用第一章讨论的术语表述，"如果"是需求约束型经济，"那么"式（6－8）成立；"如果"消失了，"那么"就会不存在。

二　乘数原理

1931 年 6 月，当时身份还是剑桥大学学生的卡恩在英国《经济学杂志》上发表了《国内投资与失业》这一著名论文。卡恩的论文研究政府公共工程支出与就业量之间的关系，首次提出了"就业乘数"概念。凯恩斯沿用了卡恩乘数概念中的逻辑，对国民收入决定之各个因素做了乘数分析。

国民收入乘数说的是，各影响因素分别变动 1 个单位时（假定其他因素不变），国民收入不是简单跟随变动 1 个单位，而是以大于 1 的倍数增长，而这个倍数就是国民收入乘数。和对国民收入决定因素的讨论一样，我们略去两部门和三部门的讨论，直接进入四部门。

（一）投资乘数

设 t_1 年的投资额为 I_1，t_2 年的投资额为 I_2。根据式（6－8）得：

$$Y_1 = \frac{1}{1 - c(1 - t) + m}(C_0 - cT_0 - M_0 + cTR + I_1 + G + X)$$

$$Y_2 = \frac{1}{1 - c(1 - t) + m}(C_0 - cT_0 - M_0 + cTR + I_2 + G + X)$$

Y 的增量 $\Delta Y = Y_2 - Y_1$，I 的增量 $\Delta I = I_2 - I_1$。于是有：

$$Y_2 - Y_1 = \frac{1}{1 - c(1 - t) + m}(I_2 - I_1)$$

$$\Delta Y = \frac{1}{1 - c(1 - t) + m}\Delta I$$

$$\frac{\Delta Y}{\Delta I} = \frac{1}{1 - c(1 - t) + m}$$

由于投资乘数 $k_I = \frac{\Delta Y}{\Delta I}$，于是：

$$k_I = \frac{1}{1 - c(1 - t) + m} \qquad (6-9)$$

（二）政府购买乘数

设 t_1 年的政府购买为 G_1，t_2 年的政府购买为 G_2。根据式（6-8）可得：

$$Y_1 = \frac{1}{1 - c(1 - t) + m}(C_0 - cT_0 - M_0 + cTR + I + G_1 + X)$$

$$Y_2 = \frac{1}{1 - c(1 - t) + m}(C_0 - cT_0 - M_0 + cTR + I + G_2 + X)$$

Y 的增量 $\Delta Y = Y_2 - Y_1$，G 的增量 $\Delta G = G_2 - G_1$。于是有：

$$Y_2 - Y_1 = \frac{1}{1 - c(1 - t) + m}(G_2 - G_1)$$

$$\Delta Y = \frac{1}{1 - c(1 - t) + m}\Delta G$$

$$\frac{\Delta Y}{\Delta G} = \frac{1}{1 - c(1 - t) + m}$$

由于政府购买乘数 $k_G = \frac{\Delta Y}{\Delta G}$，于是：

$$k_G = \frac{1}{1 - c(1 - t) + m} \qquad (6-10)$$

（三）转移支付乘数

设 t_1 年的转移支付为 TR_1，t_2 年的投资额为 TR_2。根据式（6-8）可得：

$$Y_1 = \frac{1}{1 - c(1-t) + m}(C_0 - cT_0 - M_0 + cTR_1 + I + G + X)$$

$$Y_2 = \frac{1}{1 - c(1-t) + m}(C_0 - cT_0 - M_0 + cTR_2 + I + G + X)$$

Y 的增量 $\Delta Y = Y_2 - Y_1$，TR 的增量 $\Delta TR = TR_2 - TR_1$。于是有：

$$Y_2 - Y_1 = \frac{c}{1 - c(1-t) + m}(TR_2 - TR_1)$$

$$\Delta Y = \frac{c}{1 - c(1-t) + m}\Delta TR$$

$$\frac{\Delta Y}{\Delta TR} = \frac{c}{1 - c(1-t) + m}$$

由于转移支付乘数 $k_{TR} = \dfrac{\Delta Y}{\Delta TR}$，于是：

$$k_{TR} = \frac{c}{1 - c(1-t) + m} \tag{6-11}$$

（四）出口乘数

设 t_1 年的出口额为 X_1，t_2 年的出口额为 X_2。根据式（6-8）得：

$$Y_1 = \frac{1}{1 - c(1-t) + m}(C_0 - cT_0 - M_0 + cTR + I + G + X_1)$$

$$Y_2 = \frac{1}{1 - c(1-t) + m}(C_0 - cT_0 - M_0 + cTR + I + G + X_2)$$

Y 的增量 $\Delta Y = Y_2 - Y_1$，X 的增量 $\Delta X = X_2 - X_1$。于是有：

$$Y_2 - Y_1 = \frac{1}{1 - c(1-t) + m}(X_2 - X_1)$$

$$\Delta Y = \frac{1}{1 - c(1-t) + m}\Delta X$$

$$\frac{\Delta Y}{\Delta X} = \frac{1}{1 - c(1-t) + m}$$

由于出口乘数 $k_X = \dfrac{\Delta Y}{\Delta X}$，于是：

$$k_X = \frac{1}{1 - c(1 - t) + m} \qquad (6 - 12)$$

（五）自发消费乘数、自发进口乘数和固定税乘数

和前面的推导过程一样，可以得到：

$$\text{自发消费乘数}\ k_{C_0} = \frac{1}{1 - c(1 - t) + m} \qquad (6 - 13)$$

$$\text{自发进口乘数}\ k_{M_0} = \frac{-1}{1 - c(1 - t) + m} \qquad (6 - 14)$$

$$\text{固定税乘数}\ k_{T_0} = \frac{-c}{1 - c(1 - t) + m} \qquad (6 - 15)$$

（六）平衡预算乘数

从前面的推导可以看出，政府购买增加，可以使国民收入成倍增长；固定税增加，可以使国民收入成倍下降。如果固定税增加额和政府购买增加额相等——预算平衡，国民收入会如何变动呢？以固定税为例，我们做个讨论。

符号代表的意义和前面一样，从式（6-8）可以得到：

$$\Delta Y = \frac{1}{1 - c(1 - t) + m}(\Delta G - c\,\Delta T_0)$$

由于题设 $\Delta G = \Delta T_0$，等式两端同除以 ΔG（或 ΔT_0），得：

$$\frac{\Delta Y}{\Delta G} = \frac{1 - c}{1 - c(1 - t) + m}$$

由于平衡预算乘数 $k_B = \dfrac{\Delta Y}{\Delta G}$，于是：

$$k_B = \frac{1 - c}{1 - c(1 - t) + m} \qquad (6 - 16)$$

式（6-16）表明，平衡预算条件下的政府购买也是可以拉动国民收入的。当然，平衡预算乘数小于不加税只增减政府购买支出时的乘数。

第二节　需求约束条件下的宏观经济
运行：IS-LM 模型

上节的各种乘数说明，在需求约束型经济条件下的宏观经济运行中，政府可以动用政策手段调控经济，使国民收入向合意的数量靠近。本节先来讨论一下包括产品市场和货币市场的宏观经济运行的基本逻辑，然后再来考察政府调控经济的主要政策手段；最后，讨论一下政府调控经济的空间大小。

在凯恩斯经济学中，IS-LM 模型是最重要的原理，本节之前的各章节内容几乎都是在为 IS-LM 模型做铺垫。IS-LM 模型不是凯恩斯本人提出的，而是凯恩斯学派的智慧，具体来说，是英国经济学家希克斯和美国经济学家汉森共同做出的。因此，IS-LM 模型又称为"希克斯－汉森模型"。

一　产品市场均衡：IS 曲线

产品市场均衡，说的是最终能有多少产品卖出去，经济学上把产品卖出去称为"实现"。也就是说，在产能巨大的条件下，产品市场均衡的问题实际上是厂商生产多少产品才能全部实现的问题。显然，这个全部实现的数量是多少不取决于厂商，而是取决于总需求，即通常所说的买方市场。

为分析方便，以两部门经济为例。居民向厂商提供劳动得到收入后，将收入分解为消费和储蓄两部分。消费是买了产品自不待言，而储蓄则是有对应的产品无法实现。这就需要厂商借用储蓄来投资，从而实现产品市场均衡。但是，储蓄和投资是居民和厂商分别决定的，数量就一定会相等吗？前面我们说过一个重要概念——生产是逐日进行的，当投资小于储蓄时，部分产品无法实现，"明天"厂商就会减少产量。接下来，国民收入就会下降，储蓄就会减少，直到储蓄等于投资，产品市场就实现了均衡，且不管这个均衡产量是不是令人满意的。如果投资大于储蓄，会有供不应求的局面出现（这在需求约束型经济中不多见），厂商会增加产量，储蓄会增加，直至储蓄等于投资。

要记住这个重要的逻辑结论：不论一个时段开始时投资和储蓄的力量对比如何，在一个时段终了时，储蓄最终会等于投资。在需求约束型经济中，储蓄等于投资是两部门假设下的重要概念，宏观经济学把储蓄等于投资称为"均衡条件"。

前面讨论过，凯恩斯经济学认为，储蓄是收入的函数，投资是市场利率的函数。将两个函数都写成线性方程，先看储蓄方程：

$$S = S_0 + sY \tag{6-17}$$

式（6-17）中，S_0 表示自发储蓄，s 表示边际储蓄倾向。解析几何工具的逻辑表述见图 6-1。

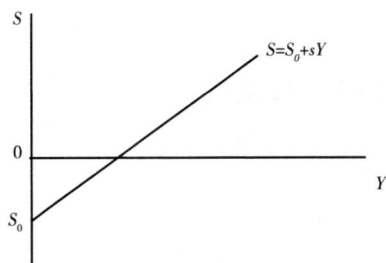

图 6-1　储蓄是收入的函数

接下来，再看投资方程：

$$I = I_0 - bi \tag{6-18}$$

式（6-18）中，I_0 表示自发投资，b 为待定参数，是投资对市场利率的敏感程度，i 表示市场利率。解析几何工具的逻辑表述见图 6-2。

本节刚刚讨论过，储蓄等于投资是产品市场的均衡条件，即：

$$S = I \tag{6-19}$$

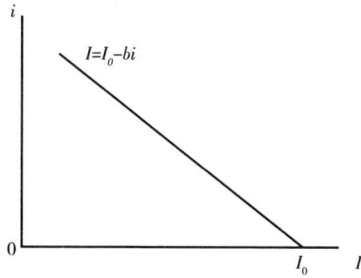

图 6 - 2　投资是市场利率的函数

式（6 - 19）的解析几何逻辑见图 6 - 3。

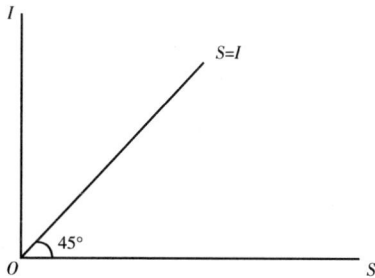

图 6 - 3　储蓄等于投资

图 6 - 3 表明，储蓄等于投资的曲线是一条从原点射出的 45°线，线上所有的点到两个轴的距离相等。

现在，做一个四象限解析几何图，4 个半轴按逆时针方向依次表示 Y、i、I、S，从几何原点射出的 4 个半轴符号均为正。然后，把图 6 - 1、图 6 - 2 和图 6 - 3 放置在相应的象限内（见图 6 - 4）。由于图 6 - 4 第二象限的横纵二轴的经济学意义为投资和市场利率，所以，可以把投资函数放在这里；第四象限横纵二轴为国民收入和储蓄，可以把储蓄放在这里；第三象限的横纵二轴为投资和储蓄，正好放置均衡条件曲线。我们将在第一象限推导出 IS 曲线。

我们现在讨论的是产品市场，首先要找到产品市场上的某个外生变

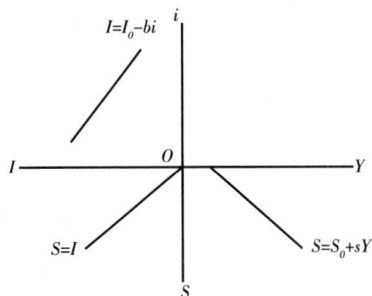

图 6-4 四象限几何图中各方程（曲线）的位置

量，即这个变量是在产品市场之外决定的，对于产品市场来说是既定的、已知的、只能接受的。然后，让这个外生变量开始变化，从而产品市场上的其他变量先后被决定。显然，这个外生变量就应该是市场利率，因为它是在货币市场上决定的，产品市场只能接受。

如图 6-5 所示，给 i 一个值 i_1，通过投资曲线，可以在 I 轴上得到一个投资额 I_1。在第三象限上，通过均衡条件曲线可知，必须有与投资额等量的 S_1 保证投资实现。在第四象限内，通过储蓄曲线可知，能有 S_1 储蓄的国民收入是 Y_1。于是，在第一象限就得到了一个点 A。

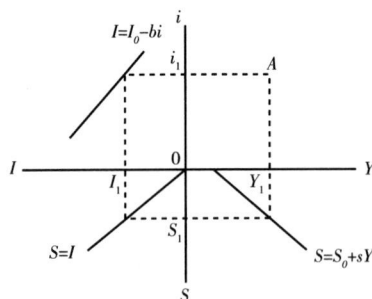

图 6-5 IS 曲线的四象限推导 A

现在看图 6-6，让市场利率下降到 i_2，于是，可以得到 I_2、S_2 和 Y_2。在第一象限上，又得到了一个点 B。用同样的方法，可以在第一象

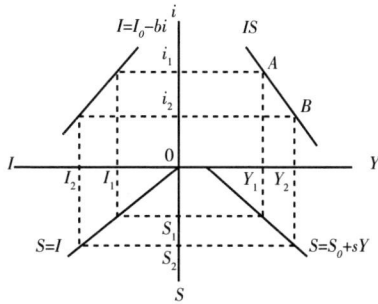

图 6 - 6 IS 曲线的四象限推导 B

限得到有限多个满足均衡条件的点。但是，做一条直线，有两个点就够了。用一条平滑的曲线把 A 和 B 两个点连接起来，就得到了 IS 曲线。IS 曲线上的所有点都是满足储蓄等于投资的 i 和 Y 的组合，不在 IS 曲线上的任何点都是不稳定的，市场力量最终会使它移动到 IS 曲线上。

现在推导 IS 曲线方程。根据式（6 - 17）、式（6 - 18）和式（6 - 19），得：

$$S_0 + sY = I_0 - bi$$

整理，得：

$$Y = \frac{I_0 - S_0}{s} - \frac{b}{s}i \qquad (6 - 20)$$

式（6 - 20）是 IS 曲线的标准方程。从市场利率 i 的系数观察，IS 曲线的斜度与边际储蓄倾向和投资对利率的敏感性有关。边际储蓄倾向越大，利率下降促使的国民收入增加越少；投资对利率越敏感，利率下降促使的国民收入增加越多。

本节讨论的是最简单的两部门假设下的 IS 曲线，当需要四部门 IS 曲线方程时，可以把政府和进出口部门各变量代入式（6 - 20）中，请读者自己试着推导一下，不再赘述。这里要强调的是，由于 IS 曲线是用平面解析几何方法画出的图形，自变量只有 i，所以，四部门的 IS 曲线方程虽然复杂些，但几何图形的形状与两部门的基本一致，其他变量都归入了截距项，只是 i 前的系数有一定变化，斜度会有所不同。

二 货币市场均衡：LM 曲线

在产品市场均衡的讨论中，外生变量是市场利率。我们只是提到市场利率是在货币市场决定的，那么，市场利率是怎样决定的，上一节没有涉及。在第五章中，我们讨论过凯恩斯主义的货币利率理论，其核心思想就是货币供给和货币需求共同决定利率。当货币供给大于货币需求时，社会公众会用货币替代有价证券，压迫有价证券收益率不断下降（证券价格上升）；当货币供给小于货币需求时，社会公众少买证券，甚至卖出证券满足货币需求，推动有价证券收益率上升（证券价格下降）；直至货币供求相等时，均衡利率就被决定了。本节的 LM 曲线，实际上就是第五章中凯恩斯货币需求理论函数的浓缩版。

凯恩斯认为，纸币制度下，货币供给量是货币当局决定的，用 $\overline{M}_s$ 表示。将货币需求理论函数分为两个部分：货币的交易需求和货币的投机需求。即：

$$M_d = M'_d + M''_d = f(Y) + f(i) \qquad (6-21)$$

式（6-21）中，M'_d 表示货币的交易需求，M''_d 表示货币的投机需求，二者之和为货币需求总量。

货币市场均衡条件为：

$$M_s = M_d \qquad (6-22)$$

和 IS 曲线一样，现在用四象限的解析几何方法表达式（6-21）和式（6-22）的逻辑。图 6-7 的 4 个半轴按逆时针方向依此表示国民收入、市场利率、货币投机需求和货币交易需求，从原点射出的 4 个半轴符号均为正。按各个半轴的经济学意义，可以把投机需求函数放在第二象限，把交易需求函数放在第四象限，把货币市场均衡条件曲线放在第三象限，在第一象限推导出 LM 曲线。

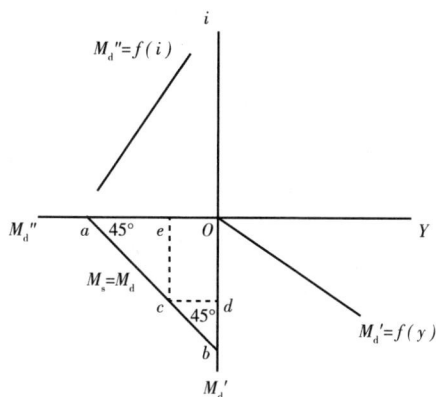

图 6 - 7 四象限几何图中的货币供求函数（曲线）

货币投机需求是市场利率的减函数，第二象限的货币投机需求曲线是负斜率的。货币交易需求是收入的增函数，第四象限的货币交易需求曲线是正斜率的。这两个象限的图形没有问题，而第三象限则需要多说几句。第三象限的均衡条件曲线与两个轴相交于 a 点和 b 点，交点处均为 45°角，图形 oab 是一个以原点为顶点的直角等腰三角形。两个轴为腰，均衡条件曲线为底边。oa 等于 ob 等于 M_d 总量。也就是说，当货币投机需求为 0 时，货币需求总量都是货币交易需求，等于 ob；当货币交易需求为 0 时（事实上不可能），货币需求总量都是货币投机需求，等于 oa。等腰三角形的两腰相等，即 $oa = ob$ 等于 M_d。但这两种情况显然都是极端现象，事实上货币需求被分割为交易需求和投机需求两个部分，其分割点在三角形底边 ab 上游动。c 是底边上任意一点，回忆一下中学学过的平面几何课中有个定理：直角等腰三角形底边上任意一点，到两个腰的距离之和等于腰长。也就是说，$ce + cd = oa = ob$。[①] 由于 c 点是任意

---

① 我们简单证明一下：

∵　　ce 是小直角等腰三角形 aec 的腰

∴　　　$ce = ae$

又∵　　cd 和 eo 是矩形 $oecd$ 的对边

∴　　　$cd = eo$

∴　$ce + cd = oa = ob = M_d = M_s$

点，因此，曲线 ab 上的所有点都满足 $M_d = M_s$ 这个重要的均衡条件。

现在取消图 6 - 7 上的多余线段和符号，推导 LM 曲线（具体见图 6 - 8）。

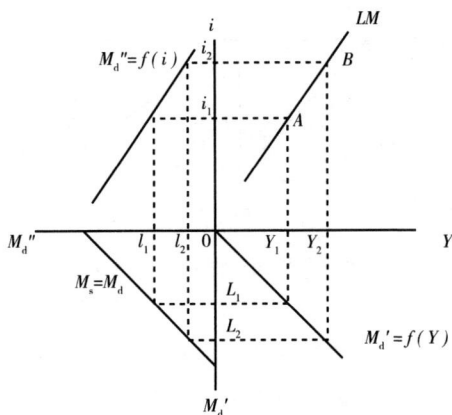

图 6 - 8   LM 曲线推导

在货币市场上，要首先找到一个在货币市场以外决定的外生变量。让这个外生变量首先变动，从而决定货币市场的其他变量。显然，国民收入是在产品市场决定的，它是货币市场的外生变量。

给定一个 Y_1 点，通过第四象限的曲线则可得到货币交易需求量 L_1。由于货币供给量既定，除去满足交易需求的货币，剩下的便是货币投机需求 l_1。通过货币投机需求曲线可知，市场利率为 i_1。于是，在第一象限就得到了一个点 A。同理，给定 Y_2，可以在第一象限得到 B 点。用同样的方法，可以在第一象限得到有限多个满足货币供给等于货币需求的 Y 和 i 组合的点。做一条直线，有两个点就够了，现在用一条平滑的直线将 A 点和 B 点连接起来，就得到了 LM 曲线。

LM 曲线上的所有点都满足货币需求等于货币供给这一均衡条件，都是稳定的。第一象限内不在 LM 曲线上的点都不满足这个条件，都不稳定，最终将移动到 LM 曲线上。现在把图 6 - 8 的第一象限分离出来，单独讨论这个问题。

图 6 – 9 表明，不在 *LM* 曲线上的点 *a* 对应着市场利率 i_2，但是，*LM* 曲线上保持 i_2 稳定的国民收入是 Y_2，而 *a* 点的横坐标是 Y_1。从图上看，Y_1 小于 Y_2，于是，*a* 的货币需求就小于均衡点 *b* 的货币需求。由于货币供给既定，就产生了超额货币供给，社会公众就会用这部分超额货币去买证券，使得证券价格上升，利率下降，一直下降到 i_1，即 *a* 点移动到了 *LM* 曲线上的 *c* 点，货币需求等于货币供给，利率方可稳定。如果 *a* 点处于 *LM* 曲线的右下方，同样也会最终移动到 *LM* 曲线上，请读者自己分析。提示一点，曲线右下方任一点的货币需求都大于均衡货币需求，即大于货币供给。

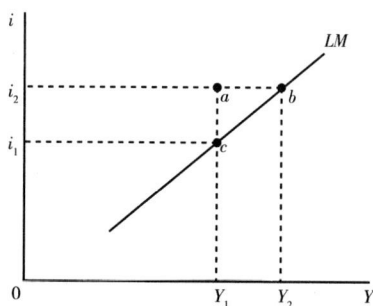

图 6 – 9　不在 LM 曲线上的点的不稳定性

根据式（6 – 21）和式（6 – 22），可以得到 LM 曲线方程：

$$\overline{M}_s = M_d = f(Y) + f(i)$$

写成线性方程，得：

$$\overline{M}_s = aY - ei$$

整理，得：

$$i = -\frac{1}{e}\overline{M}_s + \frac{a}{e}Y \tag{6 – 23}$$

式（6 – 23）是 LM 曲线的标准方程，曲线的斜率与货币需求方程式中两个变量的参数有关。曲线在平面上的位置（方程截距项）取决于货币供给量，货币供给量越大，曲线越向右下方移动，使得同一国民收入水平下的利率更低。反之，货币供给量越小，LM 曲线在平面上的位置越高，使得同一国民收入水平下的利率更高。

三 产品市场和货币市场同时均衡：IS-LM 模型

在产品市场上，给定一个利率，就会有一个均衡国民收入与之对应出现，这就是 IS 曲线的意义。在货币市场上，当货币供给一定时，给定一个国民收入，就会有一个均衡利率与之对应，这就是 LM 曲线的意义。显然，在其他条件不变时，能使两个市场同时均衡的利率和国民收入的组合是唯一的。现在把图 6 - 6 和图 6 - 8 的第一象限合并，讨论这个唯一解（见图 6 - 10）。

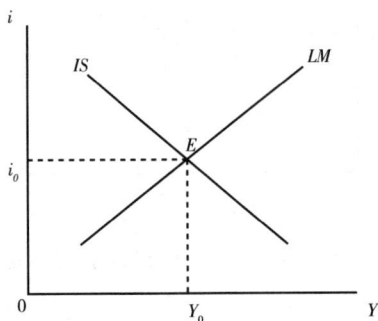

图 6 - 10 产品市场和货币市场同时均衡

在图 6 - 10 上，IS 曲线和 LM 曲线相交于 E 点，这是两个市场同时实现均衡的唯一点。E 点在横纵二轴上的刻度表明，i_0 是两个市场同时均衡的市场利率，Y_0 是两个市场同时均衡的国民收入。用 IS 曲线的标准方程式（6 - 20）和 LM 曲线的标准方程式（6 - 23），也可以解出 i_0 和 Y_0，请读者自己试试。提示：货币供给量已知，方程组中只有国民收入和市场利率为未知数。

四 均衡国民收入点的移动：宏观经济调控政策

前面一直在用"均衡国民收入"这个术语，均衡国民收入是稳定的，可以实现的。但是，均衡国民收入不一定就是"合意"的国民收入。在美国大萧条时期最悲惨的 1932 年国民收入也是市场磨合出来的均衡国民收入，但这一年失业者众多，企业减产或停产，甚至饿死人了。显然，1932 年美国的均衡国民收入不是合意的国民收入。众所周知，罗斯福政府的一系列"新政"止住了经济跌势。从此，宏观经济调控任务摆在了政府面前，凯恩斯经济学称之为"需求管理"，因为有效需求不足就是大萧条的病症，而有效需求不足病症必然发生在需求约束型经济体之上。

大萧条之后，虽然各国面临的问题没有大萧条那样极端，但凯恩斯经济学已经深入人心，一旦有失业或国民收入停滞不增（或增长极其缓慢）现象出现，社会各界的希望、呼吁或谴责都是指向政府的。于是，宏观经济调控政策是处于需求约束型经济中的各国政府的必修课。时至今日，当面临经济中的大问题时，几乎没有一国政府会谨遵古典经济学的"守夜人"信条，故作视而不见状。

不管各国的国体政体有何差异，宏观经济调控政策在哪个层面研究制定，但最后出手的部门一般是财政当局和货币当局，所以，一般把宏观经济调控政策归结为"财政政策和货币政策"。众所周知，财政政策和货币政策的意图是国民收入的适当增长。

我们从图 6 - 10 入手，讨论一下财政政策和货币政策对国民收入的作用（见图 6 - 11）。

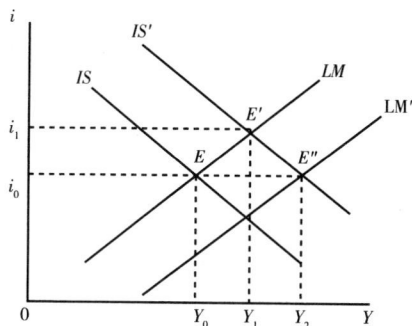

图 6 - 11 宏观调控政策与均衡国民收入点的移动

如图 6 –11 所示，当 IS 曲线和 LM 曲线初始相交于 E 时，均衡国民收入为 Y_0，但 Y_0 不是合意的国民收入，经济中存在大量失业和资源闲置现象。政府动用财政政策（如动用政府购买、减税、增加转移支付等政策手段）使两部门的 IS 曲线方程截距项增大，曲线上移到 IS' 的位置，IS' 与 LM 曲线相交于 E' 点。此时的均衡国民收入为 Y_1，市场利率为 i_1，Y_1 大于 Y_0，国民收入有一定幅度的增长。但是，由于市场利率从 i_0 上升到了 i_1，使得一些利润水平较低的企业无以为继，会被挤出市场。于是，政府再动用货币政策增加货币供给量（如使用降低法定存款准备金率、降低基准利率、降低再贴现率、回购政府债券等政策工具），使 LM 曲线移动到右下方 LM' 的位置，与 IS' 相交于 E'' 点。此时，均衡国民收入移动到 Y_2，远大于 Y_0；同时，市场利率回落到初始的 i_0 水平，解决了高利率"挤出"部分厂商的问题。

政府使用财政政策和货币政策工具调控经济的方法有很多，可以结合 IS 曲线方程和 LM 曲线方程的截距项和宏观经济各种乘数综合考虑，在不改变曲线斜率的情况下移动曲线在平面上的位置。

第三节　需求约束型经济中宏观调控政策的空间

上节讨论了政府动用政策工具使均衡国民收入沿横轴右移的问题，但是，新问题来了：政府能将均衡国民收入移动多远？众所周知，凯恩斯经济学逻辑框架的基本假设是"有效需求不足"，调控政策有效的期望建立在这一基础之上。但是，对有效需求"足"与"不足"的参照系是什么，即有效需求和哪个或哪几个统计量比较才能知道是"不足"的，凯恩斯经济学却没有明确阐述。事实上，在后来各国宏观经济政策的制定过程中，政府有关当局只要觉得经济增长率显著不合意、失业率超过了经验值，或者价格长期低迷，便不做其他层面的判断，一般都会自信地认为宏观经济中"有效需求不足"，进而动用积极的财政政策和宽松的货币政策干预经济。

我们认为，对凯恩斯经济学如此理解似乎有较大偏颇。有的国家有效需求低迷，确属有效需求不足，比如大萧条时期的美国，积极的经济政策有效；有的国家有效需求量不合意未必就是"不足"，比如经济泡沫崩溃之后的日本，也许有效需求非常"充足"，即在供给的物质属性不变或收入分配结构不变的条件下，有效需求也就是这个水平了，积极的经济政策不仅无效，而且有制造"泡沫"的隐患。当然，对于这些猜想需要从逻辑和实证两个方面做出充分的讨论。

一　有效需求与潜在需求

（一）对凯恩斯主义"有效需求不足"的讨论

众所周知，凯恩斯学派的 IS-LM 模型是封闭假设的——不考虑进出口，有效需求概念中不包括出口需求（有效外需），若存在有效外需，且外需增长势头过猛，无疑就会掩盖有效内需不足的问题。本节遵从需求约束型经济态势下的封闭假设，为简化分析，在逻辑上把政府购买分为政府的消费和政府的投资加到两部门的消费和投资上去，即有效需求 = 消费 + 投资。有效需求为：

$$ED = Y = C + I \qquad\qquad (6-24)$$

凯恩斯认为，消费倾向递减规律、资本边际效率递减规律和流动性偏好规律造成的阻碍，使得需求约束型经济中会产生有效需求不足。一般来说，随着收入的增长，消费的增长往往滞后于收入增长，于是产生消费需求不足，呈现总量层面的"边际消费倾向递减"。同时，在资本边际效率递减和流动性偏好两个因素的作用下，投资需求不足。凯恩斯提出，消费倾向在短期内一般是相对稳定的，因而，要实现充分就业就必须从增加投资需求入手，投资的变动会通过乘数效应使收入和产出发生变动，因而他主张政府投资，以促使国民收入成倍地增加。这一政策主张成为后来宏观经济调控的理念，凯恩斯理论被各国政府普遍用于解决经济增长缓慢以及大量失业等问题。政策效果有时显著有时不显著，有时还会产生负面效应。可见，正确的经济学理论在合适的市场条件下能解释实际经济问题，即理论有效；市场条件变了，该理论虽然正确，但无效了。

在需求约束型经济态势下，扩大再生产顺利进行有两个关键要素，缺一不可。其一，生产出来的商品能在流通中实现；其二，厂商有投资条件。显然，这两个要素是紧密联系在一起的。如果消费者的收入减少到某种程度，以致人们根本不可能购买生产出来的东西，那么，厂商是不会愿意投资的。凯恩斯的理论认为，挽救经济衰退、增加就业的途径是由政府支持消费者的购买力，增加人们的收入，刺激消费，使之足以保证充分需求，达到提高有效需求的目的。

从供给角度观察，可将有效需求不足理解为产品相对过剩。产品过剩，即投资生产出来的产品没有及时卖出去。既然产品销售有问题，那么，解决消费需求不足才是解决有效需求不足的关键点所在。从支出法表示的国民收入核算恒等式上看，消费需求虽然是有效需求的一个部分，但事实上它和投资需求的关系并不是相互独立的，消费需求与投资需求之间存在因果关系，消费需求是投资需求增长的重要影响因素。换言之，在需求约束型经济条件下，消费需求在有效需求中占主导地位。

从各国的经验来看，政府和学界目前公认的"有效需求不足"主要有三种情形。第一，受某种重大事件影响，绝大部分消费者虽有强烈的购买意愿，但支付能力骤降。消费需求下降导致投资需求低迷，发生经济负增长，且进一步衰退的预期形成。这种灾难性的情形不常见，应该属于原汁原味的凯恩斯主义"有效需求不足"，如美国大萧条。第二，购买力与消费意愿异位，即同一消费者不能同时具有购买力和消费意愿，有购买力的人没有足够消费意愿，无购买力的人消费意愿强烈，结果是消费需求乃至有效需求总量增速缓慢。这种情形一般发生在收入分配不合理的国家，同时，该国银行体系的消费信贷发展缓慢或停滞。第三，绝大部分消费者的消费需求并未下降，但没有消费意愿增长——消费者买得起，但没有刺激消费者多买的新产品。于是，投资需求难以快速增长，从而经济低迷或零增长。这种情形一般发生在富裕国家，且该国国民收入分配较为合理，如"经济泡沫"崩溃之后的日本。我们认为，这种情形是被误判的有效需求不足，不是凯恩斯主义理论能够解释的。

（二）对"潜在需求"概念的讨论

既然消费需求在有效需求中占主导地位，且有效需求不足的主要原因是消费需求不足，那么，接下来不能绕过的一个问题是，"有效需求不足"或"有效需求充足"的判断标准是什么？从需求约束型经济态势的总量分析层面上看，潜在供给永远大于有效需求，显然，有效需求足与不足不能拿潜在供给能力作为参照系。同时，也不能仅凭有效需求本身数量的大小来判断，那样就会见仁见智。

我们认为，以"潜在需求"概念作为判断有效需求充足与否的参照系比较合适。有效需求即有支付能力的需求，是动用真金白银的购买。但是，数量看似较大的有效需求未必是合意的需求——可能是"有效需求不足"；数量看似不大的有效需求未必不是合意的需求——可能是"有效需求充足"。以大米需求为虚拟案例，说明其中的道理。假如在无信贷条件下某单身男人某月的有效需求是 8 公斤大米，但是他没有吃饱，这不是合意的有效需求——有效需求不足。假定他合意的（能吃饱的）需求是 12 公斤大米，若收入增加或者在宽松货币政策条件下他能得到消费信贷，他的有效需求必是 12 公斤大米。假如某单身女人某月的有效需求是 7 公斤大米，但这已经是她合意的需求了，无论收入增加多少或信贷如何宽松，她也不会再买大米了，有效需求相当充足。

综上所述，潜在需求是合意的需求，在支付能力（包括债务收入形成的支付能力）允许的条件下可以转化为有效需求。潜在需求不是欲望，而是与需求者广义收入（包括债务收入）、各收入阶层生活时尚以及商品物理属性相适应的满意购买量。

进一步的，我们讨论一下制约满意购买量的几个因素。第一，关于广义收入。显然，广义收入指要素收入、可立即变现的储蓄和各种可能发生的信贷收入，这是潜在需求的最大值边界。在广义收入中，要素收入是相对确定的，能否获得信贷则是相对不确定的。以低收入者为例（假定无储蓄），若将薪金收入全部消费之后仍有消费意愿，但如果根本得不到信贷或者这个国家根本就没有消费信贷，那么，未能满足的消费意愿则属"欲望"性质，不能视为潜在需求。若能得到全部或一部分用于满足需求意愿的信贷，这部分需求意愿则属潜在需求。但随着货币政策松紧程度的变化，这个部分的大小是可变的。由此产生的政策思路是，在其他条件合适时，消费信贷对扩大有效需求有重要意义。在政策公开透明的条件下，社会各阶层的公众如果能够形成一个可获得信贷的大概额度预期，那么它就会成为有关当局和学界判断潜在需求的基本依据。

第二，关于各收入阶层的生活时尚。一般来说，无论是示范效应还是攀比心理都出现在和自己相适应的收入阶层，和上一级收入阶层的生活时尚关系不大。例如，中等收入者即使有一定的储蓄和能够获得信贷，也不可能产生购买私人飞机和豪华游艇的意愿，甚至连购买豪华跑车的可能性都极低。低收入者即使能够得到信贷，也不会产生购买私家汽车的意愿，因为未必承担得起每年须缴纳的相关税费。总之，绝大多数人超过要素收入（或要素收入的一定比例）的购买意愿一般会适应本阶层的生活理念和时尚。

第三，关于商品的物理属性。在其他条件合适时，充斥市场的商品的物理属性是决定潜在需求的一个重要因素。比如，若社会公众对 A 类商品有潜在消费意愿，而市场上大多是 B 类商品，那么，即使货币政策再宽松，也不会显著扩大消费需求。这种情形不是有效需求不足，而是有效供给不足，需要进行政策调整的领域是总供给一端。后文会提到，日本"失去的二十年"基本属于这种情况。

潜在需求不是实际发生的需求，而是在支付能力允许的条件下可以转化为有效需求的需求，潜在需求的产生有一定的心理因素，我们从示范效应的两个维度来考察。

（1）纵向维度——和自身的从前比较。从最近过去的收入前期高点判断当期时点的潜在需求，即自己当前状况与自己最近过去的好时光比较产生的示范效应。例如，如果过去某一时点（$t-n$）是吃得饱的，而现在（t时点）吃不饱，那么，$t-n$时点对现在有一个比较性示范，在支付能力允许的条件下，至少想要达到$t-n$时点的状态，当前时点的潜在需求至少是Y_{t-n}，即：

$$LD_t \geqslant Y_{t-n} = C_{t-n} + I_{t-n} \qquad (6-25)$$

式（6-25）中，LD_t表示当期潜在需求，Y_{t-n}为最近的前期高点GDP，C_{t-n}为高点消费需求，I_{t-n}为高点投资需求。

（2）横向维度——和别人比较。横向比较产生的示范相应可以从国内和国际两个方面来考察。

第一，国内比较。依据一国国内收入分配的历史和现状，居民可分为三个层次："低收入者""中等收入者"和"高收入者"。假定高收入者消费模式的更新换代会逐次向中等收入者和低收入者提供示范效应（例如，几十年前富人手中才持有移动电话，今天在低收入群体中手机已相当普及），于是，国民收入分配越不公平（基尼系数高企），低收入者在居民总数中占比越大，想买而买不起的人数越多，潜在需求也越大。即在其他条件不变时，有：

$$LD = f(g) \qquad (6-26)$$

式（6-26）中，g为基尼系数，其他符号同前。

第二，国际比较。依据世界经济发展情况，可以将各国分为"发达国家""发展中国家"和"最不发达国家"。假定发达国家的消费模式以及消费习惯会向"发展中国家"和"最不发达国家"提供示范效应（例如，改革开放初期在香港影片中才能看到的富豪专用通信工具"大哥大"，没过多少年就到了内地商人手中），在支付条件允许的情况下，"发展中国家"和"最不发达国家"的居民会向"发达国家"居民的消费模型逐次靠拢，于是，如果和发达国家存在一定差距，"想买"的意愿就会在其他国家造成潜在需求。即在其他条件不变时，有：

$$LD = f(PC_f - PC_d) \qquad (6-27)$$

式（6-27）中，PC_f 表示发达国家人均消费水平，PC_d 表示本国人均消费水平，其他符号意义同前。进一步讨论，如果考虑到各国文化的差异，以及文化对消费的影响，国际比较产生的示范效应应该小于国内不同阶层比较产生的示范效应。但是，文化趋同程度较高的国家之间的示范效应可能会比较大，诸如欧盟各国间和阿拉伯国家之间。

基于上面的讨论可以得出这样几个判断，对于一个需求约束型经济态势下的国家来说，与GDP最近的前期高点值差距越大（负增长越严重）、国内基尼系数越大、与先进国家经济发展水平差距越大，潜在需求就越大，有效需求与潜在需求之间的差额也就越大。

二　宏观调控政策的空间：LD与ED之间的差额

上节得出的判断为探讨有效需求"足"与"不足"的问题提供了方向性的指引，接下来，我们尝试通过对潜在需求和有效需求的差额展开分析，进一步探讨宏观调控政策有效的条件，进而从逻辑角度考察积极经济政策空间的大小。

图6-12（a）中，纵轴表示总需求，LD 和 ED 的刻度分别表示潜在需求和有效需求（无论是横向维度还是纵向维度比较产生的），二者的差额为总需求可能实现的增量 $\Delta(C+I)$。进一步的，只有这个差额存在，才能认为"有效需求不足"状况已经发生。显然，不论有效需求的绝对数额如何，如果它与潜在需求额相当接近或相等，就不应判断为"有效需求不足"，而是经济运行的其他方面出了问题。我们认为，潜在需求应该是有效需求"足"或"不足"的参照系，而不能仅从有效需求本身的大小或其他主观不悦的感受方面判断。

图6-12（a）中的 ED 线与平面上的45°线相交于 E 点，决定了横

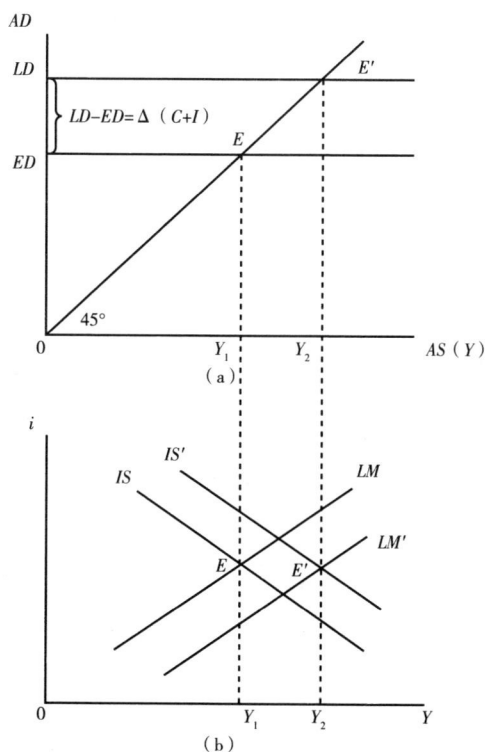

图 6 – 12 IS-LM 模型衍生的政策空间

轴上的总供给为 Y_1，*LD* 线与 45°线相交于 E' 点，表明总供给可能会达到 Y_2。也就是说，产量最大的增长空间为 $LD - ED = \Delta (C + I) = Y_2 - Y_1$。在有效需求既定的条件下，经济增长的空间大小取决于潜在需求大于有效需求的程度。

图 6 – 12（b）是标准的 IS-LM 模型，通过图 6 – 12（a）的 Y_1 和 Y_2 两个产出量值向图 6 – 12（b）的横轴做垂线，在图 6 – 12（b）的横轴上得到 Y_1 和 Y_2 两个点。初始时刻 IS 曲线和 LM 曲线相交于 E 点，显然，Y_1 是有效需求不足的产量，财政政策和货币政策都有较大的空间，如果实施适度的财政政策和货币政策，GDP 会有合意的增长。在其他条件合适时，GDP 总量最高会达到 Y_2。

从经济史角度观察，纵向维度产生的 LD 与 ED 差额一般较大，即在发生了严重的负增长条件下，积极财政政策和货币政策有较大的实施空间。美国大萧条爆发时，总需求持续回落，1933 年实际总产出比 1929 年下降了 30%。同期英国遭受了一样的命运，但情况比美国好些，1932 年实际总产出比 1929 年下降了 7.1%。美国和英国都实行了积极的干预政策，前者财政政策和货币政策双管齐下，后者则以货币政策为主，结果是，宏观经济均进入了上升通道，总产出很快就超过了 1929 年的水平。[①]

从横向维度的国内层面讨论，当基尼系数较大时，较多社会公众处于"想买却买不起"的状态之中，潜在需求（"想买" + "已买"）可观地大于有效需求（"已买"）。在 20 世纪 20 年代的大繁荣中，美国经济取得了巨大成就。但是，美国社会的贫富差距并没有因为大繁荣而缩小，反而越来越大。据统计，1920 ~ 1929 年，1% 最富有的人享受着 75% 的收入增长，基尼系数从 1919 年的 0.48 增加到了 1930 年的 0.589。按照凯恩斯的边际消费倾向递减理论，随着国民收入的增长，平均消费倾向也应逐渐下降。年复一年需要更多的投资来消化巨大的储蓄。但是，实际情况恰恰相反，美国大萧条前期国民消费率不仅没有下降，反而出现了上升的趋势。数据表明 1919 ~ 1929 年美国的有效需求是高度增长的。我们的分析结论是，有效需求增长的动力源于当时日益盛行的信贷消费。收入分配不公造成的生产能力和消费能力之间的差距被分期付款——时间错位的需求所掩盖，特别是在耐用消费品方面。[②]由此可以看出，用未来若干期的收入实现当期的部分潜在需求，可以通过扩大当期有效需求来维持强劲的经济增长，结构性货币供给增长——消费信贷——导致 LM 曲线右移存在一定空间。[③]

---

① 刘巍：《不同经济态势下货币政策的有效性——大萧条时期的历史经验》，《经济学动态》2011 年第 2 期。
② 刘巍、李杰：《美国大萧条的逻辑起点：收入分配不公（1919 ~ 1929）》，《国际经贸探索》2014 年第 12 期。
③ 当然，动用财政政策改善收入分配结构也应该是有效的，但是短期内，这不仅在当时的美国，而且在当今大多数国家是难以实现的。

　　对于国内示范效应造就的潜在需求，本节只提出思路性的一般函数，和国际示范效应造就的潜在需求一样，分析深度还远远不够。

　　图 6-13 是虚拟的极端情况——潜在需求与有效需求重合，无论有效需求绝对量是否合意，事实上已经达到了极限。在这种情况下，财政政策和货币政策无力拉动有效需求。如果有关当局执意推行积极经济政策，可预知的结果一般会有两种：其一，大量货币冲向虚拟经济，造成"经济泡沫"；其二，有效需求不为所动，经济仍旧低迷。

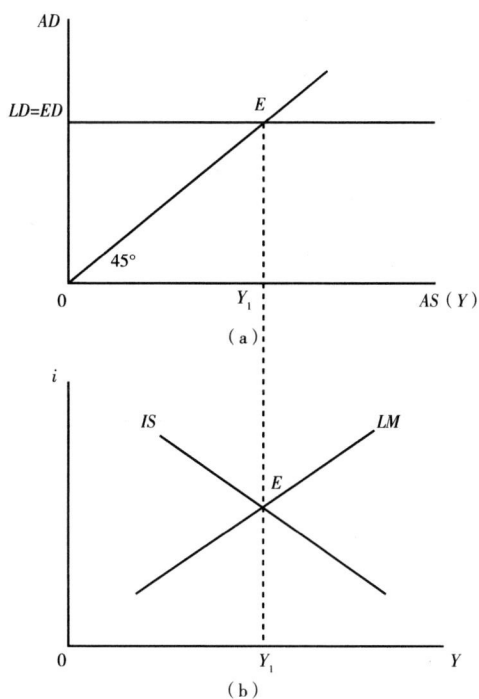

图 6-13　IS-LM 模型衍生的政策空间为 0

　　20 世纪 80 年代中期以来的日本虽然没有如图 6-13 所示那样极端，但是，在不考虑出口的条件下，有效需求和潜在需求在数量上应该是相当接近的，积极财政政策和宽松货币政策的实施空间应该相当狭小，经济增长主要依赖外需。在"广场协议"打击了日本的出口之后，"量化宽松"的货币政策立即催生了"经济泡沫"。在泡沫崩溃后，韩国和中国经济崛起，日本的出口再受重创，无论日本历届政府怎样虔诚地求助于凯恩斯经济学，甚至把这杯老酒装进了"安倍经济学"的新瓶里，依然经历了"失去的十年""失去的二十年"，乃至"失去的二十五年"之"磨难"。从潜在需求与有效需求的数量关系角度解释，我们看到，25 年中日本"失去"的是经济增长速度，并未发生显著的负增长，纵向维度的 LD 与 ED 的差额太小，积极经济政策的空间几乎不存在。从消费需求层面观察，日本的消费率相当稳定，20 世纪 80 年代以来基本上稳定在 55% 左右①，几乎不存在大起大落。从横向维度考察，直到 1993 年，日本的基尼系数还是 0.249，2011 年是 0.31 左右，社会贫富差距很小，90% 的人认为自己是中产阶级。② 日本人不是想买买不起，而是没什么好多买的，国内示范效应导致的 LD 与 ED 的差额几乎不存在。由于日本的人均收入名列世界前茅，国际比较也不可能产生示范效应导致的 LD 与 ED 的差额。

综上所述，日本基本不存在有效需求（内需）不足的问题。笔者和其他学者曾对日本经济问题有过初步讨论，认为日本已经处于"新供给约束型"经济态势下，只有创造新物理属性的产品——发展"新供给"，从而诱致有效需求，方能走出经济增长乏力的困境。但是，日本虽是一个技术强国，但不是科学强国，日本人的强项是"学习—消化—吸收—创新"，却难以在科学层面领导新潮流。因此，率先实现"新供给"恐力有所不及，这一出路比较遥远。③

三　结论与余论

（一）结论

第一，有效需求"足"与"不足"的参照系应该是"潜在需求"。

---

① 张乃丽、刘巍：《外需不足、拉动内需与经济泡沫》，《现代日本经济》2013 年第 2 期。

② 赵志君：《日本："失去 20 年"的"民生大国"》，《中国发展观察》2011 年 1 月。

③ 刘巍、蔡俏：《新供给约束型经济：日本经济低迷的逻辑与前景分析》，《现代日本经济》2014 年第 1 期。

当有效需求显著小于潜在需求时，有效需求不足的前提存在，IS-LM 模型衍生的经济政策有效。当二者的差额不显著或为零时，有效需求不足之前提消失，IS-LM 模型的结论无法推出，积极经济政策不仅无效，且有负面隐患。

第二，潜在需求是合意的需求，在支付能力（包括债务收入形成的支付能力）允许的条件下可以转化为有效需求。潜在需求不是欲望，而是与需求者广义收入（包括债务收入）、各收入阶层生活时尚和商品的物理属性相适应的满意购买量。

第三，潜在需求可以从示范效应的两个维度来考察。①纵向维度——与自己最近过去的好时光比较产生的示范效应。从最近过去的收入前期高点，判断当期时点的潜在需求。②横向维度——与他人比较产生的示范效应。横向比较产生的示范相应可以从国内和国际两个方面来考察。国内比较：假定高收入者的消费模式会逐次向中等收入者和低收入者提供示范效应，于是，国民收入分配越不公平（基尼系数高企），低收入者在居民总数中占比越大，想买而买不起的人数越多，潜在需求也越大。国际比较：假定发达国家的消费模式以及消费习惯会向"发展中国家"和"不发达国家"提供示范效应，于是，如果和发达国家存在一定差距，"想买"的意愿就会在其他国家造成潜在需求。

基于上面的结论可以得出这样几个判断，对于一个需求约束型经济态势下的国家来说，与 GDP 最近的前期高点值差距越大（负增长越严重）、国内基尼系数越大、与先进国家经济发展水平差距越大，潜在需求就越大，有效需求与潜在需求之间的差额也就越大。

（二）余论

本节做的讨论仅仅涉及 IS-LM 模型的前提假设，众所周知，前提假设既是理论的逻辑起点，也是理论是否适用的重要标志。正如埃德温·查理所说："任何理论对于经济现实是否具有可用性，取决于这些理论所赖以存在的假设在多大程度上反映了现实情况。如果假设与实际基本相符，则通过对某一理论的运用可以帮助我们理解和预测大量复杂的现实经济的变化。但如果所做的假设与实际不一致，那么，依靠这种理论会把我们引入歧途，从而使经济现实更为神秘莫测。"[1] 但是，我们的讨论尚停留于逻辑分析层面，倘若逻辑通顺，即可成为一个假说，然而尚需实证检验方可辨其真伪。斟酌实证研究方案、收集统计数据、构造所需的统计量等工作均需若干时日，我们将另做专门讨论。

第四节 供给约束型态势下的宏观经济运行

在凯恩斯经济学占据了主流经济学的地位之后，对于宏观经济研究而言，学界似乎忘记了对供给约束型经济运行基本逻辑的思考和提炼。这不奇怪，因为当代世界大部分主要国家已进入需求约束型经济态势，对供给约束型经济的研究意义不大了。但是，做经济史研究的同仁切不可对此懵懵懂懂，因为经济史研究的对象绝大部分处于供给约束型经济态势下。同时，即使在当代，也还有一些国家处于短缺经济中。例如，在响应中国"一带一路"倡议的诸多国家中，就不乏短缺经济国家。众所周知，供给约束型经济需要资本品，需求约束型经济需要订单。但是，在研究"一带一路"问题的现存文献中，鲜有对这些响应国家总供求态势的研究。可以想象，在这些文献中难免发生错用分析工具的现象。

一 供给约束型经济中国民收入的决定

前面讨论过，供给约束型经济也叫短缺经济，经济增长缓慢的症结在于作为发动机的总供给动力不足，这个动力就是资本存量。资本存量不足只能用人力代替资本品——人拉肩扛作为主要动力资源，在天时地利具备的地方有条件地少量使用水力和风力，劳动者使用简单工具敲打

---

① 埃德温·查理：《发展中国家宏观经济学》，刘伟等译，商务印书馆，1990，第245页。

和编织成为主要生产过程。在人类经历的漫长供给约束型经济时代里，不仅生产效率低，而且大量人口所需的满足生命存续之物品总是存在一定缺口。率先进入需求约束型经济国家的经济史告诉我们，在使用高效率的资本品逐步代替低效率的人力后，这个缺口就会逐步综合，经济增长就会加速，最终会告别短缺经济。

从亚当·斯密到马歇尔都在呼吁节约——投资，从而使经济增长。1928 年美国数学家柯布和经济学家道格拉斯把古典和新古典的理论程式化，用数学语言描述了这个逻辑，即柯布－道格拉斯生产函数。众所周知，柯布－道格拉斯生产函数后来被经济学界视为研究经济增长的起点。我们把柯布－道格拉斯生产函数作为供给约束型经济中国民收入决定的基本逻辑：

$$Y = A L^{\alpha} K^{\beta} \tag{6-28}$$

式（6－28）是标准的柯布－道格拉斯布斯生产函数，等式左端 Y 表示国民收入、总产出、总供给。等式右端的 K 为资本存量，L 为劳动力数量，A 为效率参数（包括技术进步和管理进步），α 和 β 分别为 L 和 K 的产出弹性，是方程的待定参数。

由于经济处于供给约束态势下，市场上产品短缺，生产出来就卖得出去。在逐日生产逐日销售的经济过程中，Y 是不会总量上积压的，萨伊定律在供给约束型经济中是有效的。

二　宏观经济运行的基本逻辑线索

从事后来看，供给约束型经济和需求约束型经济一样，也是总需求与总供给相等时达到宏观经济均衡，见式（6－29）。这种均衡可能是总产出水平较低的，也可能是总产出不断提高的。从各国经济史角度观察，近代以来各国宏观经济均衡是与总产出水平不断提高相伴随的。当然，长期中总产出未必是单调增的，负增长也时有发生。

$$C + I + G + X - M = A L^{\alpha} K^{\beta} \tag{6-29}$$

式（6-29）中的符号是学界公知公用的。考虑到供给约束型经济（短缺经济）态势的基本特点，因此，式（6-29）是右端决定左端，即总需求被迫适应总供给，经济增长的"发动机"在总供给一端。即：

$$C + I + G + NX \leftarrow A \cdot L^{\alpha} \cdot K^{\beta} \tag{6-30}$$

（一）从总供给侧观察

在供给约束型经济态势下，市场上的问题是有效供给不足，增加供给的主要途径就是增加资本存量。资本存量 K 是由投资流量 I 累积而成，研究的重心势必落实到 I 上。可见，投资是形成生产能力的经济活动，对于动态经济实力强弱和动态国民生活水平优劣而言，都是重要的源头，即研究投资的影响因素——资本金和资本品——是短缺经济条件下宏观经济运行研究的重心所在。

（二）从总需求侧观察

在供给约束型经济态势下，总需求是被迫适应总供给的，也就是说，总产出决定总需求，过度需求只能产生通货膨胀。政府能够有所作为的就是调整总需求的结构，而对需求总量无能为力。从结构上看，总需求可分为消费需求、投资需求、政府需求和国外净需求 4 个部分。即：

$$AD = C + I + G + X - M \tag{6-31}$$

（1）消费。短缺经济中，消费在总需求中占绝对优势，但一般来说生活质量还是较低的。如果存在一个强势的政府，中低收入阶层的消费也是最容易被压缩的部分。如果说在需求约束型经济中存在相对贫困的话，那么，在供给约束型经济中就存在绝对贫困。以近代中国为例，多项调查资料说明，20 世纪 30 年代，在华北一带的很多乡村中，许多人不过是还没有饿死而已。

（2）投资。前面讨论过投资在供给约束型经济中的重大作用，如果政府有能力干预经济，那么，在供给约束型经济中所实施的各项政策一般都是促进投资的，即尽可能扩大投资需求在总需求中的占比。在本国总产出水平较低的情况下，吸引外资是比较快捷地提高资本存量的办法。同时，还有先进技术和管理效率的示范和扩散效应。

供给约束型经济态势下投资影响因素研究是一个重要的问题，投资函数的构建成为基本逻辑框架。在供给约束型经济态势下，投资函数应该有如下几个基本前提：第一，需求不是问题，生产出来就卖得出去；第二，国际贸易顺畅，投资者可以在全球配置资本品；第三，货币供给体系运行正常，但资本市场缺失或不完善。

在上述前提下，投资取决于融资成本——利率。在资本市场完善时，利率应该是金融资产收益率；当资本市场不完善时，银行承担了将储蓄转化为投资的中转枢纽角色，利率应为银行贷款利率。开放条件下则有：

$$I = f(i) + FDI \tag{6-32}$$

其实，投资函数表达的是资本金问题，没有涉及资本品的讨论，投资最后是要落实到资本品上来的。那么，为什么经济学家们没有考虑资本品的问题呢？因为投资理论是在英国工业革命之后才开始被广泛研究的，那时资本品已经不是问题，没有完成工业革命的欧洲国家也可以进口资本品，投资的主要问题是钱——筹集资本金。在英国工业革命前，欧洲的资本品是个大问题。哥伦布发现新大陆之后，大量金银涌入欧洲，但这数额巨大的资金不但没有推动投资，却诱发了16世纪欧洲的"价格革命"，即恶性通货膨胀。在前近代时期的中国，消费之后也不是一点儿剩余也没有，但没有发生近代意义的投资——资本形成，富人们的剩余无非用于建豪宅、修祠堂、建坟墓，好一些的建个村学堂、修条乡土路，除了其他原因之外，主要是没有可以批量供给的资本品。因此，在研究供给约束型经济中的投资问题时，要注意资本品是否有来源，不能只关注筹措资金的问题。

（3）政府购买。在漫长的供给约束型经济时代，政府购买的内容除公共保障事业支出之外，还有投资部分，例如对于近代中国洋务运动中的官办和官商合办企业（官督商办除外），中央或地方政府也是有资金参与其中的。另外，近代以来多有战争发生，内战和外战不断，政府开支中军费占有一定比例，有时占较大的比例。

（4）进出口。进出口在后发国家中尤其重要，前面分析过资本品的问题，当一个国家资本品制造业比较幼稚时，出口可以为进口生产装备赚取外汇资金，进口的生产装备是资本品的主要来源。

（三）宏观经济运行的重要影响因素——货币供给

货币供给涉及投资的资金来源，在供给约束型经济中，货币需求往往是高企的，融资成本的变化取决于货币供给量的变化。但供给约束型经济时代各国大多实行金属货币本位制度，政府无力掌控货币供给，这与凯恩斯经济学的货币供给机制相距甚远。例如，近代中国法币改革之前，流通白银和铜币，白银来自进口自不待言，铜也有相当部分是进口的。晚清政府、北洋政府和南京国民政府（法币改革前）都对货币供给量无可奈何。经济史领域的同行在做相关问题研究时，需要特别注意这个问题。

三 供给约束型经济宏观运行的逻辑框架

将前述研究思路整理，则有如图 6 - 14 所示的总体框架。

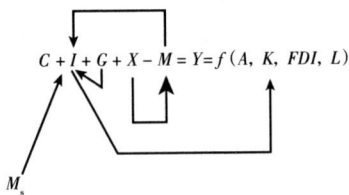

$$C + I + G + X - M = Y = f(A, K, FDI, L)$$

$$M_s$$

图 6 - 14 供给约束条件下宏观经济的运行逻辑

图 6 - 14 中，等式右端是加进了外国直接投资（FDI）的柯布 - 道格拉斯生产函数的一般形式（没有写成指数方程），这是经济的"发动机"，生产出来的总产品 Y 满足总需求（最低需求）。这里要注意的是，

由于产能有限，总需求只能被迫适应总供给——产多少就吃多少或用多少。等式左端的总需求和前面国民收入核算部分的规定一致，总产出的大部分用于居民消费和政府购买，少量出口，剩下来的部分用于投资。资本品的大部分和消费的一部分来自进口，所以要减去进口。进口的资本品是投资的主要物质内容，而进口资金则大部分源于出口创汇。货币供给对资本形成有重要意义，货币供给量的大小直接影响利率和汇率。投资对等式右端的本国资本存量产生正向影响，对于下一周期的产出至关重要。

图 6-14 所示可以总结为以下几点经济运行的逻辑。

（1）在供给约束型经济（短缺经济）条件下，总供给决定总需求，或称为总需求被迫适应总供给。

（2）总产出由等式右端的生产函数决定，取决于资本存量（包括外资）、劳动力数量和技术进步程度。

（3）数量不多的总产出之大部分被消费需求吞噬，这是必须保证且应该不断改善的，是重大民生问题。总产出的一部分用于出口赚取外汇，以保证一定规模的进口。

（4）投资是宏观经济运行的重要环节，其主要影响因素为资本金和资本品。公众的储蓄（收入中未被消费的部分）和政府预算安排的投资资金是投资的资本金来源，体现为 M_s 的松紧程度。进口的生产装备是资本品的重要来源，当然也包括本土制造的资本品。

（5）在短缺经济中，资本存量一般不存在闲置情况，投资都是有效的。净投资的增长决定下一期资本存量的增长，宏观经济运行得以循环，并且规模不断扩大。

第七章　经济学最基本的逻辑：
　　　总需求与总供给

　　需求和供给是经济学研究中永恒的变量，在经济学各层面的市场上，市场信号都是在需求和供给力量的作用下形成的。产品市场上需求和供给决定价格，是经济学对这一整套逻辑的最初认识。原汁原味的凯恩斯经济学是做短期分析的，在需求约束型经济条件下，约定短期内价格不变，主要分析货币市场信号——利率。所以，前几章几乎没有涉及价格变量。从本章起，引入价格变量，研究价格与总需求和总供给的关系。这一章的大部分内容进入了长期分析范畴，这也意味着与原汁原味的凯恩斯主义渐行渐远。总需求曲线和总供给曲线是宏观经济学的重要分析工具，是研究宏观经济重大问题的基础。长期以来，西方经济学界对总需求曲线的认识比较一致，但对总供给曲线的认识存在较大分歧。在对主流经济学的总需求曲线和总供给曲线做讨论之后，我们也尝试参与对不同经济态势下短期和长期总供给曲线的讨论。

第一节　主流经济学的总需求曲线

　　主流经济学的总需求曲线和微观经济学的需求曲线有所不同，前者是从 IS-LM 模型导出的，每一个总需求数值都是均衡的——有等量的国民收入对应。而微观经济学的需求曲线则不涉及是否均衡的问题，给出一个虚拟的需求表就能画出需求曲线。本节从 IS-LM 模型入手，分析总需求曲线的形状及其在平面上的位置。

一　总需求曲线的几何图形

主流经济学的总需求曲线是从 IS-LM 曲线入手的：价格变化导致实际货币供给量变化，从而引起 LM 曲线在平面上移动，最终造成 Y 变化，即推导 $P{\rightarrow}AD$ 这一逻辑关系（见图 7 - 1）。

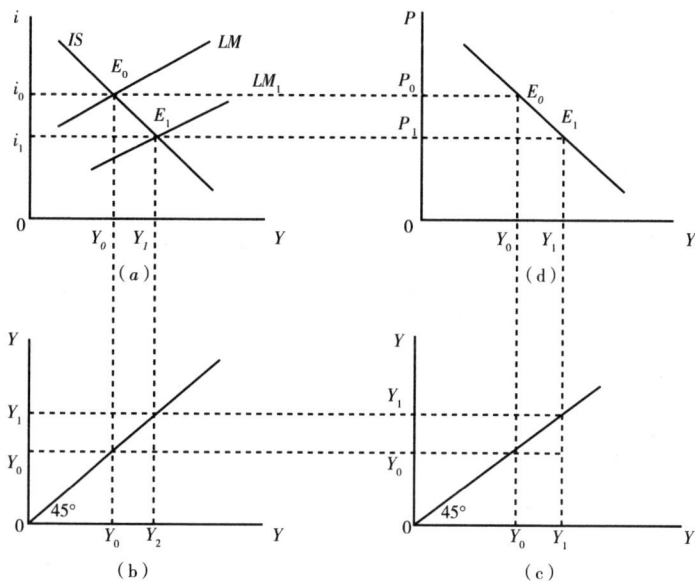

图 7 - 1　总需求曲线的几何推导

图 7 - 1（a）所示是标准的 IS-LM 模型，当价格为 P_0 时，LM 曲线与 IS 曲线相交于 E 点，均衡利率为 i_0，均衡国民收入为 Y_0。当价格下降为 P_1 时，实际货币量（购买力）增加，即 $P_1 < P_0 {\rightarrow} \dfrac{M_s}{P_1} > \dfrac{M_s}{P_0}$，相当于 LM 曲线下移到 LM_1 的位置，与 IS 曲线相交于 E_1 点，均衡利率和均衡国民收入分别为 i_1 和 Y_1。图 7 - 1（b）和图 7 - 1（c）都是工具图，横纵轴都是 Y，其中所示是一条自原点射出的 45°线。通过这两个工具图，

把图 7 - 1（a）横轴的两个均衡国民收入 Y_0 和 Y_1 转移到图 7 - 1（d）的横轴上。再将图 7 - 1（a）纵轴的两个均衡利率 i_0 和 i_1 映射到图 7 - 1（d）的纵轴上，对应着两个价格 P_0 和 P_1，在图 7 - 1（d）上就得到了 E 和 E_1 两个点。用一条平滑的曲线把这两个点连接起来，就得到了总需求曲线。

图 7 - 1（d）所示是标准的总需求曲线，从形状上看，总需求曲线是向右下方倾斜的，即价格水平和总需求呈反向变动关系。可见，宏观经济学的总需求曲线和微观经济学的需求曲线形状是一致的，也符合我们的生活经验，即在其他条件不变时，价格越低买得越多，反之则反是。

二 总需求曲线方程

现在利用 IS 曲线标准方程式即式（6 - 20）和 LM 曲线标准方程式即式（6 - 23）推导总需求曲线方程。将式（6 - 23）代入式（6 - 20），得到：

$$Y = \frac{I_0 - S_0}{s} - \frac{b}{s}\left(-\frac{1}{e}\overline{M}_s + \frac{a}{e}Y\right)$$

$$Y + \frac{ab}{se}Y = \frac{I_0 - S_0}{s} - \frac{b}{s}\left(-\frac{1}{e}\overline{M}_s\right)$$

$$Y\left(1 + \frac{ab}{se}\right) = \frac{I_0 - S_0}{s} + \frac{b}{se}\overline{M}_s$$

$$Y = \frac{e(I_0 - S_0)}{se + ab} + \frac{b\overline{M}_s}{se + ab} \tag{7 - 1}$$

用实际货币量 $\dfrac{M_s}{P}$ 代替式（7 - 1）中的 $\overline{M}_s$，得：

$$Y = \frac{e(I_0 - S_0)}{se + ab} + \frac{b}{se + ab} \cdot \frac{M_s}{P} \tag{7 - 2}$$

式（7 - 2）即总需求曲线方程。价格处于分母位置，价格越高，实际货币量越小，均衡国民收入越小，也就是总需求越小。式（7 - 2）可以写成：

$$AD = \frac{e(I_0 - S_0)}{se + ab} + \frac{b}{se + ab} \cdot \frac{M_s}{P} \qquad (7-3)$$

三 总需求曲线的斜度与位置

从式（7-3）观察，总需求曲线的斜度（$\frac{M_s}{P}$的系数）取决于一系列参数：边际储蓄倾向 s、投资对利率的敏感程度 b、货币交易需求对收入的敏感程度 a 和货币投机需求对利率的敏感程度 e。这 4 个参数数值发生变化，总需求曲线的斜度就会变化。所以，时间不同、空间不同时，总需求曲线的斜度是有区别的，这个区别使得不同时期、不同国家总需求对价格变动的敏感程度会有一定的差异，不能随意套用。要想确切得到这 4 个参数，需要有一定的计量经济学功底，如此才能进入数量分析的境界。否则，只能做逻辑分析，得出"假说"性质的结论。当然，如果没有办法学习计量经济学，也可以找数量分析技术好的同行合作，合作研究的结论会更精彩。

总需求曲线在平面上的位置取决于截距项 $\frac{e(I_0 - S_0)}{se + ab}$，但是，这是两部门前提下推导出来的截距，在四部门条件下，其他部门的支出都应该进入截距项分子的括号内。四部门总需求曲线的推导不难，但比较费事，请读者自己试做推导。

第二节 主流经济学的总供给曲线

前面说过，西方经济学界对总供给曲线的认识有较大分歧，本书不能逐一讨论，本节仅以多恩布什和费希尔著作中的论述为例，他们对总供给曲线的分析也代表了主流经济学的基本看法。

一 总供给曲线方程推导

主流经济学使用总产出、就业量、产品价格、产品成本、劳动力工资等变量，推导出了正斜率的总供给曲线。

（一）总产出

主流经济学对生产函数做了最大可能的简化，使生产函数变成了仅仅是劳动力就业量和总产出之间的逻辑关系。

$$Y = aN \qquad\qquad (7-4)$$

式（7-4）中，N 表示就业人数，a 表示劳动生产率。这个生产函数略去了资本存量，在需求约束型经济条件下是有道理的，在有效需求不足时，资本存量不是 100% 开工的，且资本存量数据无法及时反映闲置或使用的状态。但是，就业量能与有效需求基本同步。如果加入短期或中期技术不变假设，劳动力和资本的配比也不变，那么，就业量也就隐含了资本存量使用情况。

（二）成本与价格

主流经济学认为，劳动力成本是总成本的主要部分，厂商按照至少能补偿其成本的价格供给产品。当然，厂商愿意高价出售产品，但由于存在厂商之间的竞争，产品价格不会离成本太远。假定厂商定价以劳动力成本为基础，W 表示工资，前面说过劳动生产率为 a（W 单位劳动力成本能生产 a 单位产品），于是，每单位产品的劳动力成本就是 $\dfrac{W}{a}$。当然，厂商会在劳动力成本上附加一个"加成比率" z 以最终确定价格：

$$P = \frac{(1+z)W}{a} \qquad\qquad (7-5)$$

式（7-5）中的"加成比率"会考虑使用其他生产要素的成本，如资本品折扣、原材料消耗，以及正常利润等，如果有条件，还会加上垄断利润。

（三）工资

主流经济学利用菲利普斯发现的工资与就业的关系，做出了工资决定模型：

$$W = W_{-1}\left(1 + \varepsilon\,\frac{N - N^*}{N^*}\right) \tag{7-6}$$

式（7-6）中，W_{-1} 表示上期工资，N 表示实际就业人数，N^* 表示充分就业人数（愿意就业的适龄劳动者失业率不超过经验值 4%，并不是所有人都就业）。式（7-6）用符号说明这样一个逻辑关系：本期工资是在上期工资的基础上有一定调整，调整的数量就是 $\varepsilon\,\dfrac{N - N^*}{N^*}$。如果本期就业人数等于充分就业人数，$\varepsilon\,\dfrac{N - N^*}{N^*} = 0$，本期工资就不会有调整，即 $W = W_{-1}$。如果本期就业人数低于充分就业人数，$\varepsilon\,\dfrac{N - N^*}{N^*} < 0$，工资就会下降。参数 ε 是本期工资对就业状态的敏感程度，各个时期不尽相同。

（四）总供给曲线方程推导

把式（7-6）代入式（7-5），得：

$$P = \frac{(1 + z)}{a}\,W_{-1}\left(1 + \varepsilon\,\frac{N - N^*}{N^*}\right) \tag{7-7}$$

根据式（7-5），$\dfrac{(1 + z)}{a}W_{-1} = P_{-1}$，于是有：

$$P = P_{-1}\left(1 + \varepsilon\,\frac{N - N^*}{N^*}\right) \tag{7-8}$$

根据式（7-4），$N = Y/a$，代入式（7-8），得：

$$P = P_{-1}\left(1 + \varepsilon\,\frac{Y - Y^*}{Y^*}\right) \tag{7-9}$$

令 $\mu = \dfrac{Y^*}{\varepsilon\,P_{-1}}$，整理得：

$$Y = Y^*\left(1 - \frac{1}{\varepsilon}\right) + \mu P \tag{7-10}$$

主流经济学认为式（7-9）即为总供给曲线方程，笔者倒是觉得整理之后得到的式（7-10）更直观，更符合经验。

二 总供给曲线的几何图形

根据式（7-10），可以画出总供给曲线。显然，总供给曲线的斜率为正，见图7-2。

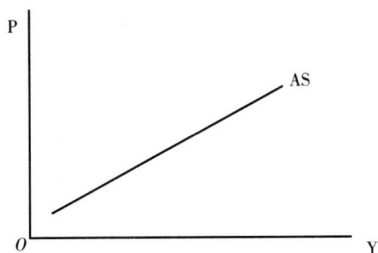

图7-2 AS曲线

总供给曲线的斜率大小与三个因素有关：充分就业的产量（根据简化的生产函数，也可以理解为充分就业的劳动力数量）、上期价格和工资对就业状态的敏感程度。同时，总供给曲线在平面上的位置也与充分就业的产量和工资对就业状态的敏感程度有关。

三 总供给曲线的两种"特例"

按照主流经济学的分析，总供给曲线的"常态"应该是向右上方倾斜的。但是，也不排除有两种"特例"存在：一种是总供给曲线与横轴平行，另一种是总供给曲线与横轴垂直。我们简要分析一下出现这两种特例的条件。

（一）总供给曲线的"凯恩斯情形"

与横轴平行的总供给曲线被学界称为"凯恩斯情形"，因为凯恩斯经济学涉及总供给曲线时，使用的是这种形状（尚不明确是不是由凯恩斯首次使用），具体见图7-3。

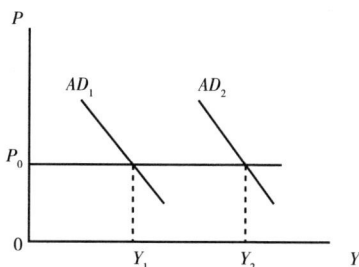

图 7 - 3　总供给曲线的"凯恩斯情形"

图 7 - 3 展示的总供给曲线在宏观经济学教科书中不是特例，而是凯恩斯经济学的基础分析工具。总需求曲线从 AD_1 右移到 AD_2，国民收入从 Y_1 增长到 Y_2，但价格始终是 P_0，短期内是个常数。这条总供给曲线的方程为 $P = P_0$（常数），因此，在凯恩斯经济学中总是说"短期内价格不变"。那么，满足什么条件才有这种形状的总供给曲线呢？我们用式（7-9）来做讨论：

$$P = P_{-1}\left(1 + \varepsilon\,\frac{Y - Y^*}{Y^*}\right)$$

在式（7-9）中，如果 $\varepsilon = 0$，即价格（工资）对就业状态丝毫没有反应，那么，式（7-9）右端括号内的第二项就是 0，只剩下常数 1，于是，式（7-9）就变为 $P = P_{-1}$。P_{-1} 是上期的价格，当然不会变化，可以视为常数。

进一步的，在什么情况下价格或工资可以无视就业状况？显然，应该是在存在大量失业，经济处于萧条时。因此，凯恩斯经济学通常被称为"萧条经济学"，即专门治理萧条的经济学原理。

（二）总供给曲线的"古典情形"

与横轴垂直的总供给曲线被称为"古典情形"，是新古典经济学家认可的一种总供给曲线（见图 7 - 4）。

在图 7 - 4 中，总供给与横轴垂直，总需求曲线从 AD_1 上移到 AD_2，国民收入纹丝不动，始终为 Y_0，只是价格从 P_1 上涨到 P_2。足见，这种

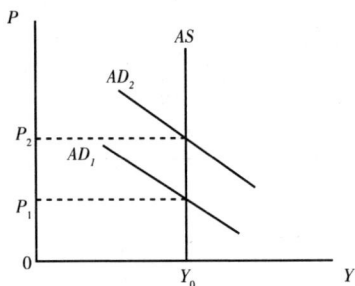

图 7 - 4　总供给曲线的"古典情形"

形状的总供给曲线方程为 $Y = Y_0$。同样，我们也来讨论一下满足什么条件式（7 - 10）可以变成 $Y = Y_0$。

$$Y = Y^* \left(1 - \frac{1}{\varepsilon}\right) + \mu P$$

只要式（7 - 10）等式右端的第二项为 0，第一项括号内为 1，该式即可转变为 $Y = Y_0$。在推导式（7 - 10），我们曾令 $\mu = \dfrac{Y^*}{\varepsilon P_{-1}}$，如此看来，只要 $\varepsilon = \infty$，即价格或工资对就业状况的反应极端灵敏，则有 $\dfrac{1}{\varepsilon} = 0$ 和 $\dfrac{Y^*}{\varepsilon P_{-1}} = 0$。什么情况下 ε 会如此极端呢？显然，只有在充分就业、产出无法增长时才会这样。这恰好符合古典经济学暗含的假设。

多恩布什和费希尔在书中断言："所有现代的模型，不论其出发点如何不同，都倾向于得到一个类似的结果，那就是，在短期内总供给曲线斜率为正，而在长期内则是垂直的。"[①] 看来，他们对"凯恩斯情形"似乎不大认可。毋庸讳言，笔者对"短期内正斜率、长期中垂直"的论断也有不同看法。接下来，我们对不同经济态势下的短期和长期总供给曲线做个简单讨论。

---

① 多恩布什、费希尔：《宏观经济学》，李清云等译，中国人民大学出版社，1997，第179 页。

第三节 供给约束型经济态势下的总供给曲线

一 供给约束条件下的短期总供给曲线

在供给约束型经济中，短期供给和长期供给的区别并不仅仅是指时间的长短。那么，怎样区分供给约束型经济中总供给的短期和长期呢？在宏观经济学理论中，虽然经常出现短期和长期的术语，对长短期总供给界定的标准也不少[①]，但是，用于供给约束型经济态势下的总供给长短期划分均嫌不甚适用。因此，我们拟从从供给约束型经济本身的特质出发，做初步的推断。

短期内，总供给一端几乎是满负荷开工的，总需求增长拉动的主要是价格，而产量增长的幅度很小，总供给曲线的斜度应该是非常陡峭的。为分析方便，新古典经济学家往往将它描述为与横轴垂直的。其实，这应该是新古典主义者对短期总供给曲线所做的简化，历史上的（或当今某些不发达国家现实中的）总供给曲线虽然很陡峭，但不可能是与横轴垂直的。事实上，总需求变动在拉动价格的同时，多少也能拉动产出（见图 7-5）。

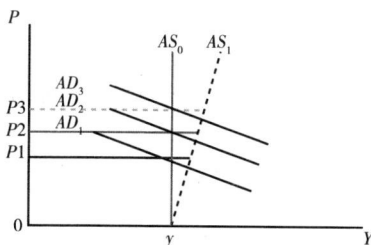

图 7-5 极端的和通常的供给约束型经济

[①] 如曼昆的《宏观经济学》中译本（中国人民大学出版社，2009）和帕金的《宏观经济学》中译本（人民邮电出版社，2003）等著作，对总供给的长期和短期都有定义。

图 7 - 5 中，AS_0 是新古典经济学的总供给曲线，而 AS_1 则是实际的总供给曲线。AS_1 陡峭意味着当总需求向上拉动时，价格涨幅远大于极其有限的产出增幅。在新古典经济学家生活和工作的时代，欧美国家总供求态势大多是供给约束型的，因此，他们的理论框架暗含的假定大多是短缺经济，在文献中，他们大多将总产出既定作为理论框架的基本假设；凯恩斯《就业、利息和货币通论》一书的序言、德文版序言和日文版序言，都对此做了批评[①]。在当今许多著名的经济学教科书中，一些作者仍把总供给曲线与横轴垂直的图形称为"古典情形"。例如，多恩布什教授他们在诠释古典总供给曲线时，有这样的表述："古典总供给曲线是垂直的，说明无论是什么价格水平，供应的产品数量一样。"[②] 接下来，他用两个解析几何图描述古典总供给曲线，见图 7 - 6。

毫无疑问，他们认为图 7 - 6（b）平面上的古典总供给曲线会向右移动，并从 AS_0 逐次移动到 AS_3 的位置。那么，总供给曲线为什么右移呢？他们的解释是，"经济积累资源并出现技术进步时，潜在 GDP 随时间推移而增长，因而古典总供给曲线右移"[③]，如图 7 - 6（a）。我们认为，这样的解释不是十分清晰和准确，应该把原因落实到影响总供给曲线右移的主要影响因素上来。根据柯布 - 道格拉斯生产函数的逻辑分析，图 7 - 5 显然应该是资本存量不变或无显著变动时的情形，如果持续投资导致资本存量显著增长，总供给曲线就应该向右移动。也就是说，影响古典总供给曲线右移的主要因素是资本存量的显著增长。即，在图 7 - 6（b）中，在时间的推移过程中，资本存量有了显著增长，进而推动了短期总供给曲线从 AS_0 持续右移至 AS_3 的位置。

[①] 凯恩斯：《就业、利息和货币通论》，魏埙译，陕西人民出版社，2004，序、德文版序和日文版序。

[②] 多恩布什、费希尔、斯塔兹：《宏观经济学》（第七版），中国人民大学出版社，2000，第 80 页。

[③] 多恩布什、费希尔、斯塔兹：《宏观经济学》（第七版），中国人民大学出版社，2000，第 80 页。

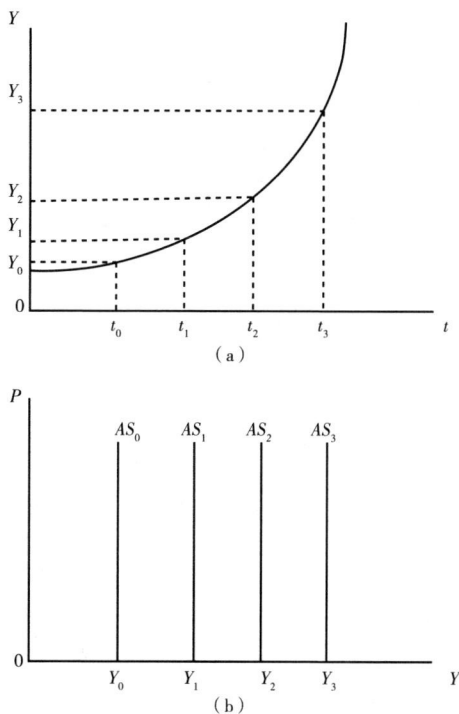

图 7 - 6　多恩布什等的"时间跨度上产量增长转化为总供给曲线的移动"图示

资料来源：多恩布什、费希尔、斯塔兹：《宏观经济学》（第七版），中国人民大学出版社，2000，第 80 页。

综上所述，我们是否可以这样认为，在供给约束型经济中，如果资本存量发生了显著变动，就意味着总供给的一个短期结束，下一个短期开始。换言之，短期内资本存量不变（价格可变），见图 7 - 7。

需要进一步讨论的是，短期总供给曲线在右移到一定程度时，即在若干个短期之后，其斜度逐渐减小，直至变成需求约束型经济中的总供给曲线。我们的推测是，促使总供给曲线斜度减小的因素应该是人均资本存量，即人均资本存量越大，总供给曲线越平缓，反之则反是。因为到本书截稿时对这一推测尚未做出程式化表述，所以，在此只提出这一思路。

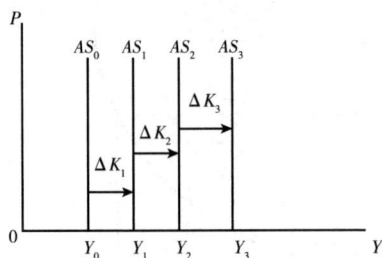

图 7 - 7　短期内总供给曲线的移动

二　供给约束条件下的长期总供给曲线

接下来，我们讨论一下长期总供给曲线。图 7 - 8 中有三条短期供给曲线 AS_1、AS_2 和 AS_3（也可以更多），分别与总需求曲线 AD_1、AD_2 和 AD_3 相交于点 E_1、E_2 和 E_3。为分析方便，我们也使用新古典经济学家的简化形状。在任一短期内，由于事前总供给小于总需求，厂商开足马力生产，没有闲置产能，潜在供给等于有效供给，所以，总需求提升只影响价格而不会拉动产出量，如 AD_1 上下方的虚线与 AS_1 的交点所示，如前所述，短期总供给曲线与横轴垂直。

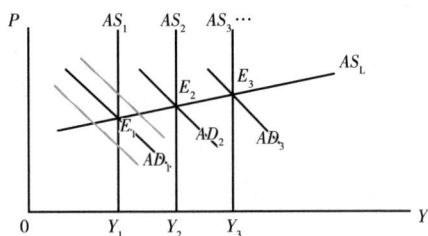

图 7 -8　供给约束型经济中的短期和长期
总供给曲线（单调增）

在供给约束型经济中，经济增长的途径是资本品投资导致资本存量显著增长，进而产能扩大，如 AS_1 右移至 AS_2，进入下一个短期，总供

求在点 E_2 上实现均衡，对应横轴上的产出量增长。如果没有其他负面因素的干扰，净投资不发生负增长；需求不因受货币量变动或其他恐慌影响而出现异常波动，一条理想的长期总供给曲线必是向右上方倾斜的。从时间角度考察，从 AS_1 右移至 AS_2 的时间也许很长、也许不长，这对总供给曲线短期的界定都不重要，重要的是资本存量是否有显著增长。总之，从逻辑层面讨论，供给约束型经济的长短期划分不是以时间绝对长短为标志的，而是以投资是否显著改变产能（资本存量）来划分的。

把众多的短期均衡点 E 用平滑的曲线连接起来，就形成了长期总供给曲线 AS_L。图 7 - 8 中的曲线 AS_L 形状是向右上方倾斜的。当然，这是简化的理想曲线，即产出和价格都是单调增的。实际上，经济中会有许多波折，长期总供给曲线不可能是一条平滑的直线（如图 7 - 9 所示）。

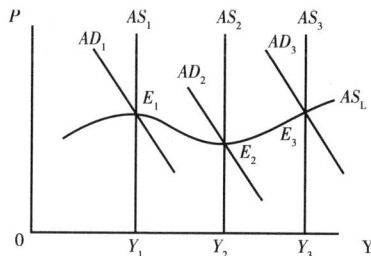

图 7 - 9　供给约束型经济中的短期和长期
总供给曲线（形状不规则）

图 7 - 9 表明，各个短期的均衡点 E_1、E_2、E_3 并非如图 7 - 8 所示那样逐次向上，即价格和产出并非同步上升。因为每个短期内都是价格可变而产出不变，所以，各短期均衡点的平滑连线——长期总供给曲线 AS_L 的形状是不规则的。世界各国经济史数据也表明，供给约束型经济态势下的总供给曲线不一定是向右上方倾斜的，但也不是与横轴垂直的。我们用中国、美国和日本的历史数据予以佐证，恕不详细讨论。在

图 7 - 10、图 7 - 11 和图 7 - 12 中，横轴为实际 GDP 指数，纵轴为价格指数，直线为趋势线。

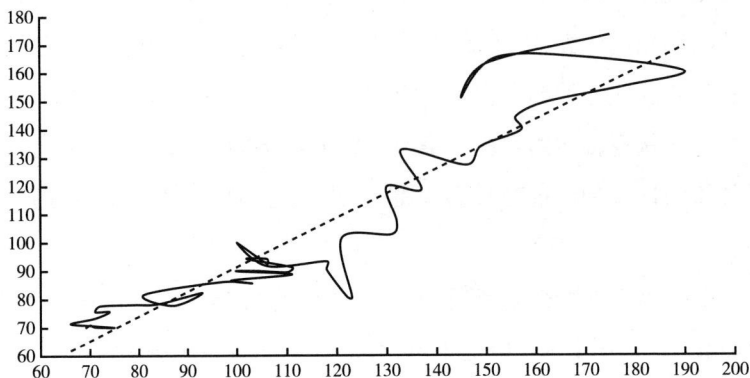

图 7 - 10 中国 1887 ~ 1936 年的总供给曲线

资料来源：GDP 数据见刘巍、陈昭《近代中国 50 年 GDP 的估算与经济增长研究》，经济科学出版社，2012，第 107 ~ 108 页；（批发）价格数据见王玉茹《近代中国价格结构研究》，陕西人民出版社，1997，第 23 页。

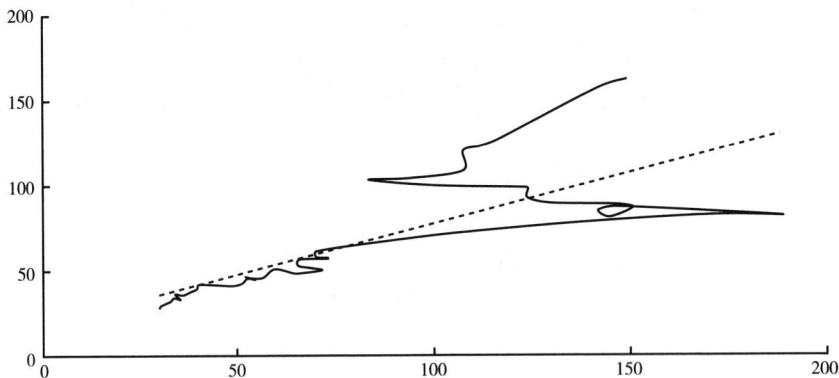

图 7 - 11 日本 1885 ~ 1938 年的总供给曲线

资料来源：刘巍、陈昭《大萧条中的美国、中国、日本与英国》，经济科学出版社，2010，第 142 ~ 146 页。

当下，有不少学者认为新古典经济学中的"古典情形"是长期总供给曲线。若果如这些学者所见，长期总供给曲线是与横轴垂直的，即

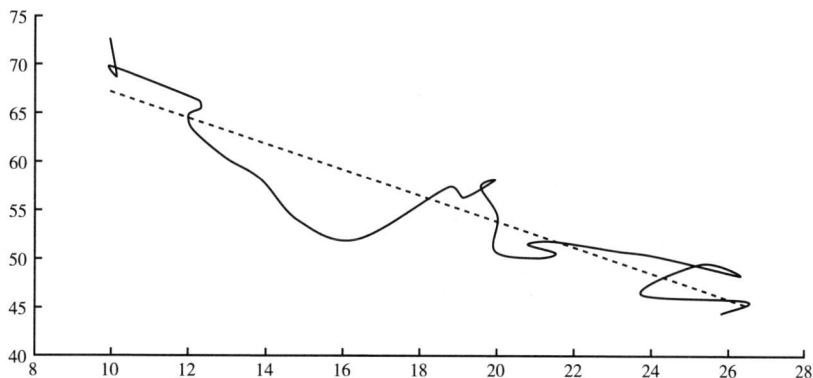

图 7 – 12　美国 1869～1896 年的总供给曲线

资料来源：弗里德曼、施瓦茨《美国和英国的货币趋势》，范国鹰等译，中国金融出版社，1991，第 144～145 页。

长期中产出不变，那么，就无法解释近代以来世界经济总量之翻番增长，也无法解释需求约束型经济是如何面世的。

简言之，在供给约束型经济态势下，短期内，总供给曲线与横轴垂直，长期中总供给曲线形状不规则。

第四节　需求约束型经济态势下的总供给曲线

一　需求约束条件下的短期总供给曲线

宏观经济学基本是以凯恩斯经济学为基础的，从凯恩斯著名的"有效需求不足"宏论逆推，宏观经济学暗含的前提假设无疑是"需求约束型经济"。宏观经济学设定的短期供给曲线先是与横轴平行的，总产出实现充分就业的产量 Y^* 之后，总供给曲线出现拐点，然后与横轴垂直（见图 7 – 13）。

图 7 – 13 表明，短期内价格不变，总供给曲线与横轴平行，总需求从 AD_1 提高到 AD_3，总产出便有与均衡点 E 对应的增长。但是，在 E_3

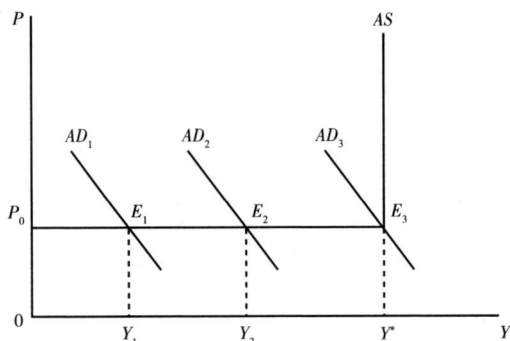

图 7 – 13　凯恩斯经济学短期总供给曲线

点，总供给曲线出现拐点，Y^* 是充分就业的产出量，一个短期终结。如果总需求曲线继续右移，便只有价格上涨而无产出增长。凯恩斯经济学短期分析的范围就是在 AS 曲线的拐点之左。多恩布什教授他们对图 7 – 13 中曲线形状的解释是，"短期 AS 曲线是水平的（凯恩斯总供给曲线），长期 AS 曲线是垂直的（古典总供给曲线）。"[①] 毋庸讳言，我们对他们的解释有一定的异议。

在图 7 – 13 中，AS 曲线在拐点之后与横轴垂直的部分并非需求约束型经济的长期总供给曲线，而仅表示连接上一个短期和下一个短期。和在供给约束型经济态势下一样，在需求约束型经济中，长期总供给曲线也不是与横轴垂直的，至少到目前为止没有这样的证据。在短期总供给曲线拐点左侧总产出增长的过程中，经济中各部门和各环节很难保证同步发展。同时，在总需求变动的影响下，具有某些物理属性的产品需求增长强劲，而具有另一些物理属性的产品需求增长停滞或大幅下降。于是，或许在技术方面，或许在劳动力方面，或许在资源方面，也或许在制度方面会率先出现"瓶颈"状态。未必就一定是达成"充分就业"才会出现总供给曲线拐点，而且拐点之后的总供给曲线也未必一定是与横轴垂直的（可能比较陡峭），详见图 7 – 14。

---

① 多恩布什、费希尔、斯塔兹：《宏观经济学》（第七版），中国人民大学出版社，2000，第 79 页。

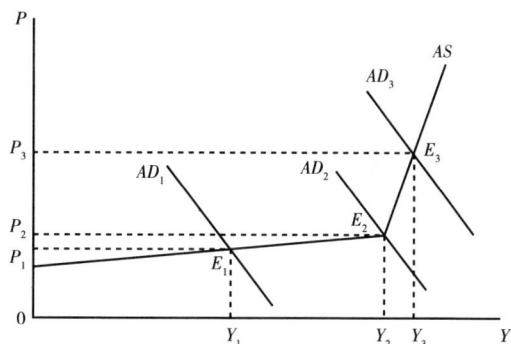

图 7 - 14 需求约束型经济态势下接近现实的短期总供求

如图 7 - 14 所示，实际经济中总供给曲线（拐点之左）虽然非常平缓，但不可能是完全水平的，和新古典经济学家一样，显然凯恩斯经济学也为简化分析而将曲线做成水平状态。在 AS 曲线拐点之左，随着总需求增长总需求曲线右移，价格水平涨幅不显著，总产出增幅显著。一旦总需求曲线右移到 AD_2 之后，方方面面的"瓶颈"效应累积到一定程度，总供给的问题就摆到明处了。统计数据一定就是经济增长率下降，价格涨幅可观（低高型）；或者是经济增长率很低，价格涨幅也很低（双低型）。当总需求曲线在总供给曲线的拐点之右达成均衡时（如 E_3 点），在总需求方面做文章的意义不大，而是需要一国经济当局对总供给做适当的调整。各国发展程度不同，人口、资源、环境不同，历史文化和制度安排不同，调整的政策也不尽相同，调整所需时间也不可能相同。

二 需求约束条件下的长期总供给曲线

在总供给结构发生了充分的调整之后，进入下一个短期。依此类推，众多短期组成长期（如图 7 - 15 所示）。于是，我们重申自己的判断，在需求约束型经济态势下，长期供给曲线应该是向右上方倾斜的，不应该也不可能是与横轴垂直的。

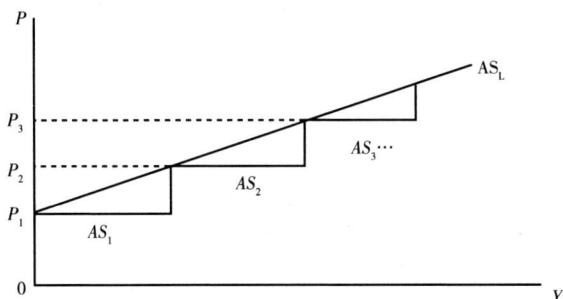

图 7 - 15　需求约束型经济中的短期和长期总供给曲线

图 7 - 15 中，AS_1 至 AS_3 是图 7 - 13 的简化版，把连续的各短期起点（价格拐点）用平滑的曲线连接起来，就是长期总供给曲线 AS_L。从逻辑角度分析，需求约束型经济的短期和长期不在于时间长短，而是以价格水平发生显著变化为划分的临界点。短期内，资本存量和产出是有一定（或较大）变动的。显然，这和前面讨论过的供给约束型经济的特点恰好相反。

各国的经验大多是长期总供给曲线向右上方倾斜，在需求约束型经济中，尚未见到有与横轴垂直的长期总供给曲线。我们仅以中国、美国和日本为例，恕不详细讨论。在图 7 - 16、图 7 - 17 和图 7 - 18 中，横轴为 GDP 指数，纵轴为价格总水平（GDP 平减指数）。

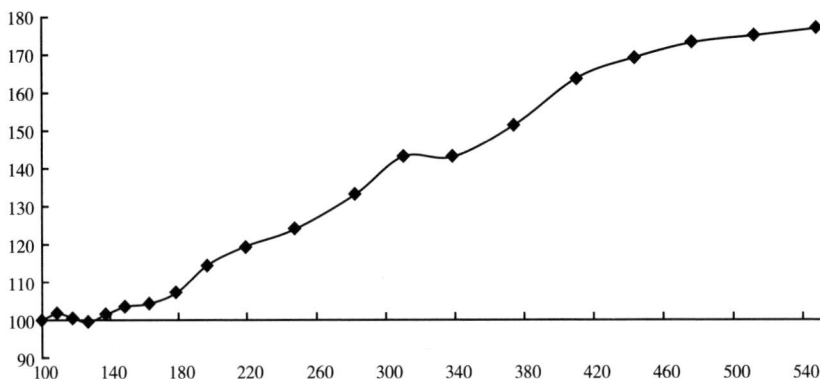

图 7 - 16　1996 ~ 2014 年中国的总供给曲线

资料来源：根据中国国家统计局网站（http：//data. stats. gov. cn/easyquery. htm？cn = C01）数据计算。

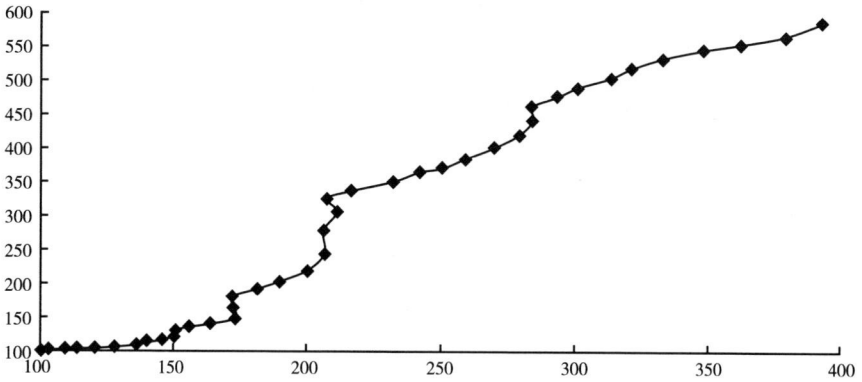

图 7 - 17　美国 1960 ~ 2000 年的总供给曲线

资料来源：根据《大萧条中的美国、中国、英国和日本》（刘巍、陈昭，经济科学出版社，2012）第 178 ~ 179 页表 5 - 1 中数据计算。

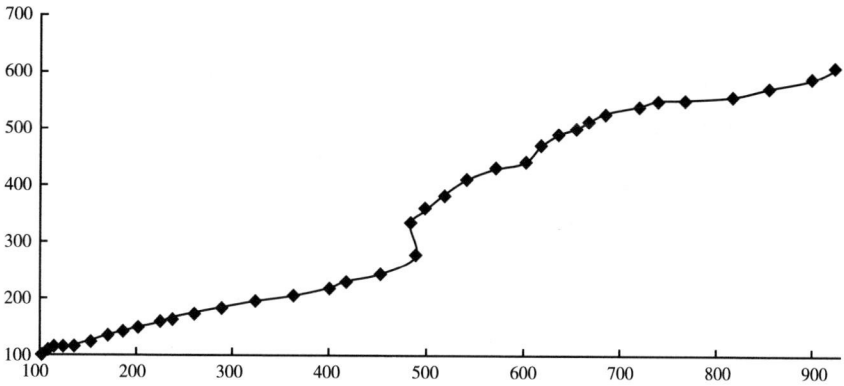

图 7 - 18　日本 1955 ~ 1991 年的总供给曲线

资料来源：根据日本内阁府官方网站发布的原始数据（详见 http：//www. esri. cao. go. jp/ en/sna/data/kakuhou/files/2009/23 annual_ report_ e. html）计算。

第八章　与每个人都有关：
通货膨胀与失业

通货膨胀是中长期宏观经济运行的重要问题，也是经济学中与实际生活联系最密切的问题之一。自 20 世纪 70 年代以来，它演变为普遍的国际性经济现象。考察通货膨胀问题，必先约定通货膨胀概念的内涵。但是，通货膨胀的定义常因经济情况与理论的变动而异。例如，在第二次世界大战后的初期，许多经济学家将通货膨胀视为一种"求过于供"的现象，即商品与劳务的支出总额超过总体经济的长期生产潜力的现象。另外一种说法，是货币收入总额的增长率超过实际国民生产总值的增长率。这些定义，都着重于"过度需求"因素。其后，经济学家又将分析的重心移至社会中各个不同阶层为维持自身实际收入和权益的斗争问题上：通货膨胀就是在短期内生产量已无法增加时，各阶层争取自身应得的实际收入的不断增长所造成的物价和工资的普遍上涨过程。

然而，这些都是从通货膨胀成因角度所做的理论描述。为方便从经济现象上观察，我们使用通货膨胀的简捷定义：**通货膨胀，是物价总水平采取不同形式（公开或变相）持续上升的过程**。在这个定义中，有几个关键词是要特别解释的。第一是"物价总水平"，即通货膨胀必须广泛地包括所有商品和劳务的价格。局部性的价格上涨不能视为通货膨胀。第二是"持续上升"，换言之，在真正的通货膨胀过程中，个别物价虽有升降，但一般物价则呈现持续上升的趋势。因此，季节性、暂时性或偶然性的价格上涨，也不能视为通货膨胀。第三是"不同形式（公开或变相）"，在公开形式下，政府当局并不采取物价管制和津贴措施，因此，物价上涨很明显。但在某些国家的某些时期，政府因为种种原因，对一般物价和工资实行严格管制，并对某些必需品采取津贴和配给措施（如凭票证供应）以保持市价平稳。表面上，官方物价指数变动不大，但实际上，这种制度往往带来供应短缺、黑市活跃等并发症。这就表示，如果政府管制被撤销的话，物价上涨便会公开暴露。政府直接管制只能暂时掩盖通货膨胀问题，而无力解决。

第一节　通货膨胀成因分析

一　物价指数分类

通货膨胀既然指的是物价总水平持续上升的过程，如何测算物价水平就成了一个重大问题。目前，世界上大多数国家采用以下一种或一种以上的物价指数。

（一）消费者价格指数

消费者价格指数（CPI）是根据具有代表性的家庭消费开支所编制的物价指数。它涉及所有消费商品和劳务（包括耐用消费品）。中国从1984 年开始编制消费者价格指数，从统计年鉴上可直接查到。许多国家根据不同收入阶层的消费支出特点，进一步编制出不同阶层的消费者价格指数。这种指数的优点是资料较易搜集、公布频率较快（通常为每月一次），因此能迅速地反映直接影响民生的物价趋势。缺点是涉及的范围较窄（资本品和进出口商品的价格均不包括在内）。而且它也不能正确地表现所消费商品与劳务的质量改善（不过，这一缺点在其他指数中也存在）。

（二）批发价格指数

消费者价格指数是一种零售价格指数，与此相反，批发价格指数则是根据制成品和原料的批发价格编制而成的物价指数。这一指数的优点是对商业循环较为敏感，但缺点是因为不涉及各种劳务，所涉及的范围较消费者价格指数狭窄。

（三）GDP 平减指数

这是涵盖范围较宽的指数，它的定义是按当年价格计算的国内生产总值与按固定价格计算的国内生产总值的比率。GDP 平减指数的优点是它涉及的范围较为宽泛，包括各部门的消费品、资本品（如房屋建筑物、机器、设备、原料和半制成品）、进出口商品与劳务等的价格在内，因此较能准确地反映一般物价水平的趋势。缺点是资料较难搜集，公布频率不如消费者价格指数。大多数国家通常为每年一次，即使在国民收入统计制度最完善的国家，目前也只能做到每季度一次，所以不能迅速地反映通货膨胀的程度和动向。

从通货膨胀定义角度讨论，在以上三种物价指数中，GDP 平减指数较为适当，因此被用作度量通货膨胀的尺度。

从现象上看，通货膨胀就是物价上涨，但物价上涨的成因是不尽相同的。总的来说，物价上涨的促成因素有货币的和非货币的两大类。有时，物价上涨是由一种因素导致的；有时，物价上涨是由两种及以上因素交替引起的。

二 通货膨胀类型

（一）需求拉动型通货膨胀

需求拉动型通货膨胀是指，物价上涨是由对商品和服务需求的大幅度上升引发的。对商品和服务的需求是什么概念？简言之，就是公众在市场上用货币买东西和接受服务。这就说明，需求上升的必要条件是货币量——尤其是 M_1——增长。无论银行体系是主动地还是被动地造成了货币量的增长（即责任是否在银行体系），事实都是先有货币量的持续增长，接着才有需求的攀升，从而导致物价持续上涨。因此，可以认为，需求拉动型通货膨胀是由货币因素引发的，尽管货币量的变动可能另有缘由。

综上所述，分析需求拉动型通货膨胀显然应从货币因素入手。

1. 货币均衡与总供求均衡

在前面的章节里，货币理论阐述了这样一种变量之间的传递机制：

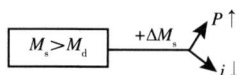

$$\boxed{M_s > M_d} \xrightarrow{+\Delta M_s} \begin{array}{l} P\uparrow \\ \\ i\downarrow \end{array}$$

这种机制的意思是说，当货币供给量大于公众的货币需求量时，在公众手中就会产生一定数量的超额货币供给 ΔM_s。人们会将 ΔM_s 抛向两个市场：商品市场和资产市场。在商品市场上，将出现需求扩张局面，引致一定幅度的物价上涨。如果经济处于充分就业（资源充分利用）条件下，那么，新增的货币将全部转化为上涨的价格；如果经济处于非充分就业（资源非充分利用）条件下，物价上涨的幅度较小（极端的情况是物价不变），同时伴有经济增长。在资产市场上，新增的货币会形成对有价证券的需求，使得有价证券价格上升，利率下降。

我们再把商品市场总供求的因素考虑进来，简要分析一下货币供给与货币需求、总供给与总需求从事前不均衡同时达到事后均衡的情形：

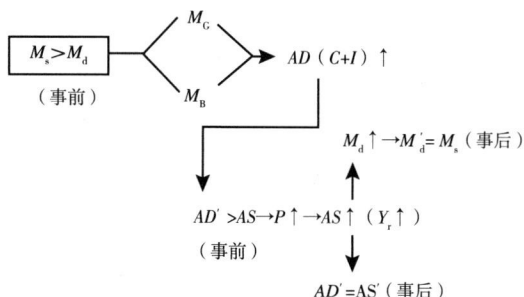

$$\boxed{M_s > M_d} \begin{array}{c} M_G \\ \diagup \\ \diagdown \\ M_B \end{array} \rightarrow AD\,(C+I)\uparrow$$

（事前）

$$M_d\uparrow \rightarrow M'_d = M_s\,（事后）$$

$$AD' > AS \rightarrow P\uparrow \rightarrow AS\uparrow\,(Y_r\uparrow)$$

（事前）

$$AD' = AS'\,（事后）$$

上述传递机制表明，当事前货币供给大于货币需求时，产生了超额货币供给。超额货币供给量冲向商品市场 M_G 和资产市场 M_B，导致总需求 AD（包括对消费品的需求 C 和对资本品的需求 I）上升。总需求上

升到 AD'，造成了事前总需求大于总供给。于是，价格上涨。上涨的价格向厂商提供了"求大于供的信号"，在非充分就业条件下，厂商会扩大生产，由此总供给上升，且一直上升到与 AD' 相等为止，于是实现了总供求的事后相等。同时，实际国民收入的上升（总供给）也使得货币需求量上升，且一直上升到 M'_d，即与货币供给量相等为止。其实，正是货币需求量上升到 M'_d，消化掉了 ΔM_s，即 $M'_d = M_d + \Delta M_s$，才使总需求膨胀的势头停下来。

这样，由货币因素发动的一轮经济升温结束了。如果接下来的若干个时段均与此时段的情形相同，就属于本章开头所讲的"物价总水平持续上升"。

2. 需求拉动型通货膨胀

根据前面的分析，我们可以从中抽取出关于需求拉动型通货膨胀发生的经济机制，即：

$$\Delta M_s \to AD \to P\uparrow \to AS(Y_r)\uparrow$$

上述传递机制可用图 8-1 表示。图 8-1 说明，需求拉动型通货膨胀是货币因素发动的。首先，超额货币供给使得总需求扩张，图 8-1（a）描述的是 $AD = f(\Delta M_s)$。其次，每一个 AD 都对应着一个价格水平，且二者正相关，可以大致认为 $P = f(AD)$，即物价是总需求拉动的。最后，图 8-1（b）描述的是价格对总供给的刺激过程：在总供给曲线的斜线部分，是非充分就业经济阶段，价格上升能够刺激总供给增长，即 $Y = f(P)$。

3. 不同斜率的总供给曲线与价格上涨

一般来说，在各国经济运行中，长期总供给曲线向右上方倾斜是常态，与横轴平行（供给弹性无穷大）的总供给曲线是需求约束型经济的短期极端形状，垂直（供给完全无弹性）的总供给曲线是供给约束型经济短期的极端形状。也就是说，长期中货币因素发动的适度价格上涨或多或少都可以拉动产量增长。但是，各国的总供给曲线的斜度又是

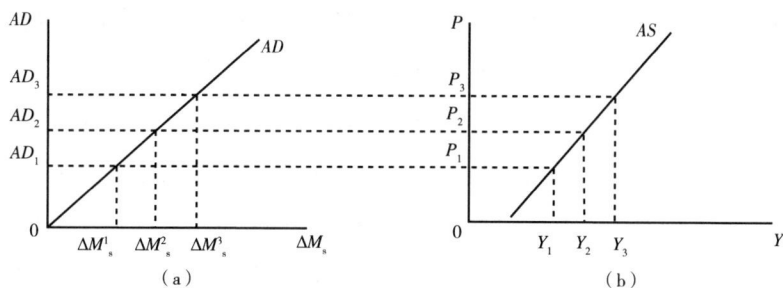

图 8-1 需求拉动型通货膨胀

极不一致的。

在图 8-2 中，A 国的总供给曲线比较平缓，而 B 国的总供给曲线则比较陡峭。从图上观察，同样的价格涨幅（$P_2 - P_1$），在 A 国可以拉动的经济增长幅度显然大于在 B 国（$Y_2 - Y_1 > y_2 - y_1$）。造成这种局面的原因是两国的总供给曲线斜率不同，总供给曲线越是平缓，价格对产量的影响越大，反之则反是。那么，各国总供给曲线斜率不同的原因何在呢？

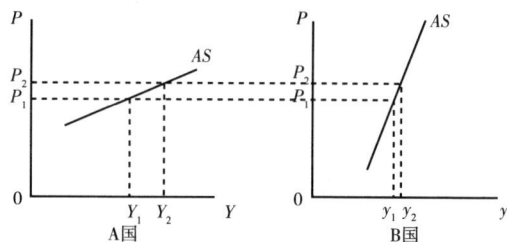

图 8-2 不同斜率的总供给曲线

首先，取决于两国的总供求态势。假设 A 国处于需求约束型经济态势下，总供给潜力巨大，此时由于某种生产要素不足，价格总水平上升，但同时可以拉动 GDP 有较大幅度增长。需求约束型经济下不太惧怕通货膨胀，但对通货紧缩比较惧怕。从图 8-2 中 A 国的情况看，如果是价格从 P_2 跌回到 P_1，GDP 会有较大幅度的下降。供给约束型经济与需求约束型经济不同，总需求拉动价格变动幅度较大，拉动总产出变动幅度较小。即使是总需求回落导致价格下降，总产出回落的幅度也不大。在极端情况——总供给曲线与横轴垂直下，如果其他条件不变，价格涨跌都不影响 GDP。从总供求态势角度观察，需求约束型经济条件下发生严重通货膨胀的可能性不大，因为有强大的总供给能力做后盾，但是，存在因有效需求不足而发生经济衰退的可能性。严重通货膨胀，甚至恶性通货膨胀一般会发生在供给约束型经济中，因为有效供给不足是这种类型经济体的短板。

其次，总供求态势相同，即两国都是供给约束型或需求约束型，我们认为，主要原因在于市场机制的健全程度不同。近年来，"市场机制"一词简直被各种新闻媒介用滥了，它究竟指什么？我们认为，在价格与总供给的关系方面，它至少应该包括以下内容。

（1）市场准入机制。在需求因素造成的物价上涨发生时，物价信号呼唤着新厂商进入市场。但是，如果政府设置的门槛很高，甚至推行垄断制度，那么，价格上涨会使原有的厂商获得更高的垄断利润，而产量增长的幅度不会很大。这样，供给曲线就比较陡峭。反之，供给曲线就比较平缓。

（2）融资机制。假设市场准入机制是健全的，但新加入的厂商会面临资金的问题。如果厂商需要自己攒钱（内源融资）来投资生产，那么，也许当市场契机已经消失时，新厂商的钱仍没有攒够。因此，需要有良好的股票债券发行机制、银行信贷机制和外资利用机制，即健全的金融机制存在于市场体系之中。这些机制健全，供给曲线就平缓，反之，供给曲线就陡峭。

（3）劳动力自由流动机制。假设市场准入机制、融资机制都是健全的，新厂商现在需要的是多层次的劳动力（管理人员、技术人员、熟练工人、非熟练工人……），这恐怕需要在全国或更大范围内配置劳动力资源。如果公民离开常住地半步就要"介绍信"，到哪儿工作都必须凭"户口"和"档案关系"才能住房、吃饭和看病，各个地方当局又推行"画地为牢"的政策，那么，劳动力自由流动机制就是一句空话。没有这个机制或这个机制不健全，供给曲线一定是陡峭的。只有建立了健全的劳动力自由流动机制，供给曲线才有可能是平缓的。

（4）自由的国际贸易机制。假设市场准入机制、融资机制和劳动力自由流动机制都是健全的，但是，生产某种产品需要从国外进口某种设备或国内无替代品的关键原材料，而进口还需层层审批，甚至有官僚腐败掺杂于其中的话，那么，该种产品的生产就比较困难。因此，要想有较为平缓的供给曲线，就一定要有自由的国际贸易机制。

上述 4 个机制基本上决定了供给曲线的斜度。如果这 4 个机制健全，我们就可以说市场机制是健全的。这样，由货币因素（或称需求因素）引发的一定幅度的价格上涨，就可以较大力度地促进经济增长。同时，也必须注意的是，产量对价格越是敏感，在价格下跌时，对经济的负面影响就越大。在当前的世界经济体系中，价格上涨和价格下跌都是可能的，治理通货膨胀和治理通货紧缩一样重要。

（二）成本推进型通货膨胀

和需求拉动型通货膨胀相反，成本推进型通货膨胀是由非货币因素引发的，根源在于总供给方面。在当代世界各国，存在各种强大的、对市场价格具有操纵力量的压力集团。例如，人为控制物价的卡特尔（其中最著名的为石油输出国组织）、具有不同程度垄断性质的大企业，它们可以在总需求不变的情况下，或不顾总需求趋势如何的情况下，独立地以人为的方式提高供应价格。这种价格变动，由于并非源自需求增加，所以短期内必然引起价格上涨和经济衰退并发的现象。

这一基本理论，可用图 8 - 3 表示。众所周知，总供给曲线也可解释为总成本曲线。在图 8 - 3 中，DD 是固定不变的总需求曲线。平面上有三条总供给曲线 S_1、S_2、S_3，在同一产出水平上（如 Y_3）成本由低到高向上排列，三条曲线都向右上方倾斜。设总需求曲线与总供给曲线 S_1 最初相交于 a，a 点对应着横轴上充分就业条件下的物价 P_1。假如供给方面的因素促使成本上涨（如工资、原料价格的上升）而使总供给线从 S_1 向上移动至 S_2 和 S_3，则一方面物价水平从 P_1 上升至 P_2 和 P_3，另一方面生产总量从 Y_1 降至 Y_2，再降至 Y_3，或者说，$Y_1 - Y_3$ 是产量的损失。这是"纯粹的成本推进论"模型。且不管成本上升来自何方压力。

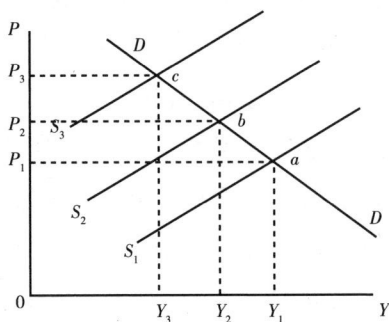

图 8 - 3　成本推进型通货膨胀

总之，成本推进型通货膨胀可以用式（8 - 1）的函数表示：

$$P = f(C) \tag{8-1}$$

式（8 - 1）中，P 表示物价，C 表示成本。该式说明，物价是成本的增函数。

如果考虑成本上升的原因，则成本推进型通货膨胀又可以分为两类：来自厂商方面的成本上升，称为"利润率附加模型"；来自工会方面的成本上升，称为"工资领导模型"。如果说需求拉动型通货膨胀对经济增长还有一定好处的话，那么，成本推进型通货膨胀就是不折不扣的"坏"通货膨胀。因为随着物价水平的上升，产量是下降的。

（三）混合型通货膨胀

在成本推进型通货膨胀发生的条件下，如果政府当局为避免失业和经济恶化而采取扩张性的财经措施来"批准"最初的成本上升，则物价势必将呈现螺旋式上涨趋势。如图 8 - 4 所示，初始的供给曲线为 S_1，与初始的需求曲线 D_1 相交于 a 点，产出量为 Y_1。成本增加导致 S_1 上升到 S_2，物价由 P_1 上涨到 P_2，产量由 Y_1 下降到 Y_2（交点 b），显然，会发生失业现象。如果政府为了维持高水平就业而运用扩张性财政政策和货币政策，将总需求 D_1 提升至 D_2，物价上涨到 P_3，产量增长到 Y_3（交点 c）。若成本再度上升，总供给曲线上升到 S_3，则物价上涨到 P_4，产量下降到 Y_4（交点 d），又有失业出现。政府再度干预，将需求曲线抬升到 D_3，与 S_3 相交于 e 点，产量增长到 Y_5，物价上涨到 P_5。在此过程中，物价不断上涨，产量不断发生增减波动。

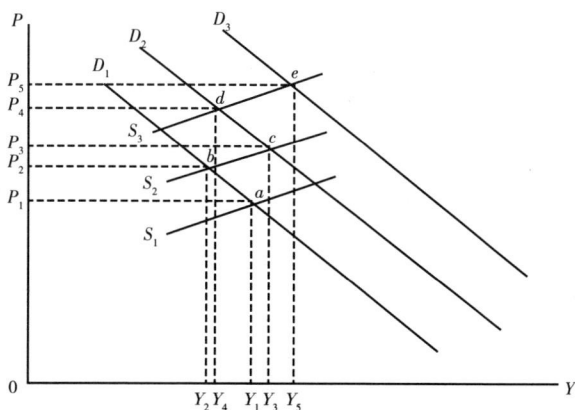

图 8 - 4 混合型通货膨胀

图 8 - 4 是将需求因素和供给因素综合分析的几何模型，因此，被称为"混合型通货膨胀模型"或"混合型供求模型"。

第二节 通货膨胀的国际传散

在前面所讨论的通货膨胀理论中，都有一个暗含的前提假设——经济是封闭的，即不考虑对外经济往来对一国经济的影响。但是，这个假设只是为了分析方便，属于技术性假设。由于国际经济关系日趋密切，投资、贸易和旅游往来日趋频繁，一国物价的上升，很容易经过种种渠道传散至他国。这种通货膨胀蔓延的倾向，在 20 世纪 70 年代所爆发的石油危机中充分暴露出来。

一 通货膨胀国际传散的途径

经济合作与发展组织在 1973 年发表的研究报告指出，在固定汇率制下通货膨胀的国际传散主要有四条途径。

（1）价格途径。这是指直接的国际性价格联系。在自由贸易的状况下，一切国际贸易商品的价格，经过计算汇率，均有趋同倾向。否则，套利活动也会促使物价趋同。这便是所谓的"一价定律"。这一定律被不同的理论模型，如货币主义模型、"北欧模型"所共同采用。

（2）需求途径。这是指一国的需求过剩现象，可经国际贸易而传散至别国。例如，若某一国存在过度需求，则对进口商品的需求也会增加。这会刺激别国出口的增加，经过出口乘数作用，又会引致该国的收入扩张过程。如各国均扩展至接近充分就业，则国际物价在需求的拉动下，势必节节攀升。

（3）现金余额途径。这是指货币量过度增长在国际性通货膨胀中的作用。对于任何一国而言，货币量的增长率超过生产率的增长势必会刺激该国对输入商品的需求，从而导致该国的国际收支逆差，然而一国的逆差便意味着他国的顺差。在固定汇率下，国际收支顺差必然意味国内货币量的增长。在各国货币量不断增长的情况下，国际性通货膨胀也就无法避免。

（4）国际性预期及示范作用途径。这是指国际物价上涨对国内物价之预期形成的作用，以及某一国的工资大幅度上升对他国所产生的示范作用。在高度工业化国家，工资调整是通过集体谈判决定的，各国的工会经常保持密切联系和合作。所以，一国工会如促成较大的工资调整，便会引起他国工会的模仿行动。20 世纪 60 年代中期以后，欧美各国的"工资爆炸"多少受这种因素的影响。同样的，石油和粮食价格的暴涨，当然也会引致预期物价变动率的向上修正。

在理论上，浮动汇率制可以让某一顺差国家通过本币升值的方法，使本国不致受逆差国家通货膨胀的传染。但是，这种"防火墙"手段并不是最佳的。逆差国家的币值既然不断下降，顺差国家启动"防火墙"，使得逆差国利用增加进口作为减轻通货膨胀压力的方法受到阻碍。"防火墙"将通货膨胀压力隔离在逆差国家之内，使该国通货膨胀更趋恶化。

二　通货膨胀国际传散模型

通货膨胀的国际传散理论模型中有两种最为成熟，一种是"北欧模型"，另一种是货币主义模型。

（一）"北欧模型"

由于创设这种模型的大多是斯堪的纳维亚国家（挪威、瑞典、丹麦等国）的经济学家，因此该模型被称为"北欧模型"。它的理论分析对象是小型开放经济体或海岛经济体。所谓小型，是指该经济体在世界市场上对商品价格毫无影响力，是国际价格的接受者。"北欧模型"将一国经济分为开放部门和非开放部门两个部门，前者与世界市场有直接联系，后者与世界市场没有直接联系。世界市场价格对一国经济影响的传递过程是：世界市场的价格变动首先导致一国开放部门的相应价格变动，因为原材料、零部件的投入成本变化，然后又引起国内非开放部门的相应价格变化，从而发生整个价格水平的变化，最终导致产量和就业水平的变化。即：

$$P_{w} \uparrow(\downarrow) \rightarrow \boxed{P_{d1} \uparrow(\downarrow) \rightarrow P_{d2} \uparrow(\downarrow)} \rightarrow P_{d} \uparrow(\downarrow)$$

P_{w} 为世界市场价格水平，P_{d1} 为一国开放部门价格水平，P_{d2} 为一国非开放部门价格水平，P_{d} 为一国整体价格水平。实际上，这条渠道正是通货膨胀的国际传散途径。我们用"北欧模型"来解释通货膨胀的传递过程，而略去对紧缩效应的分析。"北欧模型"的主要论点如下。

（1）世界价格决定开放部门价格。世界价格经汇率转化后，成为本国货币表示的开放部门价格，而这一价格又与生产率一起决定利润率。

（2）开放部门的利润率决定该部门的工资率。一般而论，工资率将调整至该部门能维持正常的利润率，否则该部门无法在外来竞争压力下生存。

（3）通过全国性的集体谈判，开放部门的任何工资增加，将导致非开放部门工资率的相应增加，但因后者的劳动生产率低于前者，而工资则做同比例的调整，这就不可避免地引起工资引领的通货膨胀。

（4）国内的通货膨胀率，是两个部门工资上涨率的加权平均。

上述论点可用一个等式来表述。

设：$\dot{P}$ 为国内通货膨胀率；$\dot{P}_e$ 为开放部门的物价上涨率；$\dot{P}_s$ 为非开放部门的物价上涨率；$\dot{P}_w$ 为世界市场物价上涨率；λ_e 为开放部门的劳动生产率增长率；λ_s 为非开放部门的劳动生产率增长率；α_e 为开放部门在整个经济中的比重；α_s 为非开放部门在整个经济中的比重。

根据模型的意义，开放部门的物价上涨率被世界市场的物价上涨率所决定，即 $\dot{P}_e = \dot{P}_w$。由于非开放部门的劳动生产率增长率较开放部门低，所以其物价上涨率高，即 $\dot{P}_s = \dot{P}_e + (\lambda_e - \lambda_s)$。如国内通货膨胀率为两个部门的加权平均，则 $\dot{P} = \alpha_e \dot{P}_e + \alpha_s \dot{P}_s$。最后，根据定义 $\alpha_e + \alpha_s = 1$。总结一下，则有：

$$
\begin{aligned}
\dot{P} &= \alpha_e \dot{P}_e + \alpha_s \dot{P}_s = \alpha_e \dot{P}_w + \alpha_s (\dot{P}_w + \lambda_e - \lambda_s) \\
&= (\alpha_e + \alpha_s) \dot{P}_w + \alpha_s (\lambda_e - \lambda_s) \\
&= \dot{P}_w + \alpha_s (\lambda_e - \lambda_s)
\end{aligned}
\tag{8-2}
$$

式（8-2）的含义是：国内通货膨胀率由两部分组成。其一为国际性通货膨胀率，其二为非开放部门比重与生产率差距的乘积，后者可视为一种结构性通货膨胀指标。

在这种价格传递过程中，一国的开放部门在国民经济中的比重越大，则世界市场价格变动对国内经济的影响越大。同时，一国的进出口总值在世界市场上所占的比重越大，某种商品在世界市场上的总供给或总需求中所占的比重越大，则受世界市场价格机制传递的作用越大。当然，一国政府采取的特殊政策可以减缓该国经济受传递机制冲击的程度。例如，一国实行外贸国家统制和价格管理政策，则这种传递作用的影响就会小得多。

（二） 货币主义模型

货币主义模型的思路：一国通货膨胀率高于世界其他主要国家的通货膨胀率，大多是因为信用宽松，国内货币供应相对过多。在资本自由流动条件下，资本势必会流往国外，对国际收支产生逆差影响。在该国国内采取紧缩政策后，通货膨胀率下跌，资本不再外流。但本国的通货膨胀已传散到国外。当世界其他主要国家的通货膨胀率高于国内时，资本流入国内，产生资本收支盈余影响。为了避免资本的过多流入，该国便会扩大信贷和货币流通量，使国内通货膨胀率与世界一致，这样世界通货膨胀就传递到了国内。

在货币学派内部，各位经济学家的理论也不是完全一致的。我们采用孟德尔的模型进行分析。孟德尔和约翰逊等人继承了18世纪英国哲学家兼经济学家休谟的"货币－价格调节机制"的思想，强调世界性通货膨胀的根源是世界货币总量的过度增长，而国际收支和外汇储备的消长则是物价上涨的传递机制。所以，此说又被通称为"国际货币主义"。

设：M_d 为货币需求，P 为物价，Y 为实际收入或实际产量。众所周知，货币学派认为货币需求理论函数是一阶齐次的，且货币需求的利率弹性又相当小，因此货币需求理论函数可简写为：

$$M_d = f(PY) = Pf(Y) \tag{8-3}$$

货币供给 M_s 为国际储备或国外资产 R 和国内信贷或银行体系国内资产 C 的总和。在世界商品与资本市场处于完全竞争状态的假设下，均衡条件随时可以实现。这可用式（8-4）和式（8-5）来表达：

$$M_s = R + C \tag{8-4}$$

$$M_s = M_d \tag{8-5}$$

将式（8-3）对数微分可得：

$$\frac{\dot{M}_d}{M_d} = g_p + \eta g_y \qquad (8-6)$$

式（8-6）的 g_p 为物价上涨率，g_y 为实际收入增长率，η 为实际货币需求的收入弹性，即：

$$\eta = \frac{\dfrac{d(M_d/P)}{(M_d/P)}}{\dfrac{dY}{Y}}$$

用同一方法，将式（8-4）对数微分可得：

$$\frac{\dot{M}_s}{M_s} = rg_r + (1 - r)g_c \qquad (8-7)$$

式（8-7）中，$r = \dfrac{R}{R + C}$，为国际储备在货币供给中所占的比例，g_r 为国际储备增长率，g_c 为国内信贷增长率。

由式（8-5）、式（8-6）、式（8-7）可得：

$$g_p + \eta g_y = rg_r + (1 - r)g_c \qquad (8-8)$$

即：

$$g_p = rg_r + (1 - r)g_c - \eta g_y \qquad (8-9)$$

从式（8-9）可得出以下结论。①实际收入增长率越大，物价上涨率越小；因为货币需求的收入弹性为正数，所以，η 越大，物价上涨率越小。②国际储备增长率越大，物价上涨率越大。③由于（1-r）必为正数，所以，国内信贷增长率越大，物价上涨率越大。

第三节　价格与失业——菲利普斯曲线

价格持续变动对宏观经济诸多层面都会造成一定的影响，其中，与大多数人休戚相关的一个问题就是失业（或就业）。许多经济学家对价格和失业的关系问题很关注，也有许多著名文献问世，但较早做出理论架构式研究的是新西兰经济学家菲利普斯。限于篇幅，本节只讨论菲利普斯的价格与失业的逻辑关系。

一　失业的类型与失业的成本

失业是指劳动力市场上劳动供给大于劳动需求，从而使适龄劳动人口中的一部分人没有工作并正在寻找工作的现象。各国对"适龄劳动人口"和"正在找工作"的概念都有具体规定，可查阅相关资料。

（一）失业的类型

1. 摩擦性失业

这是劳动力正常流动过程中出现的失业现象。从劳动力需求角度看，各行业、各地区的劳动力需求经常变动，从而辞退或招收工人的情况不规律发生；从劳动力供给角度看，劳动者不满现有工作的收入或其他待遇，辞职再找新的工作也屡见不鲜。劳动力辞职或被解雇，再找到新的工作，需要一段时间。在这段时间内的失业者，就属于摩擦性失业者。

2. 结构性失业

由于产业结构的变化导致夕阳产业的劳动力需求大幅度下降，失去工作的劳动力的劳动技能又不符合朝阳产业对劳动力技能的要求，需要对失业者进行劳动技能的培训，失业者才有可能找到新工作。因此，造成为数不少的同行业劳动力大量失业，这种失业就是结构性失业。

3. 周期性失业

这种失业又称为"需求不足失业"，即企业缺乏订单造成的劳动力失业。这种失业是随经济增长的波动而周期性发生的。通常认为，政府的相关政策拉升有效需求之后，周期性失业即可缓和或消失。

4. 自然失业

这种失业又称"长期均衡失业"，因为失业是个动态概念，所以，即使是在经济最好的时期，也有人由于不同的原因处于失业状态。弗里德曼认为，这种失业是必然的。于是，充分就业就应该是指失业率不高于自然失业率，而不是适龄劳动人口百分之百就业。

（二）失业的成本

1. 总产出的损失

有失业就会有相应比例的资本存量闲置，总产出就会有损失，这无疑是一种社会浪费。但是，总产出的损失不是失业造成的，而是有效需求不足造成的（需求约束型经济条件下），相反，失业是总产出萎缩造成的，深究一步，也是有效需求不足造成的。这里所说的总产出损失是一种考量的方法，而不是一般意义上的因果关系。

20世纪60年代，美国经济学家奥肯提出了一个统计规律，用来估计失业和总产出损失的数量关系，被学界称为"奥肯定律"：

$$u = \bar{u} - a\frac{y - \bar{y}}{\bar{y}} \tag{8-10}$$

式（8-10）中，u 为失业率，$\bar{u}$ 为自然失业率，y 为国民收入，$\bar{y}$ 为充分就业下的国民收入。a 为待定参数，即失业率对总产出变动的敏感程度，这个参数在各国、一国各发展阶段都不一样，奥肯曾估算美国20世纪中期的 a 为0.3。

式（8-10）右端的分式通常为负值。当国民收入等于充分就业下的国民收入时，失业率等于自然失业率，分式为0。但是，通常会有 $y - \bar{y} < 0$，于是，当 y 小于充分就业下的国民收入1%时，u 就会上升 a%（譬如奥肯估算的0.3）。或者反过来说，失业率上升1%时，国民收入要损失 $\frac{1}{a}$%。

2. 失业的社会成本

失业对失业者及其家庭的心理打击和生活水平的冲击是可想而知的，长期失业会造成诸多社会问题，这是难以用经济成本衡量的。同时，大量失业会造成社会秩序失控，对经济运行环境造成不可估量的影响。

二　失业率与通货膨胀率的交替关系

菲利普斯曲线（Phillips Curve）是经济学理论中用来表示失业率和通货膨胀率之间替换关系的曲线。菲利普斯曲线是新西兰经济学家菲利普斯于 1958 年在英国伦敦政治经济学院任教时首先提出来的。他依据 1861～1957 年近一个世纪中英国失业率和货币工资变化率的关系做了一条曲线，用来表示失业率和货币工资变化率之间的交替关系，具体见图 8-5（为分析简单，L 画成了直线）。

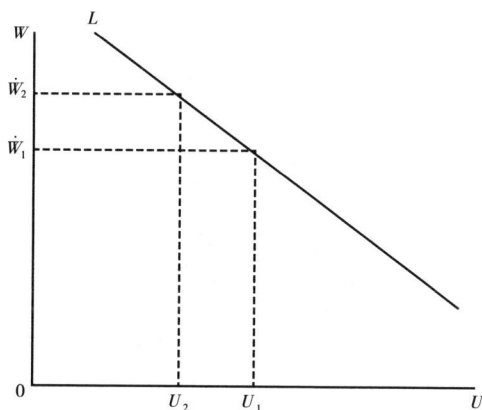

图 8-5　标准的菲利普斯曲线

图 8-5 中，纵轴表示货币工资增长率，横轴表示失业率。曲线 L 为菲利普斯曲线。这一曲线所表明的是，当货币工资增长率由 $\dot{W}_1$ 上升到 $\dot{W}_2$ 时，失业率就由 U_1 下降到 U_2。由于货币工资变动率与物价上涨率高度相关，而通货膨胀率又用物价上涨率表示，因此，图 8-5 的纵轴也可以表示通货膨胀率。这样，后来的经济学家就把通货膨胀率与失业率之间的关系用菲利普斯曲线来表示。

图 8-6 中，菲利普斯曲线表示通货膨胀率和失业率的交替关系。纵轴表示通货膨胀率，横轴表示失业率，曲线 L 上点的移动表明失业率

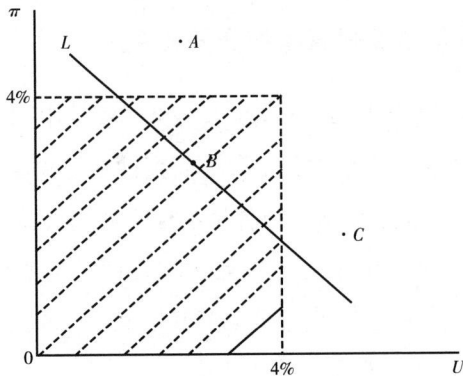

图 8 - 6　菲利普斯曲线的临界点

和通货膨胀率之间是此消彼长的交替关系。

图 8 - 6 假定 4% 的通货膨胀率和 4% 的失业率为社会可以接受的临界点，那么图中的阴影部分就表示安全范围。当通货膨胀率和失业率均处在这个范围内时，如图上的 B 点，政府则不必进行干预，如果在安全范围之外，如图上的 A 点、C 点，政府就要采取干预措施，或者以较高的失业率来换取较低的通货膨胀率，或者相反。因此，该曲线所表明的上述关系，给各国政府的需求管理提供了一个方便的工具，它犹如一个"菜单"，成为各国政府以自己的"口味"权衡取舍的一个依据。

三　货币因素导致的价格上涨与失业率——负斜率的菲利普斯曲线

标准的凯恩斯理论认为，总需求小于总供给时，社会上就有失业，总需求大于总供给时，社会上就会出现通货膨胀。持此观点，失业与通货膨胀不会并存。菲利普斯曲线体现的就是这样一种思路，这个曲线所表明的关系也被凯恩斯的追随者所接受和运用。图 8 - 7 描述了价格水平与失业率的关系。

图 8 - 7 （a）和图 8 - 7 （b）所示的是需求拉动型通货膨胀模型。图 8 - 7 （c）是转换坐标系，横、纵二轴都表示价格，通过坐标系中的

45°线，将纵轴上的 P_1 和 P_2 转换到横轴，再映射到图 8 - 7（e）的横轴上。图 8 - 7（e）是菲利普斯曲线，说明了通货膨胀与失业率之间的交替关系。图 8 - 7（d）所示的是产量与失业率之间的关系曲线，同菲利普斯曲线一样，产量与失业率也是负相关的。这是因为，在一定的技术条件下，就业人数越多产量越高，反之则反是。由此看出，菲利普斯曲线暗含着一个假设——技术不变。

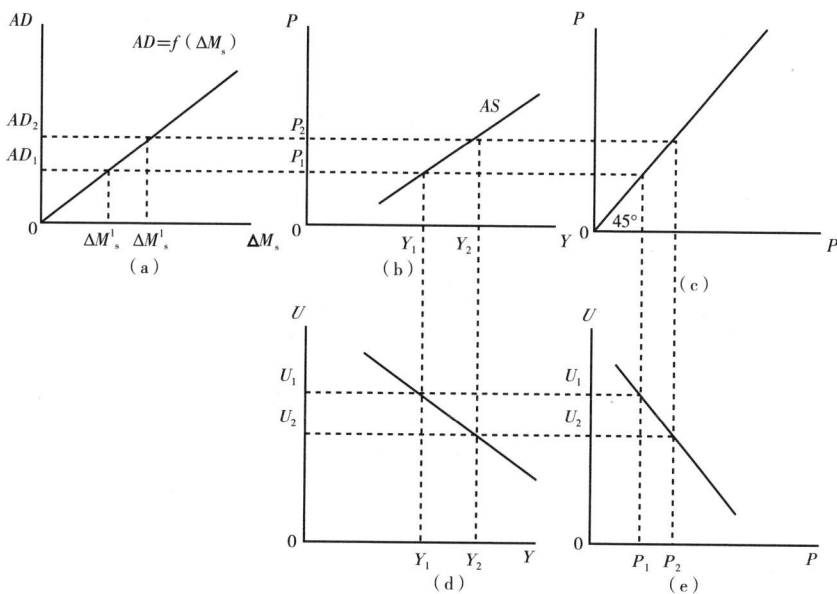

图 8 - 7　货币因素导致的价格上涨与失业率

四　非货币因素导致的价格上涨与失业率——正斜率的菲利普斯曲线

20 世纪 60 年代以后直至 80 年代，西方各国的"滞胀"日趋严重，失业率与通货膨胀率几乎同步上升，菲利普斯曲线不断向右上方移动，原来的临界点不再适用，这就使菲利普斯曲线遇到了严重的挑战。经济学家们对此提出了不同的看法，有的认为根本不存在物价和失业率的交替关系，有的则不否认这种关系，但曲线的位置是可以变换的。我们认为，这种现象也许与成本推进型通货膨胀、混合型通货膨胀有关。

在成本推进型通货膨胀发生时，价格与产量是负相关的。但是，在技术一定的条件下，无论如何产量与就业人数也应该是正相关的。于是，价格越是上涨，则失业率越高。另外，由于凯恩斯主义成为主流经济学，各国政府是干预经济运行的。于是，混合型通货膨胀也应该时有发生。在混合型通货膨胀条件下，价格上升而产量来回摆动，于是，价格与失业率之间的线性关系就几乎不存在。

图8-8描述了非货币因素导致的价格上涨与失业率的关系。图8-8（a）所示的是成本推进型通货膨胀模型。图8-8（b）是转换坐标系，可将图8-8（a）中的价格映射到图8-8（d）中。图8-8（c）描述了产量与失业率的关系，在技术一定的条件下，二者应该是负相关的——可以通过产量确定失业率。通过图8-8（c）可以得到与图8-8（a）中产量对应的失业率。由此，便得到了一条斜率为正的"菲利普斯曲线"。我们再次强调，菲利普斯曲线暗含的假设为技术不变。英国工业革命以来的历史表明，技术越先进，单位产出所需劳动力越少。因此，不同时期产出的就业弹性是不一样的。在用菲利普斯曲线解释价格水平与就业的关系时，必须选择技术进步平稳的时期，不能跨度太大。例如，菲利普斯的数据若再多100年——从1761年开始，这个曲线的解释能力就会大打折扣，因为跨越了工业革命前后时代，从而技术不变且产出的就业弹性稳定是不成立的。

由于混合型通货膨胀条件下的价格与产量几乎没有线性关系，所以，解析几何方法分析从略。

第四节　通货膨胀的经验性对策

通货膨胀既然具有不同的性质和形态，政府当局在拟定和执行适当的对策之前，必须先对本国所面临的通货膨胀问题有正确和深刻的诊

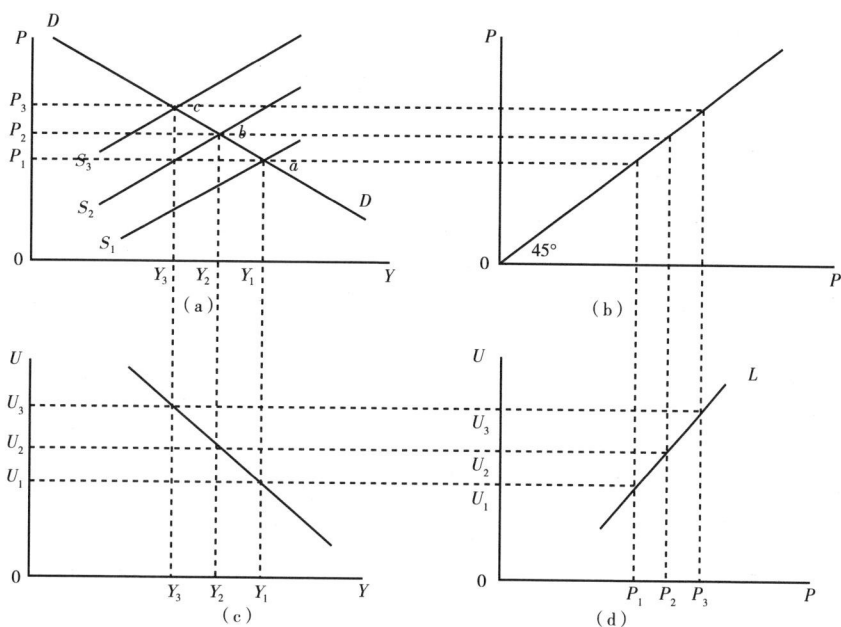

图8-8　非货币因素导致的价格上涨与失业率

断，否则，反通货膨胀政策不是徒劳无功，便是要付出极大的代价。本节讨论几种较为常见的应对通货膨胀的措施：抑制总需求的政策、收入政策及收入指数化政策。

一　抑制总需求的政策

由于通货膨胀的一个基本原因在于总需求超过了总供给，因此当经济面临较大的通货膨胀压力时，政府往往采取紧缩性的财政政策和货币政策来抑制过旺的总需求，这种反通货膨胀政策通常是较容易奏效的。但是它的缺点在于往往伴随着失业率的大幅度上升。

紧缩性的货币政策，即中央银行通过减少流通中的货币量、提高利率来减少消费和投资，从而抑制总需求，以此缓解通货膨胀的压力。紧缩性的货币政策工具主要有以下几种。

（1）通过公开市场业务出售政府债券，从而减少整个社会的货币存量。同时，公众购买政府债券会减少对其他公司债券的需求，导致公司债券价格下跌，债券的价格下跌伴随着市场利率的上升，意味着投资成本的上升，对投资需求有抑制作用。这是最常用的一种抑制通货膨胀的工具。

（2）提高贴现率和再贴现率，以此提高商业银行存贷款利率和金融市场利率水平，缩小信贷规模。

（3）提高商业银行的存款准备金率，以减少货币供给的扩张倍数，压缩商业银行贷款，减少货币流通量。

另外，在某些市场经济体制仍不太健全的国家，中央银行会采取直接提高利率或直接减少信贷规模的办法来抑制总需求的增加。

紧缩性的财政政策手段通常是增加税收或削减政府支出（包括政府购买和转移支付）。税收的增加及转移支付的减少，减少了企业和家庭用于消费和投资的资金来源，而政府购买的减少则直接意味着总需求的下降。

由于人们通常对紧缩性货币政策和财政政策导致的总需求下降缺乏准确的预期，或者即使对此有准确的预期，将这种预期充分反映到工资和物价的决定中也需要一定的时间。因此，总需求曲线的下移并不会立即伴随着总供给曲线的充分下移，所以紧缩性政策通常伴随着短期内的失业上升和产出下降。

既然抑制总需求的政策通常会导致就业和产出的下降，那么是否有更好的对付通货膨胀的政策，能够避免反通货膨胀的这种代价呢？收入政策似乎是一种选择。

二　收入政策

收入政策的理论基础是成本推进型通货膨胀，原因在于：财政信用紧缩的政策虽然能够抑制通货膨胀，但由此带来的经济衰退和大量失业的代价往往过高，尤其是当成本推进引起菲利普斯曲线向右上方移动，工会或企业垄断力量导致市场出现无效状况时，传统的需求管理措施将对通货膨胀无能为力，必须采取强制性的收入紧缩政策。收入紧缩政策主要是指政府为了控制一般物价水平的上涨幅度，采取强制性或非强制性的手段，限制提高工资和获取垄断利润，以抑制成本上升的冲击，目的在于控制通货膨胀而又不陷于"滞胀"。具体可采取以下四种形式。

（1）自愿的工资－价格指导线（Voluntary Wage-Price Guidelines）。政府根据预计的全社会平均劳动生产率的增长趋势，估算出货币工资增长的最大限度即工资－物价指导线，以此作为一定年份内允许货币工资总额增长的一个目标数值线，并以此来控制各部门的货币工资增长率。例如，美国20世纪60年代的肯尼迪政府和约翰逊政府，都相继实行过这种政策。但是由于指导线政策政府原则上只能规劝、建议和指导，不能以法律形式强制实行或直接干预，所以该政策的效果并不明显。

（2）规劝（Jawboning）。也就是政府劝告工资和价格制定者们"负责任地"采取行动，鼓励雇员和雇主在较低的工资增长水平上达成和解，以减轻通货膨胀的压力。其效果取决于协议双方是否认可现有工资水平并愿意遵守协议规定。

（3）以税收为基础的收入政策（the Tax-based Incomes Policies）。即政府以税收作为惩罚或奖励手段来限制工资增长，对于工资增长率保持在政府规定限度以下的企业以减少税收的方式进行奖励。对于工资增长率超出政府规定限度的企业，则以基于工资增长超额比率征收特别税的方式进行惩罚。这一办法可使企业有依据拒绝工会超额提高工资的要求，从而有可能与工会达成工资协议，降低工资增长率。例如，1977～1978年，英国工党政府许诺，如果全国的工资适度增长的话，政府将降低所得税。澳大利亚则于1967～1968年实行过这一政策。

（4）工资－价格管制（Wage-Price Control）。即由政府颁布法令，强行规定工资、物价的上涨幅度，在特殊情况下，甚至暂时将工资和物价加以冻结（Wage-Price Freeze）。这种严厉的管制措施一般在战争时期较为常见，但是当通货膨胀变得非常难以对付时，和平时期的政府也可能求助于它。例如，美国在1971～1974年就曾实行过工资－价格管制，特别是在 1971 年，尼克松政府还实行过 3 个月的工资－价格冻结。
1985 年的阿根廷和以色列，以及 1986 年的巴西都曾将工资－价格管制
作为它们反通货膨胀的一揽子方案中的重要组成部分。

从各国的实践经验来看，利用收入政策对付通货膨胀的效果并不理
想。它有以下三方面的局限。

首先，温和的收入政策，如规劝及自愿的工资－价格指导线，往往
收效甚微。其次，严格的工资－价格管制将严重削弱价格机制在资源配
置中的作用。相对价格的灵活伸缩是市场配置资源的基本途径。在管制
过程中，由于很难区分哪些价格变动代表着合理的相对价格变动，哪些
代表着物价水平的整体上升，所以政府只能笼统地加以管制。结果是，
在限制物价总水平上升的同时，往往也限制了资源向合理的方向流动。
再次，即使是严厉的工资－价格管制，在没有紧缩性的财政、货币政策
配合的情况下，也不可能长期奏效。这是因为人们会找出种种办法来变
相地规避管制，变相地提高价格和工资。而且，一旦管制造成的经济失
衡引起公众的强烈反对，将使得管制难以为继。并且，在最终被迫放弃
时，因管制而得不到释放的价格上涨就可能爆炸性地释放出来。

因此，收入政策并不是治理通货膨胀的灵丹妙药，它充其量只能作
为紧缩性财政、货币政策的一种补充。

三　收入指数化政策

鉴于通货膨胀的现象如此普遍，而遏制通货膨胀又是如此困难，许
多经济学家（如弗里德曼）提出了一种旨在与通货膨胀"和平共处"
的适应性政策——收入指数化政策，也就是将各种名义收入，如工资、
利息等，部分或全部地与物价指数相联系，使之自动随物价指数升降。
例如，在劳资双方的工资合同中，可以附加一个"生活费用调整"
（COLA）条款，即当消费者价格指数保持不变时，下一年的工资上涨
率为 2%，若消费者价格指数上升 10%，则工资上涨率为 6%（或
10%、12%，这取决于劳资双方的讨价还价情况）。同样，债券的利息

也可以采取指数化方式，即利率随实际通货膨胀率的上升而上升。

自 20 世纪 70 年代以来，除少数国家，如联邦德国，禁止实行指数化以外，收入指数化尤其是工资指数化在发达国家中较为普遍。实行这种政策的好处在于以下方面。首先，指数化可以缓解通货膨胀造成的不公平的收入再分配，从而消除许多不必要的扭曲。例如，工人或债权人有了指数化条款的保护之后，就不必费心去预测未来的物价水平变动。其次，由于下述两个原因，指数化还可能有利于通货膨胀率的最终下降：第一，指数化条款使得在通货膨胀条件下，作为净债务人的政府还本付息的负担加重，从而使政府从通货膨胀中获得的好处（主要是铸币收入及国债还本付息负担的减轻）减少，因此，政府实行通货膨胀性政策的动机将减弱；第二，当政府的紧缩性政策使得实际通货膨胀率低于签订劳动合同时的预期通货膨胀率时，指数化条款会使名义工资相应地下降，从而避免因实际工资上升而造成的失业增加。换言之，指数化条款可能使紧缩性政策的代价减少，从而使通货膨胀更容易被遏制。

但是，收入指数化政策的上述功能并不是绝对的。一般来说，指数化政策在消除收入的不公平分配方面的作用是有限的。一方面是因为价格指数的编制和收入的调整都需要一定的时间，因而收入的调整往往滞后于物价的实际上升；另一方面则是因为并不是所有的收入合同中都有指数化条款，那些不受指数化条款保护的劳动者或债权人将承受极大的损失。另外，指数化强化了工资和物价交替上升的机制，往往是使物价越发地不稳定，而不是有利于通货膨胀率的下降。因此。指数化也只是一种消极地应对通货膨胀的政策。

综上所述，目前尚无零代价治理通货膨胀的经验，需要不断摸索，方能设计出代价小、效果显著的治理措施。

第九章　增长中的徘徊：经济周期

自英国工业革命以来，世界经济总量是突飞猛进增长的。各国发展水平虽有不同，横向比较尚有诸多不如意，但各国纵向比较都有较大或非常大的增长。总体来说，经济增长是毫无疑问的。但是，各国的发展道路都不是一帆风顺的，经济总量的时间轨迹都是比较曲折的。从 19 世纪晚期开始，就有经济学家探索这条曲折发展轨迹中的规律，这就是本章讨论的经济周期问题。毋庸讳言，有的学者对经济周期问题并不十分重视，如多恩布什和费希尔的《宏观经济学》就没有专设一章来讨论经济周期。甚至有的学者并不认为经济循环有什么规律，可能完全是随机的。诚然，现代经济增长的时间尚短，有些规律可能还没有充分展现。因此，经济周期理论还不是十分完备。随着经济发展和经济学的发展，对经济周期的认识会越来越深入。

第一节　经济周期的定义与分类

早在 19 世纪，欧洲国家就先后经历过几次较大幅度的经济波动，古典经济学家已经开始对这种现象做初步研究，如马尔萨斯、西斯蒙第、李嘉图和萨伊等学者都做过简单的分析。后来，有更多经济学家加入经济周期研究的行列，使周期问题在经济学中渐渐受到较多关注。

一　经济周期的定义

经济周期是在经济增长趋势中按某种规律反复出现的、完整的

"繁荣—衰退—再繁荣"过程。如果再细分，可将经济周期划分为 4 个阶段（如图 9 - 1 所示）：（从上一周期顶点开始的）衰退、萧条、复苏、繁荣（直至本周期顶点）。

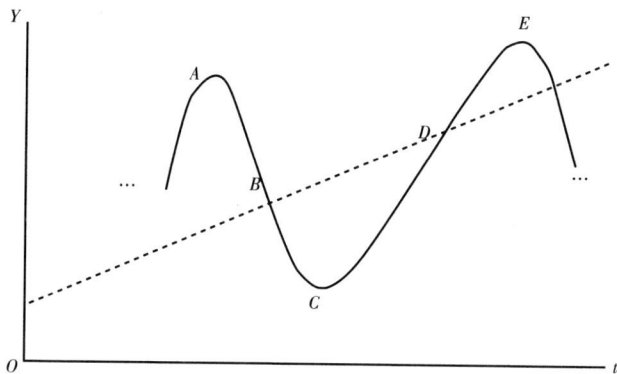

图 9 - 1 长期经济增长中的某一经济周期

图 9 - 1 中，横轴表示时间，纵轴为国民收入。图中的平滑曲线是国民收入实际走势，直线是经济总量的长期趋势线。A 点是上一周期繁荣的顶点，A—B 是衰退阶段，总产出逐渐下行，还在趋势线上方。B—C 是萧条阶段，总产出继续下行，已经滑落到趋势线下方，C 点是本周期的谷底。C—D 是复苏阶段，总产出走出谷底，在趋势线下方上行。D—E 是繁荣阶段，总产出在趋势线上方上行，E 点是本周期繁荣顶点。

在图 9 - 1 中所展示的周期并不是孤立现象，是长期经济增长过程中诸多周期的一个，前后都有周期循环。从世界经济史角度观察，下一个周期的顶点一般会高于上一个周期的顶点，下一个周期的谷底会高于上一个周期的谷底。周期越长，这一规律越显著（如下面将讨论的 50 年左右的康德拉季耶夫周期）；周期越短，则越不一定遵从这一规律（如下面将讨论的 3 年左右的基钦周期）。

二 经济周期的分类

经济周期的分类方法相当简约，就是直接按周期的时间长短分为长

221

周期、中周期和短周期三种。

1. 长周期——康德拉季耶夫周期

康德拉季耶夫是俄国经济学家，生活在沙皇俄国和苏维埃俄国两个时期。1925 年，康德拉季耶夫发表了一篇题目为《经济生活中的长期波动》的论文，首次提出"长波理论"，即经济中存在 50 年左右的长期波动。康德拉季耶夫考察的时期是从 18 世纪 80 年代到 1920 年大约 140 年的时间。这个时段的起点是英国工业革命的起步时期，终点是第一次世界大战结束。不可否认，这个样本对于长周期来说似嫌太小，仅仅两个周期左右的观测点。假如将终点延伸到今天——2019 年，也不过 4 个周期。因此，对于长周期内在逻辑的研究还有待深入。

康德拉季耶夫认为，在每一个长波的上升期和下降期内，都有繁荣和萧条的交替。这一统计规律表明，长周期内还有中周期存在。在康德拉季耶夫之前，就有了 10 个左右的中周期，康德拉季耶夫的理论没有否定中周期。

2. 中周期——朱格拉周期与库兹涅茨周期

朱格拉在 1860 年出版的著作《论法国、英国和美国的商业危机及其发生周期》中，提出了 10 年左右的经济循环规律，朱格拉的经济周期分析方法为现代经济周期研究奠定了基础。朱格拉出版这部著作时，英国工业革命已经完成，大工业时代已经来临。他第一次以"循环"一词代替"危机"，他认为经济周期是内生的，他的名言是："萧条的唯一原因是繁荣。"朱格拉发现经济循环时间大约为 10 年，是因为当时制造业装备的使用寿命大约是 10 年。

1930 年美国经济学家西蒙·库兹涅茨在《生产和价格的长期运动》一书中提出了一种为期 15 ~ 25 年，平均长度为 20 年左右的经济周期。由于该周期主要是以建筑业的兴旺和衰落这一周期性波动现象为标志加以划分的，所以也被称为"建筑周期"。

3. 短周期——基钦周期

1923 年，美国经济学家约瑟夫·基钦在《经济因素中的周期与倾向》一文中提出了40个月左右短周期的观点。基钦根据美国和英国1890~1922年的利率、物价、生产和就业等统计资料，从厂商生产过多时就会形成存货从而减少生产的现象入手，发现在40个月左右会出现有规则的上下波动。他把2~4年的短期调整称为"存货周期"，即40个月左右的短周期。

第二节　熊彼特的创新周期理论

上节讨论的康德拉季耶夫周期、朱格拉周期、库兹涅茨周期和基钦周期都是具有鲜明统计学意义的研究成果，1860年朱格拉首开先河，20世纪20~30年代基钦、康德拉季耶夫和库兹涅茨三位经济学家先后加入研究阵营，经济周期"是什么"、有"时间多长"的周期之研究告一段落。接下来，有学者开始了"为什么"会有经济周期的逻辑层面研究，这就是本节将要讨论的经济周期理论。显然，完善的经济周期理论可以回答这样几个问题：当局可不可以熨平周期、可以在多大程度上熨平周期，以及怎样熨平周期。

约瑟夫·熊彼特于1883年2月8日出生于奥匈帝国摩拉维亚省（今捷克境内），和凯恩斯同年出生；1950年1月8日去世，比凯恩斯晚去世4年，享年67岁。熊彼特于1901~1906年在维也纳大学攻读法学和社会学，1906年获法学博士学位，是一位有深远影响的奥地利经济学家（后入美籍）。1932年，熊彼特移居美国，一直任哈佛大学教授。1912年，熊彼特在《经济发展理论》一书中提出了"创新"概念及其在经济发展中的作用，轰动了当时的经济学界，熊彼特被誉为"创新理论"的鼻祖。《经济发展理论》创立了新理论，即经济发展是创新的结果。熊彼特代表作有《经济发展理论》《资本主义、社会主义与民主》和《经济分析史》等，其中《经济发展理论》是他的成名作。

一 创新的含义

简言之，熊彼特所说的创新就是对生产要素的重新组合。具体包括以下方面：①开发新产品或提升现有产品的质量；②使用新的生产方法或新技术；③开发原材料的新来源；④实行新的企业组织形式或管理方法。

熊彼特认为，创新浪潮打破了经济中原有的均衡，并逐步实现新的均衡。在此过程中，经济必然波动。所以，经济周期的根源在于创新。经济发展就是从旧有的均衡向更优均衡的过渡过程，因此，经济周期性波动是必然的。

二 经济周期的"纯模式"

熊彼特最先提出的是包括繁荣和衰退两个阶段的经济周期"纯模式"，见图9-2。

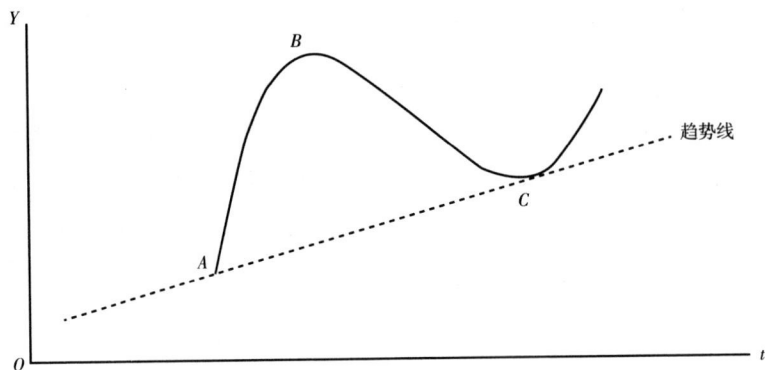

图9-2 两阶段的经济周期"纯模式"

在图9-2中，A—B为繁荣阶段。在这一阶段中，创新无论是降低了成本，还是使某一产品不可替代，都会给创新企业带来利润。于是，在利润驱动下，有条件的企业都会进行创新活动，进而形成创新浪潮。创新浪潮的形成则会造成投资需求增长，银行信贷增长，整个经济从A

走向繁荣顶点 *B*。*B*—*C* 为衰退阶段，随着技术扩散，创新成果在整个经济中得到普及，昨日的创新优势成为今日的生产常态。于是，投资需求下降，银行信贷收缩，经济热度渐渐散去，新的均衡形成于 C 点。图 9 - 2 上，*C* 点高于 *A* 点，宏观经济正常运行，等待新一轮创新浪潮造成的再繁荣来临……

三 创新与四阶段的经济周期

在两阶段的经济周期分析之后，熊彼特认为，经济周期实际上应包括繁荣、衰退、萧条和复苏 4 个阶段（见图 9 - 3）。前述"纯模式"只是创新造成的经济繁荣"第一次浪潮"，在繁荣阶段，还有跟风式的经济扩张"第二次浪潮"与创新浪潮叠加。

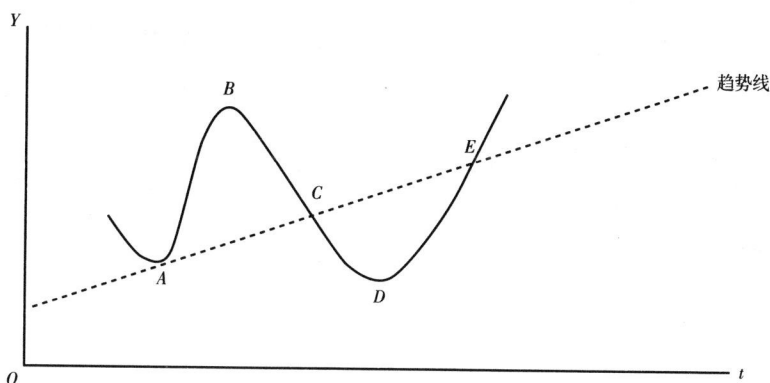

图 9 - 3　四阶段的经济周期

在图 9 - 3 中，从 *A* 到 *B* 的经济浪潮由投资引发，同时，经济高涨导致消费需求的增长，必将引致消费品生产部门的扩张，物价上涨，投资机会增加，这就是第二次浪潮的叠加。第二次浪潮的投资扩张基本上与本部门的创新无关，很可能造成投资失误或投资过度。当创新浪潮消散之后，经济从 *B* 点下降，由于繁荣阶段存在可能的过度投资，这些投资缺乏自动调整的能力，到 *C* 点不会形成均衡，经济进入深度调整或者过度调整，即 *C*—*D* 的萧条阶段。当经济谷底 *D* 的恐慌散去之后，经济回归常态，走向新的均衡点 E，这是复苏阶段。新的均衡点 E 高于前一个周期的均衡点 A。在 E 点上，等待新一轮创新浪潮的来临。

可见，无论是熊彼特的两阶段经济周期还是四阶段经济周期，都是供给方面发动的，企业创新既是经济发展的动力，也是经济周期的动力。熊彼特的经济周期逻辑不仅与朱格拉的名言"萧条的唯一原因是繁荣"暗合，也解释了朱格拉名言的原因。至于周期的长度，熊彼特认为，这完全取决于创新的规模。创新的规模越大、程度越高，周期的时间越长。从经济史角度观察，大小创新总是不规律地出现，于是，长短不一的经济周期也就互相叠加或冲淡，长周期中套着中短周期司空见惯。这样一来，就有了前述之康氏周期、朱氏周期、库氏周期和基氏周期等。

第三节　凯恩斯主义者的"乘数－加速数"模型

众所周知，凯恩斯主义经济学理论暗含的前提假设是需求约束型经济，经济中的问题主要是有效需求不足所致。于是，凯恩斯主义者对经济周期的解释也重在需求方面。本节讨论的"乘数－加速数"模型由哈罗德提出，萨缪尔森和希克斯做了完善工作。为简单起见，本节讨论完善之后的萨缪尔森模型。

一　乘数和加速数

首先，我们回顾一下第六章讨论过的乘数。乘数原理指出，初始支出的变动会引起国民收入更大规模的变动，国民收入增量与初始支出增量的比值就是该项自发支出的乘数。现在以投资支出为例，第六章中分析过，四部门的消费乘数为：

$$k_1 = \frac{\Delta Y}{\Delta C} = \frac{1}{1 - c(1 - t) + m} \tag{9-1}①$$

---

① 该式在第六章的编号为(6-9)。

为分析方便，暂不考虑比例税率 t 和边际进口倾向 m，即回到两部门假设去。则有：

$$k_1 = \frac{\Delta Y}{\Delta C} = \frac{1}{1-c} \tag{9-2}$$

从式（9-2）可以看出，边际消费倾向越大，分母越小，投资乘数越大。但是，此处要提醒的是，倘若边际消费倾向递减规律成立，从动态角度看，收入越大，边际消费倾向会越小，边际储蓄倾向会越大。

接下来，再来讨论加速数。当现有资本存量满负荷运转时，国民收入达到本期极大值，即国民收入的增速为 0。如果没有新增投资，国民收入就不能继续增长；但本期相比上期国民收入的增长会通过消费支出的增加而拉动投资，投资增加则会使国民收入增长加速。本期投资与本期国民收入的增量的比值，称为"加速数"。即：

$$v = \frac{I_t}{Y_t - Y_{t-1}} = \frac{I_t}{\Delta Y} = \frac{\Delta K}{\Delta Y} \tag{9-3}$$

式（9-3）中，v 表示加速数，当年投资近似等于资本增量，即不考虑抵补折旧和当年未投产的大型投资项目。显然，这是为分析方便起见的技术性假设。

二 经济周期的决定

为分析方便，以三部门经济为例，并假定只有固定税，没有比例税。当然，有比例税乘数的分母中就有 t，也可以算，但麻烦一些。三部门的当期国民收入为：

$$Y_t = C_t + I_t + G_t \tag{9-4}$$

当期消费取决于上期收入和边际消费倾向：

$$C_t = cY_{t-1} \tag{9-5}$$

同理，现期消费增量则为：

$$\Delta C = c(Y_{t-1} - Y_{t-2}) \qquad (9-6)$$

消费乘数为 k_c 时，国民收入增量为：

$$\Delta Y = k_c \Delta C = k_c c(Y_{t-1} - Y_{t-2}) \qquad (9-7)$$

将式（9-7）代入式（9-3），整理得：

$$I_t = v\Delta Y = vk_c c(Y_{t-1} - Y_{t-2}) \qquad (9-8)$$

将式（9-5）、式（9-8）代入式（9-4），并设政府购买支出为常数 G_0，得：

$$Y_t = cY_{t-1} + vk_c c(Y_{t-1} - Y_{t-2}) + G_0 \qquad (9-9)$$

现在设边际消费倾向为 0.5，消费乘数则为 2。再设加速数 $v=1$，每期政府购买支出均为 1。用式（9-9）计算的各期国民收入见表 9-1。

表 9-1　乘数和加速数决定的国民收入周期性波动（原始数据虚拟）

t	G_t	C_t	I_t	Y_t	周期阶段
1	Na	Na	Na	1.000	Na
2	1	0.500	1.00 *	2.500	复苏
3	1	1.250	1.50	3.750	繁荣
4	1	1.875	1.25	4.125	繁荣
5	1	2.0625	0.375	3.4375	衰退
6	1	1.71875	-0.6875	2.03125	衰退
7	1	1.015625	-1.40625	0.609375	衰退
8	1	0.3046875	-1.703125	-0.3984375	萧条
9	1	-0.19921875	-1.0078125	-0.20703125	萧条
10	1	-0.103515625	-0.60546875	0.291015625	复苏
11	1	0.1455078125	0.498046875	1.6435546875	复苏
12	1	0.82177734375	1.3525390625	3.17431640625	繁荣
13	1	1.587158203125	1.53076171875	4.117919921875	繁荣
14	1	2.0589599609375	0.943603515625	4.0025634765625	衰退
15	1	2.00128173828125	-0.1153564453125	2.88592529296875	衰退

注：* 由于缺 Y_{t-2} 的数据，暂定为 0。

表 9 - 1 中 15 期的 Y_t 数据表明，在没有任何干预条件时，在乘数和加速数作用下，经济本身会呈现周期性波动。用表 9 - 1 中的数据做图，可以反映从繁荣到再繁荣的周期性波动。

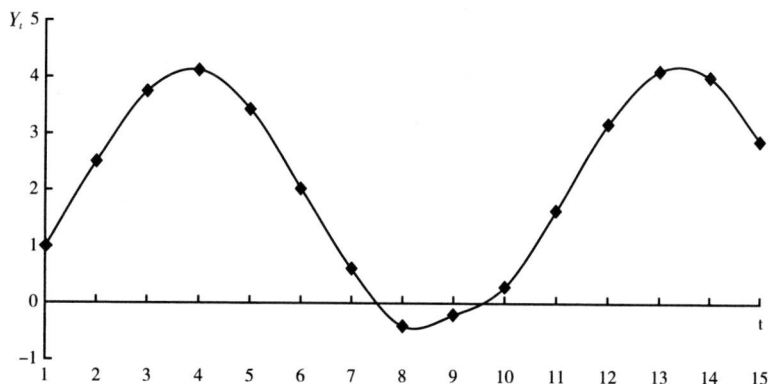

图 9 - 4　乘数－加速数决定的周期性波动

图 9 - 4 表明，第 4 期达到繁荣顶点，然后开始衰退。第 8 期达到萧条谷底，第 10 期开始复苏，第 13 期再次达到繁荣顶点。需要强调的是，为分析方便，本节虚拟的原始数据过于简化。实际上，在分析的时段内边际消费倾向并非固定不变的，它随着收入增长而递减，也随着收入下降而递增。于是，经济波动不会特别"惨烈"。同时，政府购买支出会"逆风向"调节：经济衰退时，政府会加大购买支出力度；经济繁荣时，政府会适当减少购买支出。可见，政府的干预也会减小经济波动幅度。可见，从萨缪尔森的模型中可以派生出熨平经济周期的政策主张：适时改变政府购买支出和适时改变乘数。

三　乘数－加速数起作用的限制条件

在任何经济学逻辑分析过程中，为简化分析，都会做出"其他条件不变"的技术性假设。乘数－加速数原理也是一样的，由于不可能面面俱到，所以存在在理想条件下推导的问题。当使用这一分析工具时，要注意以下限制条件。

1. **乘数作用大小在经济中受到一系列条件的制约**

（1）存在闲置资源。如果没有闲置资源，则投资增加及由此造成的消费支出增加，并不引起生产的增加，只会刺激物价上升。

（2）投资和储蓄的决定相互独立。否则乘数作用要小得多，因为增加的投资会使利率上升，利率上升会鼓励储蓄，削弱消费，从而部分抵消由投资增加引起的收入增加进而使消费增加的趋势。

（3）货币供给量增加能适应支出增加的需要。如果货币供给受到限制，则投资和消费支出增加时，货币需求的增加就得不到货币相应增加的支持，利率会上升，进而不但会抑制消费，还会抑制投资，使总需求下降。

（4）增加的收入如果用于购买进口货物，GDP 不会增加。

（5）挤出效应、利率和税收提高都会使乘数作用被部分抵消。

2. **加速原理发挥作用的限制条件**

（1）生产能力全部运转。在实际生活中，经常出现设备闲置现象，即使消费需求提高了，也可以通过利用现有设备的过剩能力来解决，而不一定要增加投资，从而使加速数作用大为削弱。

（2）预期的影响。企业通常会出于预期主动增加或减少存货，当消费需求随收入增加而增加时，就不一定引起生产的扩张。

（3）时滞的影响。考虑到设备生产时间，消费对投资的带动并非像加速数原理描述的那样立竿见影，使加速数作用大打折扣。

（4）资本－产出比率的变动。随着这一比率的下降，投资波动的幅度也会变小。

第四节　其他几种经济周期理论

对经济周期现象内在逻辑的研究文献很多，各学派都有学者做过精细的研究，不胜枚举。本节再对几种主要理论做提纲挈领的讨论，恕不详尽展开分析，有兴趣的读者可阅读经济周期类专著。

一 货币主义的周期理论简述

货币主义阵营的领军者弗里德曼有句名言：货币是最重要的。在经济周期研究领域，货币主义者自然会从货币量入手展开分析。这里用前面使用过的传递机制分析货币主义的周期理论（见图9-5）。

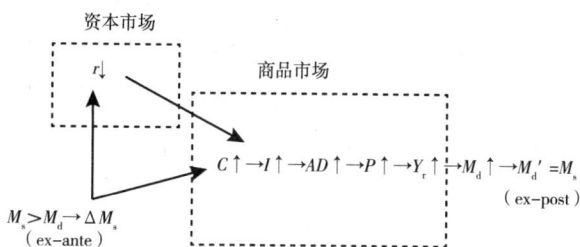

资本市场

$r\downarrow$

商品市场

$C\uparrow\rightarrow I\uparrow\rightarrow AD\uparrow\rightarrow P\uparrow\rightarrow Y_r\uparrow\mid M_d\uparrow\rightarrow M_d'=M_s$
（ex-post）

$M_s>M_d\rightarrow\Delta M_s$
（ex-ante）

图 9-5 货币供给与经济周期

图9-5中，M_s表示货币供给，M_d表示货币需求，ΔM_s表示超额货币供给，AD表示总需求，Y_r表示实际GDP，M_d'表示事后货币需求。

传递机制表明，假定在初始时点上，经济处于萧条或复苏阶段，当局扩大货币供给量，使事前货币供给大于货币需求。于是，就有一定数量的超额货币供给量（ΔM_s）产生。对于任何货币需求主体来说，都不会持有正常货币需求量以外的货币，因为这将损失利息或效用。于是，货币需求主体会在资本市场上将货币与其他有收益的资产进行替代。货币主义者认为，这会产生直接效应和间接效应。直接效应是，在资本市场上，新增货币会导致有价证券收益率（r）下降；间接效应是，利率下降传递到商品市场上，造成投资需求上升（包括住宅）。当然，也会有部分ΔM_s没有进入资本市场，而是在商品市场上购买耐用消费品。于是，在商品市场上，新增货币会造成消费需求和投资需求的上升，即总需求上升，经济繁荣阶段启动。总需求上升一般会拉动价格水平上升（在供给曲线的斜率不为0时），上升的价格给厂商提供了信号，实际产出（收入）将继续增长。当事后货币需求与货币供给相等——新的货币均衡出现时，超额货币供给被新增产出和价格涨幅完全消化，经济繁荣达到顶点。这时，如果宽松货币政策难以为继，经济将进入衰退阶段。

二 理性预期学派的周期理论简述

理性预期学派的成员原本属于货币学派阵营，后由于致力于研究理性预期对经济运行的影响而得名，有时又被学界称为"货币主义 II"。该学派的经济周期理论和货币主义的理论起点相同，即货币供给量和价格是经济周期的先行指标。但是，接下来就与货币主义者的看法有较大差异。

理性预期学派认为，一般价格水平的波动比较短暂，货币量与价格的关系甚至是成比例增加的，往往会被市场主体预期到，一般不会影响生产要素配置结构，也就不会影响实际产量和就业量。显然，这种逻辑大有"货币中性"的意味。① 也就是说，如果货币量增加只引起一般价格水平变化，实际产出不会发生周期性波动。相对价格的变动是指不同产品价格相对比例的平衡关系被打破，某些种类产品价格相对于其他产品价格的上涨会下降。对于生产者而言，相对价格变动至关重要，这种价格变动可以导致资源配置结构发生变动。

由于市场信息不完全，市场主体在经济活动中往往难以判断价格变动是一般价格水平的变动还是相对价格水平的变动。如果在市场毫无察觉的情况下政府增加货币供应量，从而导致物价上涨，生产者没有预期到是一般物价水平的上涨，将之误判为自己所生产的产品价格上涨——相对价格变动，于是，扩大投资，增加产量；若众多生产者都发生了误判，则经济会步入繁荣。但是，当市场信息完备后，生产者认识到自己的预期错误，就会调整产量，缩减投资。经济衰退开始，直至萧条阶段

---

① 简单地说，如果货币量的增加只影响价格，而不影响实际产出，这就是货币中性。货币中性发生的重要条件是产能全部参与生产，实际产量等于潜在产量。实际上，这是比较苛刻的条件，并非惯常现象。

的谷底。

如此说来，似乎每个繁荣阶段都是预期错误导致的。其实不然，当生产者 A 对相对价格变动预期正确时，就会增加投资扩大产量。这时，国民收入增加导致消费增加，总需求增加，导致相对价格变动不显著产品的生产者 B 也会跟风投资，二者共同推动经济走向繁荣。在相对价格变动的产品供给量增加之后，相对价格差距变小或消失，生产者 A 的投资热度下降。同时，生产者 B 的投资缩减会更严重。二者又共同促使经济走向衰退和萧条。

三　实际经济周期理论简述

和货币主义的经济周期理论一样，新古典宏观经济学家也认为经济波动是外部原因导致的。但是，他们认为货币对收入的影响太小，甚至可以忽略，而对收入产生冲击的是实际因素。所以这种经济周期理论被称为实际经济周期理论。

实际经济周期理论认为，在诸多实际因素冲击中，最重要的是技术冲击。于是，实际经济周期理论一般是从生产函数出发来做周期分析的。它假定人口和劳动力不变，于是，产出的影响因素只有资本存量和技术，对产出有偶发性影响的是技术变量。技术冲击的信息非常复杂，所有的市场主体不可能在所有时间里都完全掌握无偏信息并做出正确的调整投资、生产、劳动力供求等决策，一旦决策偏离真实情况，产出就会周期性波动。

实际经济周期理论认为，经济周期性波动的结果是帕累托最优。[①] 虽然发生经济波动时会有产出的损失，但政府也无须实施凯恩斯主义菜单式的干预，因为政府干预的结果未必是帕累托最优的。

---

① 如果经济中没有任何一个人可以在不使他人境况变坏的同时使自己的情况变得更好，那么这种状态就是帕累托最优。进一步的，如果一个人可以在不损害他人利益的同时改善自己的处境，他就在资源配置方面实现了帕累托改进。帕累托改进是达到帕累托最优的路径和方法，帕累托最优就是指不可能再有帕累托改进的余地。

第十章 永恒的追求：经济增长

追求物质生活和精神生活水平的不断提高，追求更健康、更快乐、更舒适和更便利的生活，是人类的天性。要实现这些愿望，就必须使有形产品和无形产品保持持续增长与不断更新。经济增长是一个时段内流量层面的问题，而任何一个时点上的基础设施、生产设施、生活设施和耐用消费品是先前经济增长的存量。今天的生产水平和生活水平，是此前若干年经济增长的结果。于是，经济增长就必然会成为人类永恒的追求。经济增长问题博大精深，文献汗牛充栋，本章难以面面俱到，只能重点讨论几个成熟的增长理论。

第一节 经济增长的源泉与经济增长因素分析

一 经济增长的源泉

本小节将要讨论这样几个问题：其一是经济增长的含义，即如何定义经济增长；其二是经济增长的源泉，即产品是从哪里来的；其三是经济发展与经济增长的区别，以及二者的关系。显然，这是总供给侧的基本问题，是讨论经济增长的入门问题，看似简单，但相当重要。

（一）经济增长的含义

经济增长被定义为产量的增加，经济增长的程度用增长率来度量。产量既可以使用总产量的统计数据，也可以使用人均产量的数据，根据研究需要而定。诚然，人均产量在许多研究层面更能说明问题。美国经济学家库兹涅茨给经济增长曾有经典定义："一个国家的经济增长，可以定义为给居民提供种类日益繁多的经济产品的能力长期上升，这种不断增长的能力是建立在先进技术以及所需要的制度和思想意识之相应的调整的基础上的。"库兹涅茨从上述定义出发，根据经济史资料总结了经济增长的6个特征。

（1）人均产量的高增长率和人口的高增长率同步。经济增长最显著的特点就在于产量增长率、人口增长率、人均产量增长率三个增长率都相当高。

（2）劳动生产率也呈现高增长态势。生产率提高是技术进步的标志，而技术进步实际上就意味着降低生产成本、加快生产速度和研发推广新产品。

（3）经济结构的变革速度加快。这主要包括三次产业在总产出中占比的变化、生产单位规模的变化、新行业和新职业的产生及其在经济中的占比及增速等。

（4）社会结构与意识形态结构迅速改变。社会结构的变革和意识形态的变革应迅速适应经济增长，如果不是这样，经济增长会受阻或难以持续。

（5）增长在世界范围内迅速扩散。这一扩散过程是通过国际贸易和国际投资实现的，通过国际分工协作，世界经济一体化进程已经显现。

（6）世界增长不平衡。由于历史的和现实的诸多原因，前5个特征在各个国家和地区的发展程度不一，有的国家遥遥领先，有的国家刚刚起步。因此，富国和穷国之间的差距很大，且有进一步拉大的趋势。

（二）经济增长的源泉

学界对这一问题的看法比较一致，经济增长的源泉是资本、劳动和技术进步。1928年问世的柯布－道格拉斯生产函数简洁地表达了这个逻辑：

$$Y = AL^{\alpha}K^{\beta} \tag{10-1}$$

式（10-1）中，Y 表示产量，A 表示技术进步（效率参数），L 表示劳动数量，K 表示资本存量。α 和 β 为待定参数，分别表示劳动和资本的产出弹性。

首先，物质资本是生产物品的技术平台可控制的动力来源，资本可以极大地提高生产效率。恩格斯在评价 19 世纪英国工业革命时曾说，工业革命像施法术一样从地下唤出了巨大的生产力，这是对大机器生产前后对比发出的惊叹。经济学界普遍认为，资本存量的增长速度大于人口的增长速度，即人均资本的增长，是保证经济持续增长的必要条件。当然，这只是说资本的数量，深入分析还应该考虑资本的质量，简单说，价值 10 亿元的铁匠铺资本和同样价值 10 元的数控机床是不可同日而语的。此外，资本存量的工作状态是更值得深入分析的问题。在需求约束型经济中，有效需求不足表现为订单不足，会导致资本存量不规律发生可变比率的闲置，资本总量＝有效资本＋闲置资本。于是，统计数据展示出的资本存量和实际工作中的"有效"资本存量不是一个概念，依据统计数据的经济学分析可能和实际经济运行中的情况有严重的偏差。这个问题留待本章最后讨论。

其次，劳动力是资本存量的操控者，二者有机结合才能生产产品。劳动数量的增加来自两个方面：一是劳动力数量的增加，二是劳动时间的增加。劳动质量的提高是指人力资本的增长，主要包括受教育程度和技能熟练程度的提升。

最后，技术进步，包括资源配置的改善、规模经济的扩大、知识与技术创新和管理的科学化。技术进步在经济增长中的作用体现在生产效率的提高，即单位投入的产出量增加。也就是说，技术进步最终要在资本和劳动力两个要素上体现出来。

毋庸讳言，从经济角度讨论，资本、劳动和技术进步是增长的源泉。必须注意的是，经济史的经验表明，如果没有适合经济增长的制度安排，即使存在上述增长源泉，经济增长也是难以实现的。

（三）经济发展的含义

前面讨论了经济增长的概念，可以看出，经济增长关注的只是总产出的数量，而经济发展则涉及经济社会的"质量"问题。经济学界起初对经济增长和经济发展两个概念并无区分，基本上是随意使用的。后来，美国学者克拉克提出，经济发展研究的核心在于经济结构的转变，即从工业化到城市化的过程。之后，学界在此基础上又加进了收入分配公平、缩小贫富差距和环境保护等内容。

至今，学界虽存有一些异议，但基本形成了普遍接受的概念：经济发展是通过提高生产力水平，首先实现持续经济增长，从而不断提高人均收入、逐步消除贫困、保护环境和改善经济结构和社会结构。如此说来，经济发展的概念要比经济增长大许多，经济发展包括持续经济增长。诚然，没有经济增长提供物质基础，经济发展的其他内容是做不到的。

二 经济增长因素分析

经济增长因素分析是一种数量分析，计算这些因素对经济增长的贡献程度，有助于正确认识经济增长的最优方式、正确制定和实施宏观经济调控政策。经济增长因素分析的文献也有很多，本小节讨论美国经济学家肯德里克、丹尼森和库兹涅茨的分析程式。

（一）肯德里克的全要素生产率分析

肯德里克认为，产量和全部要素投入量的比值就是全要素生产率，而产量和某一种要素投入量的比值则是部分生产率，如资本生产率或劳动生产率。全要素生产率的优点在于，不受要素投入量结构变化的影响，能反映要素生产率变动对经济增长的影响。

全要素生产率的逻辑关系式为：

$$T = \frac{Q}{w_0 N + r_0 K} \qquad (10-2)$$

式（10-2）中，T 表示全要素生产率，Q 表示产量，N 表示劳动投入量，w_0 表示小时工资率，K 表示资本投入量，r_0 表示资本实际小时报酬率。

在实际应用中，一般会将全要素增长率指数化，即 $\dfrac{T_t}{T_0} \times 100$，$T_t$ 为某年的全要素生产率，T_0 为基期年份的全要素生产率。

肯德里克认为，经济增长的影响因素有二：一是全部要素投入量的增长，二是全要素增长率的提高。从式（10－2）看，在产量和要素投入量数据没有出来的时候，全要素生产率是无法计算的。其实，全要素生产率是经济增长率和要素投入增长率的余值，可以从经济增长率中减去要素投入增长率得出。根据肯德里克的计算，美国 1889～1957 年全部要素投入量和全要素增长率对经济增长的贡献各占一半，1958～1966 年全要素生产率的贡献超过了全部要素投入量。肯德里克试图解释全要素生产率变动的影响因素，列举了很多变量，但无法确定这些变量对全要素生产率的影响程度。

（二）丹尼森对经济增长因素的分析

肯德里克没有对全要素生产率的影响因素做更深入的分析，丹尼森沿用肯德里克的思路做了进一步研究。丹尼森把经济增长影响因素分为两大类：一类是要素投入量，另一类是要素生产率。丹尼森做了大量工作，把两大类影响因素细分为 7 个小类：①就业者人数、年龄、性别比例；②工作时数；③受教育程度；④资本存量；⑤资源配置状况；⑥规模的节约；⑦知识进展。

前 4 个属于要素投入量方面的因素，后 3 个是要素生产率方面的因素。丹尼森据此对美国 1929～1969 年的经济史做了细致的分析，得出了 40 年来美国经济增长中的全要素生产率贡献大于要素投入量贡献的结论。[①]

在丹尼森的研究发表之后，肯德里克认为，丹尼森研究的意义无非

---

① 若读者对丹尼森的研究有兴趣，可阅读他 1974 年出版的《1929～1969 年美国经济增长的核算》，中文版著作介绍得比较详细的当属罗志如、范家骧、厉以宁和胡代光所著《当代西方经济学说》（北京大学出版社，1989）一书。

就是缩小肯德里克"余值"的量，最后把"知识进展"这个提高要素
生产率的因素作为他分析体系中的余值。也就是说，丹尼森的余值小于
肯德里克的余值，二者的区别在于量的方面，没有质的差异。

（三）库兹涅茨对经济增长因素的分析

库兹涅茨对经济增长因素做了深入分析，主要结论集中表现在他的
著作《现代经济增长》和《各国经济增长》中。库兹涅茨在研究中，
除了对丹尼森的研究有深入分析之外，还特别看重"知识存量的增加"
和"经济结构的变化"两个方面。

第二节 主要经济增长理论

一 哈罗德－多马模型

（一）前提假设

哈罗德－多马模型包括以下前提假设：①一种产品，两种要素
（劳动力和资本）；②储蓄是收入的函数，$S = sY$，s 为储蓄率；③劳动
力按固定比例 n 增长，即 $n = \Delta L/L$；④没有技术进步，不考虑资本折旧；
⑤规模报酬不变，即生产 1 个单位的产品所需 K 和 L 的数量不变。

（二）逻辑推理

资本存量和产出量存在稳定的比例，即资本－产量比，用 v 来表示：

$$v = \frac{K}{Y} \text{ 或 } K = vY \tag{10-3}$$

设边际资本－产量比等于资本－产量比，则有：

$$\Delta K = v\Delta Y \tag{10-4}$$

由于不考虑折旧，资本增量等于新增投资，即 $\Delta K = I$，于是有：

$$I = v\Delta Y \tag{10-5}$$

由假设②得 $S = sY$，两部门条件下均衡条件为 $S = I$，于是有：

$$sY = v\Delta Y \qquad\qquad (10-6)$$

整理，得：

$$\frac{\Delta Y}{Y} = \frac{v}{s} \qquad\qquad (10-7)$$

式（10-7）就是哈罗德-多马模型的基本方程，它表明，在封闭条件下[①]，均衡的经济增长率是资本-产量比与储蓄倾向的比值。

（三）对结论的进一步分析

（1）实际增长率。式（10-7）是均衡的增长率，也是事后的实际增长率，用 G_a 表示，则有：

$$G_a = \frac{v}{s} \qquad\qquad (10-8)$$

（2）合意增长率（又称有保证的增长率）。均衡的增长率未必合意，因为经济可以在高水平的产出上实现均衡，也可以在低水平的产出上实现均衡。而合意增长率则是厂商满意且愿意持续的增长率，是由合意的储蓄率与合意的资本-产出比决定的，即：

$$G_w = \frac{v_r}{s_d} \qquad\qquad (10-9)$$

式（10-9）中，G_w 表示合意增长率，v_r 表示合意的资本-产出比，s_d 表示合意的储蓄率。

（3）自然增长率。自然增长率也就是潜在增长率，是长期条件下人口增长和技术进步所允许达到的最大增长率，用 G_n 表示。

哈罗德认为，长期中实现均衡增长的条件应该是上述三个口径的增长率相等，且要等于人口增长率（n）。即：

$$G_a = G_w = G_n = n \qquad\qquad (10-10)$$

[①] 本小节的均衡条件虽为两部门假设，但是，在三部门条件下，把政府购买支出分解，归入消费支出和投资支出，可近似于两部门假设。

（4）经济增长长期均衡条件的"存在性"和"稳定性"分析。"存在性"是指长期的均衡条件是否存在，即几乎互不关联的 G_a、G_w、G_n 和 n 可能相等吗？哈罗德认为市场不可能自动达到和保持这样理想的状态。哈罗德是凯恩斯主义者，他认为，必须动用政府的干预政策方才可实现均衡条件。"稳定性"是指一旦经济失衡（即使"存在性"可以实现），即外部冲击使经济偏离了均衡点，经济是否可以自动调节以回归均衡。和对"存在性"的看法一样，哈罗德认为，"稳定性"也难以实现。于是，在哈罗德的模型中，一旦在外部冲击下经济偏离了 $G_a = G_w = G_n = n$ 这个均衡状态，经济就不可能自动恢复到稳定增长的趋势中，只能发生更大的偏离。这个结论被学界称为"哈罗德不稳定原理"。

综上所述，哈罗德认为，市场经济本身很难实现均衡稳定增长，不是连续的上升就是连续的下降，时常处于剧烈波动状态中。可见，哈罗德的理论暗喻着政府宏观经济调节政策的必要性。

二　新古典经济增长模型

新古典经济增长模型是由美国经济学家、诺贝尔经济学奖得主索洛于 1956 年提出的，模型建立在哈罗德－多马模型的基础上，并做了较大程度的修正。

（一）前提假设

新古典经济增长模型包括以下前提假设：①一种产品，两种要素（劳动力和资本）；②储蓄是收入的函数，$S = sY$，s 为储蓄率，是个常数；③劳动力按固定比例 n 增长，即 $n = \Delta L / L$；④没有技术进步，不考虑资本折旧；⑤规模报酬不变，但资本或劳动的边际生产率递减；⑥资本－产量比可变，从而资本－劳动比也可变。

可见，和哈罗德－多马模型的前提假设相比，假设⑤增加了"边际生产率递减"假设，假设⑥中的"资本－产量比和资本－劳动比可变"是哈罗德－多马模型的前提假设中没有的。有了新的前提假设，就会有新的研究层面，注定会有新的结论。

（二）逻辑推理

索洛模型也是从柯布－道格拉斯生产函数开始分析的，在规模报酬不变的假设下，有：

$$\lambda Y = f(\lambda K, \lambda L)$$

令 $\lambda = \dfrac{1}{L}$，则有：

$$\frac{Y}{L} = f\left(\frac{K}{L}\right)$$

令 $y = \dfrac{Y}{L}$，$k = \dfrac{K}{L}$，即人均产出和人均资本，则有：

$$y = f(k) \qquad\qquad (10-11)$$

封闭假设下，把政府购买分解加入消费和投资项，可得：

$$\frac{Y}{L} = \frac{C}{L} + \frac{I}{L} = y \qquad\qquad (10-12)$$

用高等数学手段可以证明：

$$\frac{I}{L} = \dot{k} + nk \qquad\qquad (10-13)$$

式（10-13）中，$\dot{k}$ 为 k 的变动率，n 为人口变动率。该式的含义是：人均投资分解为两个部分，其一是按既有的资本－劳动比为新增劳动力提供装备——nk，即给新增劳动力提供平均数量的资本；其二是改变资本－劳动比——$\dot{k}$，即给每个劳动力配备更多的资本。前者被称为"资本广化"，后者被称为"资本深化"。

均衡条件下，$I = S = sY$，代入式（10-13）得：

$$\frac{sY}{L} = \dot{k} + nk$$

根据式（10-11）整理，得：

$$sf(k) = \dot{k} + nk \qquad\qquad (10-14)$$

式（10-14）是索洛模型的基本方程，经济学意义为：人均储蓄保证资本深化和资本广化，从均值意义上看，全社会的人均储蓄先保证资本广化，还有剩余时再保证资本深化。

（三）"存在性"与"稳定性"讨论

在图 10-1（a）中有三条曲线，nk 为资本广化曲线，$f(k)$ 为人均产出曲线，$sf(k)$ 为人均储蓄曲线。横轴为资本－劳动比 k，纵轴为人均产出 y。图 10-1（b）图中横轴为资本－劳动比 k，纵轴为资本－劳动比的变化率 $\dot{k}$，纵轴原点上方 $\dot{k} > 0$，即资本－劳动比上升，原点下方 $\dot{k} < 0$，即资本－劳动比下降。图 10-1（b）中的曲线为 k 的变化轨迹。

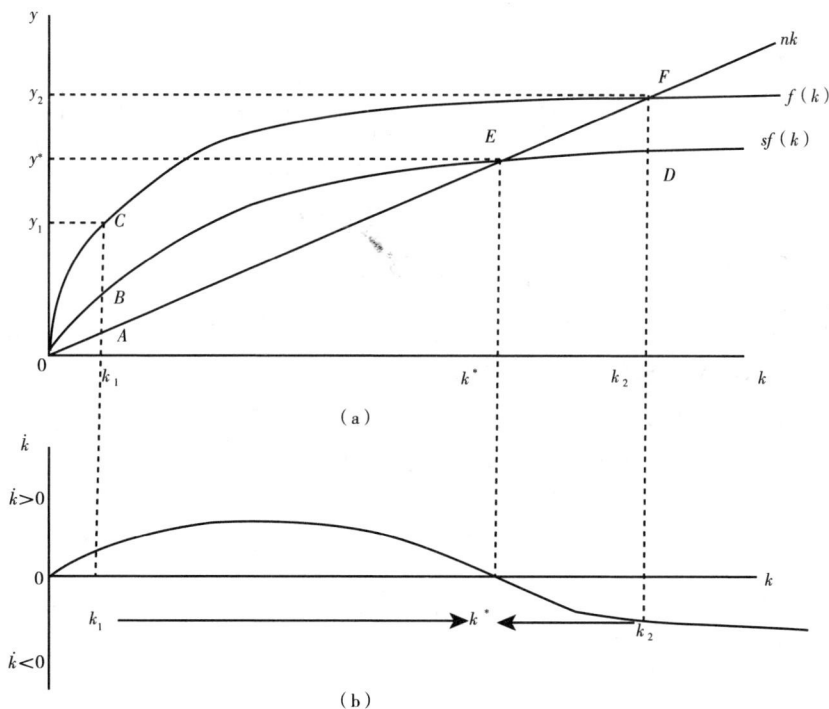

图 10-1　均衡经济增长的存在性与稳定性

在 10 - 1（a）中，当资本 - 劳动比为 k_1 时，通过曲线 $f(k)$ 的 C 点可知人均产出为 y_1。此时人均储蓄曲线 $sf(k)$ 在资本广化曲线 nk 的上方，即人均储蓄除了满足资本广化还有剩余，剩余的数量就是 $B - A$（在纵轴上度量），可以用于资本深化。相应的，在图 10 - 1（b）中，k_1 在曲线上的位置处于上升区域。于是，资本 - 劳动比将沿曲线向右移动，一直移动到 k^* 点时，人均储蓄满足资本广化之后无剩余，此时人均储蓄曲线与资本广化曲线相交于 E 点，E 点是满足均衡条件 $S = I$ 的点，人均产出为 y^*。

在图 10 - 1（a）中，当宏观经济受某种冲击使资本 - 劳动比为 k_2 时，人均产出为 y_2。这时资本广化曲线在人均储蓄曲线的上方，存在为新增劳动力提供资本的缺口，缺口为 $F - D$。于是，这个较高的资本 - 劳动比是难以维持的。在图 10 - 1（b）中，k_2 点在曲线上处于下降区域，沿曲线向左移动，一直移动到 k^* 点，即人均储蓄与资本广化的缺口消失，此时宏观经济均衡再现。

综上所述，索洛模型顺利地解决了"存在性"和"稳定性"的问题。也就是说，第一，均衡点存在于 k^* 点；第二，当资本 - 劳动比大于或小于 k^* 时，市场本身会自动使资本 - 劳动比回到均衡点。索洛模型表明，市场力量可以在充分就业条件下实现长期稳定增长，否定了哈罗德的"不稳定原理"。两个模型的结论之所以截然不同，主要是因为在哈罗德 - 多马模型中 k 是常数，不可变，即 K 和 L 是不能互相替代的，而在索洛模型中 k 是变量。

（四）索洛余值法

索洛的余值方法简单实用，被学界广泛使用。该方法从柯布 - 道格拉斯生产函数入手，使用高等数学手段将式（10 - 1）转化为：

$$G_Q = G_A + \alpha G_L + \beta G_K \qquad (10 - 15)$$

式（10 - 15）中，G_Q 为产出增长率，G_A 为技术进步增长率，G_L 为劳动增长率，G_K 为资本增长率。G_Q、G_L 和 G_K 都可以从统计资料中得到，从 G_Q 中减去 αG_L 和 βG_K，余值就是 G_A。需要解释的是，劳动产出弹性 α 和资本产出弹性 β 用计量经济学工具可以求出。

三 新剑桥经济增长模型

从名称上可以看出，新剑桥经济增长模型是新剑桥学派的经济学家提出的模型。新剑桥学派的主要经济学家有琼·罗宾逊夫人、卡尔多和帕西内蒂等。新剑桥经济增长模型和索洛模型一样，都是以哈罗德－多马模型为基础进行研究的。新剑桥学派认同哈罗德－多马模型的均衡条件，也认同哈罗德通过政府干预实现稳定的观点。进一步的，新剑桥模型提出了改变储蓄率实现均衡的思路。

新剑桥学派认为，利润获得者的储蓄率高，工资获得者的储蓄率低，通过降低工资提高利率的手段，可以增加储蓄率，从而实现充分就业条件下的均衡经济增长。这一理论主要体现在卡尔多的分配模型中。可见，新剑桥经济增长模型认为收入分配趋于不公平，即经济越是增长，收入分配就越是不公平，相对贫困现象越是严重。

四 新经济增长理论

索洛模型把技术进步和生产率的提高当作外生给定的因素，对经济增长的解释还是存在一定缺陷的，例如，无法解释不同国家之间技术进步速度的差异。20世纪80年代，以保罗·罗默为代表，一批经济学家提出了一类新的经济增长模型。这些模型的共同特点是把技术进步作为内生的，它们被统称为新增长理论模型。

在新增长理论体系中，一些模型致力于研究人力资本对经济增长的影响，另一些模型则强调企业创新对经济增长的影响。这些模型的数学推导都比较复杂，初学者会有较大障碍，不再赘述。

第三节 有效资本与无效资本：生产函数暗含前提假设研究

柯布－道格拉斯生产函数（以下简称"C－D生产函数"）自被提出以来就被学界广泛用于经济增长研究。前面讨论的经济增长理论大多基于 C - D 生产函数，我们发现，大多数文献没有讨论 C - D 生产函数的前提假设，仿佛在任何总供求态势下该理论模型都有效。尤其值得推敲的是 C - D 生产函数中的资本存量，经济增长理论中在使用资本存量概念（无论是资本 - 产出比还是资本 - 劳动比）时，暗含的假定都是这些资本百分之百在运行。我们知道，市场经济中的企业不养闲人，劳动力是实打实工作的那些人，但资本存量是这样吗？当企业缺乏订单时，多余的劳动力可以被解雇，但闲置的资本不会被抛弃。于是，问题产生了：经济学家是不是把闲置的资本存量——无效资本和工作中的资本存量——有效资本混在一起了？统计数据上的资本存量和经济运行中的有效资本是不是一回事？本节以C - D 生产函数为例，讨论资本存量的问题。

一　对 C - D 生产函数暗含前提假设的考察

（一）对 C - D 生产函数暗含前提假设的讨论

从 C - D 生产函数变量设置的角度来看，该函数暗含的上位前提假设应该是供给约束型经济。只有在事前需求远大于供给的供给约束型经济态势下，才可能保证统计数据中的 K 全部参与生产，即统计数据中的 K 可视为百分之百的"有效资本"，除正常保养维修之外基本上没有闲置的部分。当我们用C - D生产函数来研究生产总量时，其实暗含了这样一个假设：K 的开工率达到 100%，所有的资本存量都是"有效资本"。只有当这个条件成立时，经济学意义的 C - D 生产函数方能顺畅运行。那么，什么样的市场条件才能保证所有的存量资本都是有效资本呢？显然，只有产品出清——都能顺利卖出去（包括厂商合意库存）、不发生积压。也就是说，潜在供给都能被需求覆盖。显然，必须在"短缺经济"或"供给约束型经济"态势下，才有这样的市场条件，即事前总需求大于事前总供给。否则，如果产品卖不出去，理性的厂商势必减产或停产，部分存量资本或全部存量资本处于闲置状态，成了"无效资本"，统计数据中的资本存量数额不等于有效资本，C - D 生产函数的数学逻辑将远离实际市场状态。

C－D 生产函数的上位前提假设——供给约束型经济态势——与亚当·斯密、大卫·李嘉图以及萨伊的古典经济学暗含的上位前提假设是一致的。18 世纪中叶之后，欧洲分工程度加深，市场进一步扩大，为经济增长提供了客观条件。为了获得更多的价值，产量增长和国民财富积累成为全社会关心的问题。但是由于供给不足，亚当·斯密时代的有识之士都在为如何增加资本积累和提高生产效率大伤脑筋。亚当·斯密在《国富论》中首次完整分析了如何选择经济增长最快的路径。他认为，促进地区经济增长和提高居民收入的主要途径是加大劳动者投入和资本投入，通过加强分工和改良机器来提高劳动生产率。亚当·斯密强调积累的作用，积累才能产生资本。"资本增加的直接原因是节俭，不是勤劳。诚然，未有节俭以前，须先有勤劳。节俭所积蓄的物，都是由勤劳得来。但是若只有勤劳，无节俭，有所得而无所储，资本决不能增加。"为使更多的资本用来雇用生产性劳动者，亚当·斯密提倡节俭："资本的增减，自然会增减真实劳动量，增减生产性劳动者的人数，因而，也会促使一国土地和劳动的交换价值增减，以及一国人民的真实财富与收入的增减。""资本增加，由于节俭；资本减少，由于奢侈与妄为。""节省了多少收入，就增加了多少资本。这个增多的资本，他可以亲自抽下来雇用更多的生产性劳动者，抑或以有利息地借给别人，使其能雇用更多的生产性劳动者"①。亚当·斯密之所以提倡节俭，是因为节俭会增加储蓄，储蓄可转化为投资。亚当·斯密倡导节俭和资本积累，说明经济增长的发动机在供给一端。亚当·斯密认为"有两种方法可以增加一国土地和劳动的年产品的价值，一是增加生产性劳动者的数量，一是提高受雇者的生产能力。很明显，要增加生产性劳动者的数量必须先增加资本，增加维持生产性劳动者的资金。要增加同等量受雇者的生产能力必须增加方便劳动、节约劳动的机械和工具，或者对它们

---

① 亚当·斯密：《国富论》（第一版），唐日松译，华夏出版社，2005，第 247 页。

改良。不然就是使工作的分配更为合适。但无论如何，都有必要增加资本"①。

可见，亚当·斯密几乎用语言表达了 C－D 生产函数。足以见，亚当·斯密时代的总供求态势应该是供给约束型的。一般情况下，处于供给约束型经济态势的国家人均收入较低，绝大部分社会公众不可能将大量的收入储蓄起来。中低收入者即使是挣多少花多少，也未必能达到温饱水平。在供给约束型经济态势中，理性的厂商必然满负荷生产，资本存量充分发挥作用，即资本存量都是"有效资本"。一个显著的案例是，在中国计划经济时期大多数工厂是"三班倒"工作的，资本存量的开工率甚至规律性地大于 100%。即使这样，当时中国的产品还是凭票供应的，物资极度短缺，卖货根本不是问题，而能买到想买的物品是当时的一种大本事。因此，用 C－D 生产函数研究供给约束型经济态势下的经济增长问题是有效的。

当然，19 世纪以来欧洲市场也出现过某种结构性的商品滞销，著名经济学家萨伊提出了"供给自动创造需求"的理论命题。这个命题清楚地说明，国民财富的增长在于供给而不在于需求，即使有暂时的商品滞销，也应该是结构性的，换言之是其他商品少了。萨伊认为，市场的实质是产品和产品的交换，一旦其他产品的生产跟上来，积压就会消除。在供给约束型经济态势下，总体生产过剩是不可能的，市场出现问题，要从供给方面治理，而不是需求方面。

（二）对 C－D 生产函数两个变量产出弹性的讨论

C－D 生产函数有三种形式。

（1）$\alpha+\beta>1$，称为递增报酬型，即按现有技术扩大规模来增加产出是有利的。

（2）$\alpha+\beta<1$，称为递减报酬型，即按现有技术扩大规模来增加产出是得不偿失的。

---

① 亚当·斯密：《国富论》（第一版），唐日松译，华夏出版社，2005，第 251 页。

（3）$\alpha + \beta = 1$，称为不变报酬型，即生产效率并不会随着生产规模的扩大而提高，只有提高技术水平，才会提高经济效益。

我们尝试从宏观经济层面讨论一下规模报酬的三种情况。规模报酬（Returns to Scale）是指在其他条件不变的情况下，经济中各种生产要素按相同比例变化时所带来的产量变化。

当 $\alpha + \beta > 1$ 时，净收益的增长速度超过其生产规模的扩大速度。既有的经济学文献大多从企业或行业等微观层面探讨原因，但从宏观经济层面讨论，这应该是处于供给约束型经济的发展时期。在这一时期，全社会的各种配套设施不健全，分工协作的基础薄弱，扩大生产规模可以节约各种成本、提高效益。一国若处于规模报酬递增阶段，表明宏观经济的发展空间很大，一些潜在的效能尚待发挥。随着生产规模的扩大，当市场的软硬件建设基本完善时，潜在的效能发挥到了极致，经济效益不再随着生产规模的扩大而提高，$\alpha + \beta = 1$ 时，供给约束型经济基本上成熟了。当 $\alpha + \beta < 1$ 时，规模报酬递减。从微观层面探讨，主要原因是厂商生产规模过大，使得生产的各个方面难以得到有效的协调，从而降低了生产效率。从宏观经济层面讨论，在供给约束型经济态势下似乎不存在这种可能，除非市场经济不完善。如果在市场经济条件下，当经济规模宏大、潜在供给能力远超总需求时，宏观经济态势已转化为需求约束型，C－D 生产函数的解释能力已经不存在。

二 供给约束型经济态势下 C－D 生产函数的有效性检验

在供给约束型经济态势中，经济增长的发动机在总供给一端，当时的学界着力研究如何在生产一端投入，基本上属于新古典主义的研究模式，承认萨伊的"供给可以自动创造需求"的金律。在大萧条爆发之前，虽然有些国家进入了需求约束型经济态势，但统治经济学论坛的新古典学派对经济增长的动力发生了转换这一事实基本上视而不见。C－D 生产函数清晰地说明，只要投入资本要素和劳动力要素，就会产出产品，即总需求是没有问题的，可以吸纳一国资源瓶颈出现之前的所有资本与劳动力组合生产的产品。在供给约束型经济态势下，若 $\alpha + \beta = 1$，生产函数变为：

$$Y = A\,L^{\alpha}\,K^{1-\alpha} \qquad\qquad (10-16)$$

两边除以 L，取对数得：

$$\ln\frac{Y}{L} = \ln A + (1-\alpha)\ln\frac{K}{L} \qquad\qquad (10-17)$$

K 的弹性系数为 $1-\alpha$，L 的弹性系数为 α。

（一）以美国为例

我们曾对美国总供求态势的转变做过初步考察，得出的结论是，美国两种经济态势的转变发生在 1919 年，即 1919 年之前的美国经济是供给约束型的。[①] 我们用柯布和道格拉斯提供的数据（见表 10-1）做一实证检验。

表 10-1　美国 1899~1916 年劳动力、资本存量、产出量指数（1899 年 = 100）

年份	资本存量指数(K)	劳动力指数(L)	产出量指数(Y)
1899	100	100	100
1900	107	105	101
1901	114	110	112
1902	122	118	122
1903	131	123	124
1904	138	116	122
1905	149	125	143
1906	163	133	152
1907	176	138	151
1908	185	121	126
1909	198	140	155
1910	208	144	159
1911	216	145	153
1912	226	152	177

---

① 刘巍、陈昭：《大萧条中的美国、中国、英国和日本》，经济科学出版社，2010。

续表

年份	资本存量指数(K)	劳动力指数(L)	产出量指数(Y)
1913	236	154	184
1914	244	149	169
1915	266	154	189
1916	298	182	225

资料来源：Charles W. Cobb and Paul H. Douglas, "A Theory of Production," *The American Economic Review*, 18 (1), Supplement, Papers and Proceedings of the Fortieth Annual Meeting of the American Economic Association (Mar., 1928), 139~165；资本存量数据见第 145 页，劳动力数据见第 148 页，产出量数据见第 149 页。

根据表 10 - 1 中的数据得出的回归函数为：

$$\ln Y = 0.7\ln L + 0.3\ln K \qquad (10 - 18)$$
$$(4.68) \quad (10.35)$$
$$R^2 = 0.9578 \quad DW = 1.604 \quad S.E = 0.047 \quad F = 363.4 \quad T = 18$$

如表 10 - 2、图 10 - 2 所示，美国 1899 ~ 1916 年模型预测产出值非常接近这 18 年的实际产出值，C - D 生产函数在供给约束型经济态势中有效。同时，由于存量资本全部参与了生产过程，两个变量的产出弹性也是真实的。

表 10 - 2　美国 1899 ~ 1916 年实际产出和模型预测产出及相对误差

年份	实际产出 (1)	模型预测产出 (2)	相对误差 $(3) = \dfrac{(1) - (2)}{(1)}$
1899	100	100.0	0
1900	101	105.6	0.045545
1901	112	111.2	- 0.00714
1902	122	119.2	- 0.02295
1903	124	125.3	0.010484
1904	122	122.2	0.001639
1905	143	131.8	- 0.07832
1906	152	141.4	- 0.06974
1907	151	148.4	- 0.01722
1908	126	137.4	0.090476

续表

年份	实际产出 (1)	模型预测产出 (2)	相对误差 $(3) = \dfrac{(1) - (2)}{(1)}$
1909	155	155. 3	0. 001935
1910	159	160. 8	0. 011321
1911	153	163. 4	0. 067974
1912	177	171. 2	− 0. 03277
1913	184	175. 0	− 0. 04891
1914	169	172. 8	0. 022485
1915	189	181. 4	− 0. 04021
1916	225	211. 0	− 0. 06222

资料来源：实际产出数据来自表 10 − 1，模型预测产出数据根据式（10 − 18）计算。

图 10 − 2　美国 1899 ~ 1916 年实际产出和模型预测产出

（二）以中国为例

我们先前的一项研究曾得出尝试性的结论，中国由供给约束型经济向需求约束型经济的转变发生在 1995 ~ 1996 年这一时段，即自改革开放到这一时段，存量资本是满负荷开工的。因此，我们用 1980 ~ 1995 年的数据（见表 10 − 3）拟合数量方程。

表 10 - 3　中国 1980 ~ 1995 年实际 GDP、资本存量（1952 年不变价）和劳动力

年份	Y(亿元)	K(亿元)	L(万人)	Y/L （亿元/万人）	K/L （亿元/万人）
1980	3786	7221	41693	0.090807	0.173195
1981	3985	7790	43045	0.092578	0.180973
1982	4346	8354	44511	0.097639	0.187684
1983	4817	9005	45867	0.105021	0.196329
1984	5549	9823	47316	0.117275	0.207604
1985	6296	10858	49036	0.128395	0.221429
1986	6853	12052	50579	0.135491	0.238281
1987	7646	13416	52031	0.146951	0.257846
1988	8508	14948	53557	0.158859	0.279105
1989	8855	16262	54830	0.161499	0.296589
1990	9194	17308	60036	0.153141	0.288294
1991	10039	18507	65121	0.154159	0.284194
1992	11468	20165	65821	0.17423	0.306361
1993	13069	22496	66483	0.196577	0.338372
1994	14778	25494	67131	0.220137	0.379765
1995	16393	29013	67758	0.241935	0.428186

注：转引自章上峰《时变弹性生产函数生产率分解公式及其政策含义》，《数量经济技术经济研究》2011 年第 7 期。原文中，作者对中国 1980 ~ 2008 年的统计数据做了这样的说明：（1）国内生产总值 Y（单位：亿元）：用以 1952 年为基期的实际国内生产总值表示；（2）资本存量 K（单位：亿元）：1952 年资本存量采纳张军（2004）的估算结果为 807 亿元，经济折旧率采纳张军（2004）的方法取 9.6%，参考曹吉云（2008）研究方法，法定残值率取 4%，以年初固定资本存量和年末固定资本存量的简单算术平均作为资本投入量；（3）劳动力投入 L（单位：万人）：以年初和年底就业人员数的平均值表示。以上数据来自《中国统计年鉴（2009）》《中国国内生产总值核算历史资料》和《新中国五十五年统计资料汇编》。

经过 ADF 检验、协整检验后，根据最小二乘法回归得：

$$\ln \frac{Y}{L} = -0.492 + 1.075\ln \frac{K}{L} + [\,\text{AR}(1) = 1.17 + \text{AR}(2) = -0.754\,] \quad (10-19)$$

$$(-10.12) \quad (31.296) \quad (5.52) \qquad (-3.62)$$

$$\text{R}^2 = 0.9964 \quad \text{DW} = 1.978 \quad \text{S.E} = 0.012 \quad \text{F} = 1110.952 \quad \text{T} = 16$$

如表 10 - 4、图 10 - 3 所示，中国 1980 ~ 1995 年实际 GDP 和模型预测产出相差很小，C - D 生产函数在这一阶段是有效的。显然，中国的劳动力产出弹性为负值，说明当时的就业结构存在较大的问题，这是

计划经济遗留的问题，亟待改革。由于这一问题与本章关系不大，暂不讨论。

表 10 - 4 　中国 1980 ~ 1995 年实际产出和模型预测产出及相对误差

年份	实际 GDP(亿元)(1)	模型预测产出(亿元)(2)	相对误差(3) = $\dfrac{(1) - (2)}{(1)}$
1980	3786	3868. 4	- 0. 02176
1981	3985	4187. 0	- 0. 05068
1982	4346	4502. 4	- 0. 03598
1983	4817	4869. 7	- 0. 01093
1984	5549	5334. 3	0. 03869
1985	6296	5924. 9	0. 058936
1986	6853	6612. 7	0. 035058
1987	7646	7404. 9	0. 031539
1988	8508	8299. 6	0. 024495
1989	8855	9070. 4	- 0. 02433
1990	9194	9633. 3	- 0. 04778
1991	10039	10289. 6	- 0. 02496
1992	11468	11274. 8	0. 016851
1993	13069	12672. 2	0. 030364
1994	14778	14485. 8	0. 019772
1995	16393	16634. 4	- 0. 01472

资料来源：实际产出数据来自表 10 - 3，模型预测产出数据根据式（10 - 19）计算。

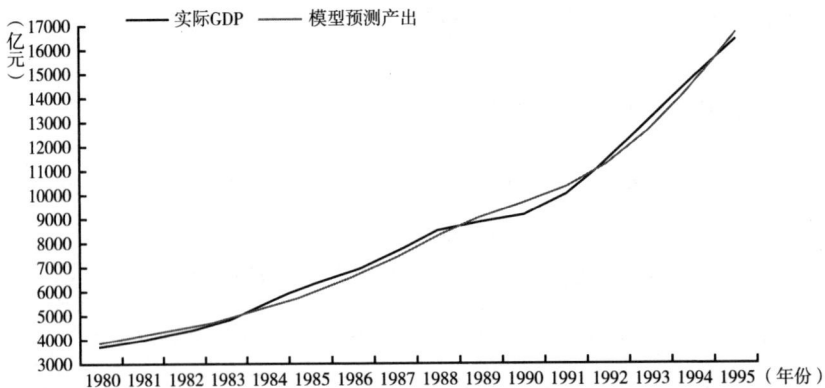

图 10 - 3 　中国 1980 ~ 1995 年实际产出和模型预测产出

美国和中国在供给约束型经济态势下，应用 C–D 生产函数解释经济增长，检验结果是显著的，模型预测产出结果和实际产出数据是比较接近的。

三　C–D 生产函数失效的条件——需求约束型经济

（一）需求约束型经济态势下 C–D 生产函数的无效性分析

随着生产力水平的不断提高，科学技术不断进步，劳动效率不断提高，可以生产出来的产品越来越多。供给曲线的斜度不断地放缓，宏观经济逐渐从供给约束型态势转变为需求约束型态势。随着收入的增长，储蓄的所占比例逐渐提高，事前总供给大于事前总需求成为常态，销售成为厂商最重要的问题。我们曾从三个实证路径做了相应的数量分析，计算出了一些国家经济态势的时间转折点。中国在 1996 年、日本在 1950 年、美国在 1919 年进入了需求约束型经济态势，英国则更早，不晚于 19 世纪 70 年代。[①]

当经济社会已经进入需求约束型经济态势时，绝大多数厂商都是根据订单来生产的，如果订单不足或没有订单——有效需求不足，厂商就会缩减产量甚至停业。于是，在一个时段之内，全社会必有比例不断变化的存量资本是"无效资本"，即统计数据中的 K 和生产中的 K 会发生一定的或较大幅度的偏差——"有效资本"不规律地小于统计数据中的资本。因此，在需求约束型经济态势下，用 C–D 生产函数解释或预测经济增长是有较大偏颇的。换言之，在需求约束型经济态势下，C–D 生产函数是不适用的。在需求约束型经济态势中，资本大量闲置。一个极端的案例是，美国大萧条时期内最悲惨的 1932 年钢铁工业的开工率只有 19.1%，即资本存量统计数据的 80.9% 是"无效资本"。[②] 如果用 C–D

---

① 刘巍、陈昭：《大萧条中的美国、中国、英国和日本》，经济科学出版社，2010；刘巍：《从供给约束型经济向需求约束型经济的转变——1952 年以来中国经济态势初探》，《广东外语外贸大学学报》2011 年第 2 期。

② 威廉·曼彻斯特：《大萧条与罗斯福新政》，朱协译，海南出版社，2009，第 38 页。

生产函数做数量模型的话，统计资料中的资本存量数据和编造的数据有什么区别呢？当然，在需求约束型经济常态中，"无效资本"的比例不会像大萧条时期那样极端，但也无非是"量"的区别，从"质"的角度看，数量分析结果应该是一样荒谬的。

如图 10-4 所示，$\rho(0 < \rho < 1)$ 为资本的利用率，当资本的利用率不是100%时，即使产出额一致，α^* 与 α 是不一样的，β^* 与 β 也不一样。所以在需求约束型经济态势中，我们必须注意在不同的开工率下，得到的劳动力和资本的产出弹性是不一样的。

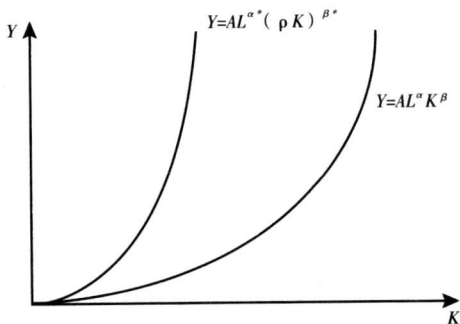

图 10-4 资本完全利用和资本存在闲置的 C-D 生产函数

古典经济学家西斯蒙第似乎先知先觉，在 1819 年出版的《政治经济学新原理》中首次提出普遍生产过剩的必然性。随后，马尔萨斯在他的《政治经济学原理》一书中提出了有效需求不足可能造成普遍商品过剩的推论。1936 年，凯恩斯的《就业、利息和货币通论》系统阐述了大萧条是有效需求不足的结果，然而，这种危机只发生在处于需求约束型经济态势的国家。大萧条出现之前，世界主要国家先后进入了需求约束型经济态势。针对大萧条，凯恩斯经济学派认为，经济增长的发动机不再是总供给而是总需求了，宏观经济中的主要问题是有效需求不足，而非有效供给不足，萨伊定律已经失去了发挥作用的前提。随着凯恩斯主义成为主流经济学，各国宏观经济调控的对象基本上都指向了总需求方面的要素，如利率、汇率、税率等。这一思路的经济学意义就是，一国经济的总产出是总需求的函数，只要有足够的订单，就有经济增长。

综上所述，在需求约束型经济的大前提之下，采用C-D生产函数分析经济增长显然是不合适的，恰好与需求约束型经济的要义南辕北辙。从极端的现象上看，大萧条期间，各国当年的资本存量未必少于上年，但产量锐减，主要是需求不足导致的资本大量闲置，相当一部分资本已不是"有效资本"。但是，在统计数据上难以反映资本的闲置率，于是，在这种情况下使用C-D生产函数分析产出显然是有问题的。许多文献在没有对宏观经济态势做任何分析的情况下使用C-D生产函数分析当代经济增长问题，数量模型拟合得似乎也很显著，但它们的结论是有很大偏颇的，因为前提如果消失了，结论自然是不成立的。

（二）存量资本不同闲置率的模拟数量分析

1. 以中国为例

虽然中国已经在1995年后由供给约束型经济态势转为需求约束型经济态势，但我们还是按既有文献的做法，先假定在需求约束型经济态势中的资本存量是100%开工的，基于1998~2008年的数据（见表10-5），利用最小二乘法回归得（由于大量研究中国经济增长的文献都做了平稳性检验，所以本书略去检验过程）：

$$\ln \frac{Y}{L} = -0.7875 + 0.788\ln \frac{K}{L} \qquad (10-20)$$

$$(-393.17) \quad (134.58)$$

$$R^2 = 0.9995 \quad DW = 1.775 \quad S.E = 0.0066 \quad F = 18111.06 \quad T = 11$$

表10-5 中国1998~2008年实际GDP、资本存量（1952年不变价）和劳动力

年份	Y(亿元)	K(亿元)	L(万人)	Y/L(亿元/万人)	K/L(亿元/万人)
1998	21254	41328	70228	0.302643	0.588483
1999	22875	45899	71019	0.322097	0.646292
2000	24803	50762	71740	0.345735	0.707583

续表

年份	Y(亿元)	K(亿元)	L(万人)	Y/L(亿元/万人)	K/L(亿元/万人)
2001	26863	56129	72555	0.370243	0.773606
2002	29302	62336	73380	0.399319	0.849496
2003	32238	69996	74087	0.435137	0.944781
2004	35490	79229	74817	0.474357	1.058971
2005	39191	90084	75516	0.518976	1.192913
2006	43739	102816	76115	0.574644	1.350798
2007	49424	117231	76696	0.644414	1.528515
2008	53874	132999	77234	0.697543	1.722027

资料来源：同表 10 - 3。

式（10 - 20）虽然看似拟合得不错，但是，在需求约束型经济态势下，资本存量的开工率显然不是 100%。尤其是在 1998 年开始的亚洲金融危机过程中，和 2008 年开始的金融海啸过程中，中国企业经历的煎熬是有目共睹的，工业企业减产停产的诸多案例也是人所共知的。由于无法得到资本存量的闲置率数据，我们做如下虚拟：1998～2001 年的资本闲置率为 20%、2002～2003 年的资本闲置率为 10%、2004～2007 年的资本闲置率为 5%、2008 年的资本闲置率为 25%。于是，虚拟的开工生产资本存量数据见表 10 - 6。

表 10 - 6　中国 1998～2008 年资本利用率及有效资本

年份	资本利用率(%) (1 - 资本闲置率)	K_1(亿元)	K_1/L(亿元/万人)
1998	80	33062.4	0.470787
1999	80	36719.2	0.517033
2000	80	40609.6	0.566066
2001	80	44903.2	0.618885
2002	90	56102.4	0.764546
2003	90	62996.4	0.850303

年份	资本利用率(%) (1 - 资本闲置率)	K_1(亿元)	K_1/L(亿元/万人)
2004	95	75267.55	1.006022
2005	95	85579.8	1.133267
2006	95	97675.2	1.283258
2007	95	111369.5	1.452089
2008	75	99749.25	1.291520

资料来源：K_1数据根据K和虚拟的资本利用率计算而得，K、L数据来自表10-5。

经过 ADF 检验、协整检验后，根据最小二乘法回归得：

$$\ln \frac{Y}{L} = -0.691 + 0.686\ln \frac{K_1}{L} \qquad (10-21)$$

$$(31.375) \quad (-13.89)$$

$$R^2 = 0.956 \quad DW = 0.922 \quad S.E = 0.063 \quad F = 191.93 \quad T = 11$$

由式（10-21）得，K 的弹性系数为 0.686，L 的弹性系数为 0.314。显然，这与式（10-20）得出的两个弹性系数显著不同。如果依据式（10-20）的两个弹性做进一步分析，则会与实际经济运行中的真实数量关系渐行渐远。需要说明的是，我们引入虚拟资本闲置率只是为了讨论资本闲置条件下的 C-D 生产函数的数量方程，不是武断地认定在各个时段上就是闲置了那么多存量资本，换个闲置率也可以讨论。

上述讨论表明，中国在需求约束经济态势下，若不考虑资本闲置率即资本全部被利用，1998~2008 年数据的实证分析可以得到资本的产出弹性为 0.788，劳动力的产出弹性为 0.212，$A = 0.455$。考虑资本闲置率后资本的产出弹性为 0.686，劳动力的产出弹性为 0.314，$A = 0.50$。可以看出，没有考虑资本闲置率的话资本的产出弹性是被高估了，而劳动力的产出弹性和 A 被低估了。我们用随意给定的资本闲置率拟合方程，用意在于，如果资本存量不是 100% 参与生产，那么，按统计数据做出的资本产出弹性和劳动力产出弹性都是不准确的。

2. 以美国为例

（1）统计数据平稳性检验。基于表 10 - 7 中的数据分别对 $\ln\dfrac{Y}{L}$、$\ln\dfrac{K}{L}$ 进行 ADF 检验，检验结果（如表 10 - 8 所示）表明 $\ln\dfrac{Y}{L}$、$\ln\dfrac{K}{L}$ 是二阶单整变量。

表 10 - 7　美国 1948 ~ 1979 年实际 GDP、资本存量（1990 年不变价）和劳动力

年份	GDP（10 亿美元）	L（万人）	K（10 亿美元）	Y/L（10 亿美元/万人）	K/L（10 亿美元/万人）
1948	1335.896	61622	730.750	0.021679	0.011859
1949	1341.076	60131	771.632	0.022303	0.012833
1950	1457.624	61669	829.066	0.023636	0.013444
1951	1601.107	64258	949.464	0.024917	0.014776
1952	1669.482	64963	1013.656	0.025699	0.015604
1953	1731.641	65962	1054.830	0.026252	0.015991
1954	1719.727	64426	1097.737	0.026693	0.017039
1955	1816.591	66144	1164.328	0.027464	0.017603
1956	1852.850	67737	1289.248	0.027354	0.019033
1957	1888.592	67917	1386.912	0.027807	0.020421
1958	1879.268	66331	1452.728	0.028332	0.021901
1959	1981.830	67959	1519.012	0.029162	0.022352
1960	2022.233	68715	1581.384	0.029429	0.023014
1961	2072.996	68796	1643.235	0.030133	0.023886
1962	2200.422	70102	1711.579	0.031389	0.024416
1963	2296.768	70786	1781.738	0.032447	0.025171
1964	2434.553	72269	1874.087	0.033687	0.025932
1965	2587.360	74557	1987.393	0.034703	0.026656
1966	2755.189	77494	2136.130	0.035554	0.027565
1967	2826.672	78978	2300.065	0.035791	0.029123
1968	2954.097	81012	2488.332	0.036465	0.030716
1969	3045.781	83381	2708.225	0.036528	0.032480
1970	3045.781	83476	2943.877	0.036487	0.035266
1971	3147.826	83678	3164.523	0.037618	0.037818
1972	3326.014	86103	3466.490	0.038628	0.040260
1973	3519.224	89587	3930.665	0.039283	0.043875
1974	3499.023	91138	4622.961	0.038393	0.050725
1975	3468.461	89582	5229.177	0.038718	0.058373

续表

年份	GDP （10亿美元）	L （万人）	K （10亿美元）	Y/L （10亿美元/万人）	K/L （10亿美元/万人）
1976	3657.010	91855	5687.090	0.039813	0.061914
1977	3845.558	95236	6334.997	0.040379	0.066519
1978	4043.948	99577	7265.061	0.040611	0.072959
1979	4161.014	102540	8334.971	0.040579	0.081285

资料来源：游宪生《经济增长研究》，立信会计出版社，2000，第152～153页。

表 10 - 8　ADF 检验结果（1）

变量	差分次数	(C,T,K)	DW 值	ADF 值	5% 临界值	1% 临界值	结论
$\ln \dfrac{Y}{L}$	2	$(C,0,2)$	2.02	-5.33	-1.95	-2.65	I(2)*
$\ln \dfrac{K}{L}$	2	$(0,0,1)$	1.91	-5.58	-1.95	-2.65	I(2)*

对 $\ln \dfrac{Y}{L}$、$\ln \dfrac{K}{L}$ 进行协整检验，协整检验的结果如表 10 - 9 所示。

表 10 - 9　协整检验的结果（1）

特征根	迹统计量（P 值）	λ - max 统计量（P 值）	5% 临界值	结论
0.26	14.03（0.026）	9.2（0.11）	12.32	无
0.15	4.83（0.033）	4.83（0.033）	4.13	至少 1 个

检验结果表明 $\ln \dfrac{Y}{L}$、$\ln \dfrac{K}{L}$ 之间存在协整关系，因此按照计量经济基本理论可以直接运用最小二乘法回归。

（2）最小二乘法回归结果为：

$$\ln \frac{Y}{L} = -2.23 + 0.338\ln \frac{K}{L} \qquad (10-22)$$

$$(-53.35) \quad (29.22)$$

$$R^2 = 0.972 \quad DW = 1.672 \quad S.E = 0.033 \quad F = 327.661 \quad T = 32$$

$$MA(1) = 1.279(t = 6.486) \quad MA(2) = 0.621(t = 3.269)$$

由式（10 - 22）得，K 的弹性系数为 0.338，L 的弹性系数为 0.662。

（3）虚拟数据分析。和前面对中国数据的分析一样，我们也对美国该时段的有效资本数据做个虚拟：1948～1965 年的资本闲置率为 15%、1966～1973 年的资本闲置率为 25%、1974～1979 年的资本闲置率为 10%。由此计算的存量资本数据见表 10－10。

表 10－10　美国 1948～1979 年资本利用率及有效资本

年份	资本利用率(%) （1－资本闲置率）	K_1 （10 亿美元）	K_1/L （10 亿美元/万人）
1948	85	621. 1375	0. 01008
1949	85	655. 8872	0. 010908
1950	85	704. 7061	0. 011427
1951	85	807. 0444	0. 012559
1952	85	861. 6076	0. 013263
1953	85	896. 6055	0. 013593
1954	85	933. 07645	0. 014483
1955	85	989. 6788	0. 014962
1956	85	1095. 8608	0. 016178
1957	85	1178. 8752	0. 017358
1958	85	1234. 8188	0. 018616
1959	85	1291. 1602	0. 018999
1960	85	1344. 1764	0. 019562
1961	85	1396. 7498	0. 020303
1962	85	1454. 8422	0. 020753
1963	85	1514. 4773	0. 021395
1964	85	1592. 974	0. 022042
1965	85	1689. 2841	0. 022658
1966	75	1602. 0975	0. 020674
1967	75	1725. 0488	0. 021842
1968	75	1866. 249	0. 023037
1969	75	2031. 1688	0. 02436
1970	75	2207. 9078	0. 02645
1971	75	2373. 3923	0. 028363
1972	75	2599. 8675	0. 030195
1973	75	2947. 9988	0. 032907
1974	90	4160. 6649	0. 045652
1975	90	4706. 2593	0. 052536
1976	90	5118. 381	0. 055722
1977	90	5701. 4973	0. 059867
1978	90	6538. 5549	0. 065663
1979	90	7501. 4739	0. 073157

资料来源：K_1 数据根据表 10－7 和虚拟的资本利用率计算而得，L 数据来自表 10－7。

分别对 $\ln\dfrac{Y}{L}$、$\ln\dfrac{K_1}{L}$ 进行 ADF 检验，检验结果（如表 10 - 11 所示）表明 $\ln\dfrac{Y}{L}$、$\ln\dfrac{K_1}{L}$ 是二阶单整变量。

表 10 - 11　ADF 检验结果（2）

变量	差分次数	(C,T,K)	DW 值	ADF 值	5% 临界值	1% 临界值	结论
$\ln\dfrac{Y}{L}$	2	$(C,0,2)$	2.02	- 5.33	- 1.95	- 2.65	I(2)*
$\ln\dfrac{K_1}{L}$	2	$(0,0,1)$	2.1	- 5.88	- 1.95	- 2.65	I(2)*

对 $\ln\dfrac{Y}{L}$、$\ln\dfrac{K_1}{L}$ 进行协整检验，协整检验的结果如表 10 - 12 所示。

表 10 - 12　协整检验的结果（2）

特征根	迹统计量（P 值）	$\lambda - max$ 统计量（P 值）	5% 临界值	结论
0.54	26.95(0.037)	23.18(0.013)	25.87	无
0.12	3.77(0.77)	3.77(0..77)	12.52	至少 1 个

检验结果表明 $\ln\dfrac{Y}{L}$、$\ln\dfrac{K_1}{L}$ 之间存在协整关系，因此按照计量经济基本理论可以直接运用最小二乘法回归，结果如下：

$$\ln\frac{Y}{L} = - 2.248 + 0.318\ln\frac{K_1}{L} \qquad (10 - 23)$$

$$(- 40.33) \quad (21.78)$$

$$R^2 = 0.954 \quad DW = 1.50 \quad S.E = 0.043 \quad F = 194.63 \quad T = 32$$

$$MA(1) = 0.954(t = 5.903) \quad MA(2) = 0.514(t = 2.709)$$

由式（10 - 23）得 K_1 的弹性系数为 0.318，L 的弹性系数为 0.682，这与式（10 - 22）得出的两个弹性系数显著不同。美国在需求约束经济态势情况下，若不考虑资本闲置率即资本全部被利用，1948 ~ 1979 年的实证分析可以得到资本的产出弹性为 0.338，劳动力的产出弹性为

0.662，$A = 0.107$；考虑资本闲置率后资本的产出弹性为 0.318，劳动力的产出弹性为 0.682，$A = 0.105$。可以看出没有考虑资本闲置率的话资本的产出弹性是被高估了，而劳动力的产出弹性和 A 被低估了。

3. 以日本为例

（1）统计数据平稳性检验。基于表 10 - 13 中数据分别对 $\ln \frac{Y}{L}$、$\ln \frac{K}{L}$ 进行 ADF 检验，检验结果（如表 10 - 14 所示）表明 $\ln \frac{Y}{L}$、$\ln \frac{K}{L}$ 是二阶单整变量。

表 10 - 13　日本 1969 ~ 2011 年实际 GDP、资本存量（1990 年不变价）和劳动力

年份	Y （10 亿日元）	L （万人）	K （10 亿日元）	Y/L （10 亿日元/万人）	K/L （10 亿日元/万人）
1969	170764.5	5040	213847.7	33.88185	42.43010
1970	188323.1	5094	246356.8	36.96959	48.36215
1971	196588.9	5121	284877.3	38.38877	55.62923
1972	213129.0	5126	326349.3	41.57803	63.66549
1973	230248.8	5259	369926.1	43.78186	70.34153
1974	227427.7	5237	405731.1	43.42710	77.47395
1975	234458.7	5223	442840.1	44.88966	84.78654
1976	243778.5	5271	475746.0	46.24900	90.25726
1977	254481.2	5342	507852.6	47.63781	95.06788
1978	267897.5	5408	542854.8	49.53726	100.3800
1979	282588.9	5479	579499.1	51.57673	105.7673
1980	290551.1	5536	611757.5	52.48394	110.5053
1981	299762.6	5581	644909.1	53.71127	115.5544
1982	308927.2	5638	675422.5	54.79376	119.7982
1983	316100.7	5733	702416.6	55.13705	122.5216
1984	328483.5	5766	729924.1	56.96904	126.5911
1985	342950.3	5807	762917.1	59.05809	131.3789
1986	352879.9	5853	793761.3	60.29043	135.6161
1987	367555.7	5911	830376.9	62.18164	140.4799
1988	390325.3	6011	875141.9	64.93517	145.5901
1989	409183.5	6128	925087.7	66.77276	150.9608
1990	429985.5	6249	981266.2	68.80869	157.0277

续表

年份	Y （10亿日元）	L （万人）	K （10亿日元）	Y/L （10亿日元/万人）	K/L （10亿日元/万人）
1991	446315.1	6369	1035807.9	70.07617	162.6327
1992	450876.5	6436	1083291.8	70.05539	168.3176
1993	452281.5	6450	1124153.6	70.12116	174.2874
1994	470926.0	6453	1161075.8	72.97784	179.9281
1995	476434.0	6457	1188051.9	73.78566	183.9944
1996	486814.2	6486	1233760.7	75.05615	190.2190
1997	493890.5	6557	1272872.1	75.32263	194.1242
1998	483830.7	6514	1298327.1	74.27551	199.3133
1999	481488.9	6462	1326948.1	74.51082	205.3463
2000	491530.8	6446	1356859.9	76.25361	210.4964
2001	493176.8	6412	1378164.2	76.91466	214.9352
2002	494175.8	6330	1389119.9	78.06885	219.4502
2003	500173.7	6316	1401348.4	79.19153	221.8728
2004	510941.1	6329	1415247.1	80.73015	223.6131
2005	517898.4	6356	1428197.1	81.48181	224.7006
2006	526765.2	6389	1440102.4	82.44877	225.4034
2007	538870.9	6427	1452013.1	83.84486	225.9239
2008	534373.5	6409	1458659.0	83.37861	227.5954
2009	505858.5	6314	1442843.1	80.11696	228.5149
2010	539726.7	6298	1433717.9	85.69811	227.6465
2011	540770.6	6289	1424297.2	85.98674	226.4744

资料来源：Y见日本内阁府网站（http：//www.cao.go.jp/）、《1998年国民账户》《2011年国民账户》，K根据日本内阁府网站发布的《1998年国民账户》《2009年国民账户》《2011年国民账户》整理得出，L来自日本统计局（http：//www.stat.go.jp/）。

表 10 - 14　ADF 检验结果（1）

变量	差分次数	(C, T, K)	DW 值	ADF 值	5% 临界值	1% 临界值	结论
$\ln \dfrac{Y}{L}$	1	$(C, T, 1)$	1.85	-4.79	-3.53	-4.21	I(1)*
$\ln \dfrac{K}{L}$	1	$(0, 0, 3)$	2.04	-2.40	-1.95	-2.63	I(1)*

对 $\ln \dfrac{Y}{L}$、$\ln \dfrac{K}{L}$ 进行协整检验，协整检验的结果如表 10 - 15 所示。

表 10 - 15　协整检验的结果（1）

特征根	迹统计量（P 值）	λ - max 统计量（P 值）	5% 临界值	结论
0.347	21.52（0.001）	17.44（0.0036）	12.32	无
0.095	4.079（0.05）	4.079（0.05）	4.13	至少 1 个

检验结果表明 $\ln \dfrac{Y}{L}$、$\ln \dfrac{K}{L}$ 之间存在协整关系，因此按照计量经济基本理论可以直接运用最小二乘法回归。

（2）最小二乘法回归结果为：

$$\ln \frac{Y}{L} = 1.394 + 0.554\ln \frac{K}{L} \qquad (10 - 24)$$

$$(36.59) \quad (72.225)$$

$$R^2 = 0.992 \quad DW = 1.478 \quad S.E = 0.023 \quad F = 2632.19 \quad T = 43$$

$$MA(1) = 0.886(t = 5.616)$$

由式（10 - 24）得：K 的弹性系数为 0.554，L 的弹性系数为 0.446。

（3）虚拟数据分析。假设：1969 ~ 1973 年的资本闲置率为 10%、1974 ~ 1978 年的资本闲置率为 15%、1979 年的资本闲置率为 20%、1980 ~ 1991 年的资本闲置率为 30%，1992 ~ 1993 年的资本闲置率为 25%，1994 ~ 1996 年的资本闲置率为 30%，1997 ~ 1998 年的资本闲置率为 35%，1999 ~ 2001 年的资本闲置率为 30%，2002 年的资本闲置率为 20%，2003 ~ 2004 年的资本闲置率为 15%，2005 ~ 2006 年的资本闲置率为 14%，2007 ~ 2009 年的资本闲置率为 30%，2010 ~ 2011 年的资本闲置率为 20%。由此计算的存量资本数据见表 10 - 16。

表 10 - 16　日本 1969 ~ 2011 年资本利用率及有效资本

年份	资本利用率（%）（1 - 资本闲置率）	K_1（10 亿日元）	K_1/L（10 亿日元/万人）
1969	90	192462.9	38.18709
1970	90	221721.1	43.52594
1971	90	256389.6	50.06631
1972	90	293714.4	57.29894

续表

年份	资本利用率（%） （1−资本闲置率）	K_1 （10亿日元）	K_1/L （10亿日元/万人）
1973	90	332933.5	63.30738
1974	85	344871.4	65.85286
1975	85	376414.1	72.06856
1976	85	404384.1	76.71867
1977	85	431674.7	80.8077
1978	85	461426.6	85.32296
1979	80	463599.3	84.61385
1980	70	428230.3	77.35373
1981	70	451436.4	80.88808
1982	70	472795.8	83.85877
1983	70	491691.6	85.76515
1984	70	510946.9	88.61375
1985	70	534042	91.96521
1986	70	555632.9	94.9313
1987	70	581263.8	98.33595
1988	70	612599.3	101.913
1989	70	647561.4	105.6726
1990	70	686886.3	109.9194
1991	70	725065.5	113.8429
1992	75	812468.9	126.2382
1993	75	843115.2	130.7155
1994	70	812753.1	125.9496
1995	70	831636.3	128.7961
1996	70	863632.5	133.1533
1997	65	827366.9	126.1807
1998	65	843912.6	129.5537
1999	70	928863.7	143.7424
2000	70	949801.9	147.3475
2001	70	964714.9	150.4546
2002	80	1111296	175.5602
2003	85	1191146	188.5919
2004	85	1202960	190.0711
2005	86	1228250	193.2425
2006	86	1238488	193.8469

年份	资本利用率(%) (1 - 资本闲置率)	K_1 (10亿日元)	K_1/L (10亿日元/万人)
2007	70	1016409	158.1468
2008	70	1021061	159.3168
2009	70	1009990	159.9604
2010	80	1146974	182.1172
2011	80	1139438	181.1795

资料来源: K_1 数据根据表 10 - 13 和虚拟的资本利用率计算而得, L 数据来自表 10 - 13。

分别对 $\ln\dfrac{Y}{L}$、$\ln\dfrac{K_1}{L}$ 进行 ADF 检验,检验结果(如表 10 - 17)表明 $\ln\dfrac{Y}{L}$、$\ln\dfrac{K_1}{L}$ 是二阶单整变量。

表 10 - 17 ADF 检验结果(2)

变量	差分次数	(C,T,K)	DW 值	ADF 值	5% 临界值	1% 临界值	结论
$\ln\dfrac{Y}{L}$	1	$(C,\mathrm{T},1)$	1.85	-4.79	-3.53	-4.21	I(1)*
$\ln\dfrac{K_1}{L}$	1	$(0,0,1)$	2.08	-3.33	-1.95	-2.63	I(1)*

对 $\ln\dfrac{Y}{L}$、$\ln\dfrac{K_1}{L}$ 进行协整检验,协整检验的结果如表 10 - 18 所示。

表 10 - 18 协整检验的结果(2)

特征根	迹统计量(P 值)	λ - max 统计量(P 值)	5% 临界值	结论
0.409	24.13(0.0004)	21.59(0.0006)	12.32	无
0.06	2.533(0.132)	2.533(0.132)	4.13	至少1个

检验结果表明 $\ln\dfrac{Y}{L}$、$\ln\dfrac{K_1}{L}$ 之间存在协整关系,因此按照计量经济基本理论可以直接运用最小二乘法回归,结果为:

$$\ln \frac{Y}{L} = 1.30 + 0.606\ln \frac{K_1}{L} \qquad (10-25)$$

$$(21.065)(45.932)$$

$$R^2 = 0.9825 \quad DW = 1.904 \quad S.E = 0.036 \quad F = 731.212 \quad T = 43$$

$$MA(1) = 1.182(t = 7.354) \quad MA(2) = 0.602(t = 3.767)$$

由式（10 - 25）得 K_1 的弹性系数为 0. 606，L 的弹性系数为 0. 394，这与式（10 - 24）得出的两个弹性系数显著不同。和前面对中国和美国的讨论不一样，按资本存量统计数据做出的方程夸大了劳动力的产出弹性，低估了资本的产出弹性。日本在需求约束经济态势情况下，若不考虑资本闲置率即资本全部被利用，1969 ~ 2011 年的实证分析可以得到资本的产出弹性为 0. 554，劳动力的产出弹性为 0. 446，$A =$ 4. 03；加上资本闲置率后资本的产出弹性为 0. 606，劳动力的产出弹性为 0. 394，$A = 3.67$。可以看出没有考虑资本闲置率的话资本的产出弹性是被低估了，而劳动力的产出弹性和 A 被高估了。

（三）对 C - D 生产函数修正的思路

目前，由于 C - D 生产函数分析经济问题存在不足，不少学者对 C - D 生产函数提出了修正。胡海波对 C - D 生产函数的适用性提出了质疑①，并引入管理要素对它进行了修正。何予平将企业家精神纳入 C - D 生产函数中②，并对它进行了修正。吴海明认为，现实中还有许多未知的因素以不同的方式左右经济增长，并通过引入制度因素对 C - D 生产函数进行了修正。③ 但是，这些文献在修正过程中均忽略了 C - D 生产函数暗含的前提假设。如前所述，只有在供给约束型经济态势中 C - D 生产函数中的资本存量利用率才是 100%，在需求约束型经济态势中由于生产要素不能得到充分利用，因此，必须先剔除资本要素的闲置

---

① 胡海波：《对 C - D 生产函数的修正及再思考》，《郑州航空工业管理学院学报》（管理科学版）2004 年第 4 期。

② 何予平：《企业家精神与中国经济增长——基于 C - D 生产函数的实证研究》，《当代财经》2006 年第 7 期。

③ 吴海明：《基于新 C - D 生产函数的广东省经济增长实证研究》，《南方经济》2006 年第 7 期。

部分。在不同的资本闲置率下，有效资本是不一样的，不一样的有效资本导致劳动力和资本的弹性系数不一样。在需求约束型经济态势下，要准确地计算这两者的弹性，必须知道有效资本是多少，否则根据统计上的数据算出来的弹性与实际弹性是有差别的。

于是我们认为，在需求约束型经济大前提下，应该将 C－D 生产函数修正如下：

$$Y = A L^{\alpha}(\rho K)^{\beta} \qquad\qquad (10 - 26)$$

式（10－26）中，ρ 为资本存量的开工率，或"资本有效率"。这样一来，模型的逻辑意义或许更为严谨。但是，式（10－26）仍然缺乏实证价值，因为 ρ（$0 < \rho < 1$）的数据实在难以获得。

四　小结

本节从总供求态势这一角度讨论了 C－D 生产函数暗含的前提假设，认为该函数在供给约束型经济态势下有效，在需求约束型经济态势下无效。同时，在需求约束型经济态势下使用 C－D 生产函数做经济增长要素分析可能会产生一些不良后果。

只有在供给约束型经济态势下，才可能保证统计数据中的 K 全部参与生产，即统计数据中的资本可视为百分之百的"有效资本"，除正常保养维修之外基本上没有闲置的部分。当我们用 C－D 生产函数来研究生产总量时，其实暗含了这样一个假设：K 的开工率达到 100%，所有的资本存量都是"有效资本"。只有当这个条件成立时，经济学意义的生产函数方能顺畅运行。显然，必须在"短缺经济"或"供给约束型经济"态势下，才有这样的市场条件。否则，如果产品卖不出去，理性的厂商势必减产或停产，部分存量资本或全部存量资本处于闲置状态，成了"无效资本"，统计数据中的资本存量不等于有效资本，C－D 生产函数的数学逻辑将远离实际市场状态。

当经济社会已经进入"需求约束型经济"态势时，绝大多数厂商是根据订单来生产的，如果订单不足或没有订单——有效需求不足，厂商就会缩减产量甚至停业。于是，在一个时段之内，全社会必有比例不断变化的存量资本是"无效资本"，即统计数据中的 K 和生产中的 K 会发生一定的或较大幅度的偏差——"有效资本"不规律地小于资本的统计数据，因此，在需求约束型经济态势下，用 C–D 生产函数解释或预测经济增长应该是有较大偏颇的。换言之，在需求约束型经济态势下，C–D 生产函数是不适用的。在需求约束型经济态势下，资本有时会大量闲置，如美国大萧条时期。如果用 C–D 生产函数做大萧条时期的数量分析模型，统计资料中的资本存量数据和胡编乱造的数据几乎没有区别。当然，在需求约束型经济常态中，"无效资本"的比例不会像大萧条时期那样极端，但也无非是"量"的区别，从"质"的角度看，数量分析结果应该是一样荒谬的。

至此，我们的结论已经非常清晰，C–D 生产函数只适用于供给约束型经济态势。而在当今需求约束型经济体中用它来分析产出问题是有较大问题的，进而，在此基础上所做的深入分析也是不能正确反映经济现实的。

参考文献

[1] 保罗·萨缪尔森、威廉·诺德豪斯：《宏观经济学》（第16版），萧琛等译，华夏出版社，1999。

[2] 蔡继明：《宏观经济学》，人民出版社，2002。

[3] 多恩布什、费希尔：《宏观经济学》，李庆云等译，中国人民大学出版社，1997。

[4] 梁小民：《高级宏观经济学》，北京大学出版社，2001。

[5] 罗志如、范家骧、厉以宁、胡代光：《当代西方经济学说》，北京大学出版社，1989。

[6] 曼昆：《经济学原理》，梁小民译，三联书店、北京大学出版社，2001。

[7] 宋承先：《现代西方经济学（宏观经济学）》，复旦大学出版社，1998。

[8] 小罗伯特·B.埃克伦德、罗伯特·F.赫伯特：《经济理论和方法史》，张凤林等译，中国人民大学出版社，2001。

图书在版编目（CIP）数据

宏观经济的逻辑：经济史视角的观察／刘巍著 . --
北京：社会科学文献出版社，2019.12
ISBN 978 - 7 - 5201 - 5794 - 0

Ⅰ.①宏…　Ⅱ.①刘…　Ⅲ.①宏观经济学 - 研究
Ⅳ.①F015

中国版本图书馆 CIP 数据核字（2019）第 248918 号

宏观经济的逻辑
——经济史视角的观察

著　　者／刘　巍

出 版 人／谢寿光
组稿编辑／陈凤玲
责任编辑／田　康

出　　版／社会科学文献出版社·经济与管理分社（010）59367226
　　　　　地址：北京市北三环中路甲 29 号院华龙大厦　邮编：100029
　　　　　网址：www.ssap.com.cn
发　　行／市场营销中心（010）59367081　59367083
印　　装／三河市尚艺印装有限公司

规　　格／开　本：787mm × 1092mm　1/16
　　　　　印　张：17.75　字　数：252 千字
版　　次／2019 年 12 月第 1 版　2019 年 12 月第 1 次印刷
书　　号／ISBN 978 - 7 - 5201 - 5794 - 0
定　　价／79.00 元

本书如有印装质量问题，请与读者服务中心（010 - 59367028）联系